献给我的先生翟好先

国家社会科学基金教育学一般课题"学校教育改革的道德基础研究"（BEA150071）最终成果

国家社科基金丛书
GUOJIA SHEKE JIJIN CONGSHU

教育改革的道德基础

The Moral Foundation of Education Reform

闫旭蕾 著

人民出版社

中国从来都是综合地使用各种思想，从来都不单独地使用某种思想，比如说，在价值观方面以儒家为主，但在方法论上则主要是道家和兵家，在制度技术上又很重视法家，如此等等，从而形成系统性。中国思想只有一个系统，思维的综合性和整体性正是中国思想的突出优势，不理解这一点就不能表达完整的中国思维，就是根本性的失败。

——赵汀阳

目　　录

序　言

　　立德树人是教育的根本任务,教育性是教育区别于其他社会实践活动的根本特性。在此意义上,教育与教育改革皆为了更好地促进人的发展与完善人性,进而促进社会与人类的进步。为了充分发挥教育的教育性功能,聚焦新的时代—世界境遇中的教育之魂,需进一步思考社会秩序与伦理道德教育、教育与道德之间的关系,明确教育与教育改革的道德立场,区分"道德教育"与"道德的教育"、"道德的人"与"道德上受过教育的人"。围绕这些方面,本书通过六个章节展开了思考,主要内容如下:

　　第一章探讨了社会变革、道德秩序与教育改革之间的内在关联。伴随社会变革或转型所发生的诸多系统性的、根本性的转变,社会道德秩序及其各种价值维度被重构,新的社会实践方式、新的社会生存样态及其相应的教育想象与教育愿景随之出现,进而促使教育发生变革。

　　第二章尝试分析了道德与教育的关系,并在此基础上提出两者关系的新视点。从历时的维度来看,在古代社会,伦理观念引领教育思想与实践,教育被赋予教化个体、稳定社会道德秩序的功能。进入近现代社会之后,学校教育虽然仍是个体道德人格形成的主要途径,但由于其所承担职能的多样性以及竞争生存能力的紧迫性,弱化了道德与教育之间的密切关系以及学校教育的"教育性"功能。现代性后果以及现代教育存在的问题彰显了以道德之维观照教育的必要性与可能性。

第三章梳理了教育的道德立场。学校教育虽然具有对受教育者进行德育的"权威性"与"合法性",但仍需要关注教育自身的道德立场。道德立场与科学的、法律的以及群体利益的、个体利益的立场不同,它有两个根本的特征:第一,这个立场或方法是"规范性的"。它是以命令或要求的形式呈现的,对应该做什么或不应该做什么做出了规定。第二,这种规定对于其所影响到的每个人来说都是可接受的。以此来看,功利主义、义务论、正义论和德性论为人们提供了相应的道德立场,并为一些教育理论与实践者所持守。然而,这些道德立场皆存在相应的局限性,教育者需对其进行反思并根据具体实践进行整合。

第四章阐释了教育的道德维度。教育是培养人的社会实践活动,其独特性应体现于如何"培养人"之中,体现于促使人性完善、实现个体幸福与公共福祉之中。为了更好地理解教育的实践性、教育性、道德性,需对教育的价值、善、应该与正当等关键词进行区分,明晰教育的道德构成。本书将"促进幸福"视为"教育最终的道德目的",将"完善人性"看作"教育最终的道德价值",将"增进每个学生的利益总量"作为"衡量教育道德的根本标准"。

第五章主要对"道德的人"与"道德上受过教育的人"进行了区别,探讨了"受过教育的人"存在的道德问题及其原因,在此基础上思考受过教育的人的特征。进入"后现代"之后,现代人的精神世界出现了一些问题,一个不可忽视的原因在于教育的经济功能获得了优先地位,弱化了教育系统自身以及受教育者的精神维度。因此,需要反思现代道德建构以及现代道德教育,重构道德上受过教育的人的形象——"以思阻恶""成为负责的主体""维护人的尊严"。

第六章尝试建构教育改革道德基础的路向。教育改革不但是一种改革过程,更是一种教育过程。因此,教育改革过程本身就应展现出对"好"的、"善"的教育价值的追求,就应是符合道德的。为了使教育改革符合道德、完成其道德使命,需要对教育改革可能出现的道德问题保持一种警觉,关注教育改革的伦理取向及其可能存在的风险,思考建构教育改革道德正当的可能性。

第一章 社会变革、道德秩序 与教育改革①

> 不论什么道德哲学主张,如果不搞清其体现于生活时的形态,就不可能充分理解它。②
>
> ——麦金太尔

成功的社会变革必然伴随着道德秩序与心灵秩序的重构及其相应的教育改革,这是近三百年来人类社会所发生的"七大革命"③向世人昭示的,也是约翰·洛克、让-雅克·卢梭、亚当·斯密等一方面建构现代政治与经济思想观念,另一方面撰写教育著作的原因。洛克在《论宽容》《政府论》《人类理解论》之后出版了《教育漫话》;卢梭除了《论人类不平等的起源和基础》《新爱洛漪丝》等,同期还出版了《社会契约论》和《爱弥儿》;亚当·斯密既撰写了

---

① 本章核心观点可参见闫旭蕾:《论道德秩序与教育改革》,《教育研究与实验》2019年第5期。

② [美]麦金太尔:《德性之后》,龚群等译,中国社会科学出版社1995年版,第29页。

③ 许章润认为,阿伦特意义上的革命不是一般俗常的骚乱、暴动、造反或者"改朝换代",而是一种"开端",一种政体变革。革命导致一种政治权威崩溃、一种新的政体和政治权威诞生,在此意义上,许章润提出"七大革命"。即,英、法、美、德、俄、中、阿拉伯(伊朗是其一种亚型)革命。详见许章润:《革命、文人与国家理性论纲:重读托克维尔》,载许纪霖、刘擎主编:《何谓现代,谁之中国?——现代中国的再阐释》,上海人民出版社2014年版,第79—83页。

《国富论》，还著有《道德情操论》。当下，既有世界秩序遭遇冲击，重构伦理道德成为时代主题。在此境遇中进行教育改革，需要关注社会变革与道德秩序、心灵秩序、教育改革之间的关系。

一、社会变革促使道德秩序重构与教育改革

人类至今形成了原始社会、封建社会、现代社会和后现代社会四种形态，相伴而生三次社会转型、三次系统性伦理道德建构与教育变革。第一次发生于原始社会走向封建社会，伦理道德作为社会核心价值凸显出来。从人类历史发展来看，粮食生产、驯化动物以及其他复杂技术（建造房屋、冶铁、生产工具、制衣、食具、造食、造纸、印刷等）的发明与实践，使财产积累、社会阶层分化以及剥削制度成为可能。促进这一转变的不仅包括生产之类的集约技术，还包括与之相应的伦理道德、行政管理、法律运作、常规军建设和人才选拔等之类的延展性技术，后者之于种族的持续生存与发展至关重要。塞缪尔·E.芬纳曾经指出，18世纪之前，推动文明进展的主要是延展性技术。[1]

从相关史料来看，那些小型的、非中央集权的、以亲属为基础的社会，只有通过建构、发展自身的延展性技术以聚集更多的军队和资源对抗外敌入侵，只有凭借自身所设置的各级行政机构以进行地方管理、解决种族内部存在的冲突，才能转向大型的、中央集权的、大多数成员彼此没有密切亲属关系的社会，才能在各族群和民族的竞争中脱颖而出。而且，统治者和社会精英的领导力之于种族的存在、发展生死攸关。因为，在生产、生存技术更新缓慢的情况下，在物质匮乏的生存境遇中，族群生存圈的扩大凸显了精神建构与群体管理、国家治理的重要性，如何培养社会精英、教化民众以安分守己、凝聚族群力量、维护社会秩序成为教育的主题。于是学校教育产生了，它从生产活动和社会生

---

① ［英］塞缪尔·E.芬纳：《统治史（卷一）：古代的王权和帝国——从苏美尔到罗马》，王震、马百亮译，华东师范大学出版社2014年版，第2页。

活中分离出来,有了独立的形态、学段划分、专门的教育机构、较为系统的教育
内容、教育方式和方法,并着力传承传统与伦理道德观念,培养受教育者的德
治能力与德性。由于古代社会发展缓慢,教育自身及其改革并未成为问题。

　　由前工业世界、前现代社会到工业化时代、现代社会是人类发展的又一根
本性"大转型",自然科学发展、宗教改革、工业革命、市场经济兴起、社会分工
深化、城市化和资本主义在相互作动中,"宗教祛魅"、"贵族"消弭、资产阶级
走向历史舞台,市场经济逐渐完善,政治契约化以维护个体权利,理性至上、人
类中心、个人主义获得了正当性,追求利益、提高效率成为社会实践的内核,货
币成为衡量一切价值的等价物。在这一大转型过程中,西方个体从"伟大的
存在之链条"①中解放出来,成为自己的主人,同时成为现代生产与消费之链
条上的一个节点。在这一大转型中,人类、个体完全站在自身的立场上看待整
个世界,去掉了生命的英雄维度和崇高追求,热切地投入世俗社会,科学获得
了神圣地位,自由、平等、民主和法治成为现代社会的核心价值。伴随着人类
社会的这一"大转型",一切价值被重估②。如果说古代社会的核心价值在于
信仰、追求德治、过有道德的生活,那么"上帝之死"则意味着建基于其上的宇
宙秩序、世界秩序、社会秩序和心灵秩序崩塌了,上帝不再是道德或灵性抱负
以及"完满性"的客观支点③。理性取代了上帝的位置,凭借它人类为自然立
法、为自身立法,凭借它人类实现民主政治、经济自由与个体自治。人们不再
承担"伟大的存在之链条"或更大秩序之重任,而是承担自治、职业和公民之
责任。因此,人类的精神世界、个体的灵性和世界德性的建构不再依赖"上
帝",而是"无求于外的人文主义"。"心灵成为人类思想、感情的唯一处
所"④,理性、内省、自我意识是其主要构成⑤。人们由信奉"堕落—赎罪—恩

①　[加]查尔斯·泰勒:《本真性的伦理》,程炼译,上海三联书店2012年版,第3页。
②　[德]尼采:《权力意志》(上下卷),孙周兴译,商务印书馆2007年版。
③　[加]查尔斯·泰勒:《世俗时代》,张容南等译,上海三联书店2016年版,第33页。
④　[加]查尔斯·泰勒:《世俗时代》,张容南等译,上海三联书店2016年版,第37页。
⑤　[加]查尔斯·泰勒:《世俗时代》,张容南等译,上海三联书店2016年版,第48页。

典"转向了世俗信仰,认为健康长寿、富足美满、社会整体的繁荣进步就是最高的善,也因而具有了无可辩驳的道德地位,自由经济、民主政治、法治和学校教育皆以此为鹄的。

现代社会崇尚人的价值、尊严,强调世俗生活的意义,追求现世的快乐与幸福,提倡民主与科学,推崇理性,批判蒙昧与盲目信仰,这些核心价值促进了现代教育的诞生与发展,并为其确立了基本价值、基本原则与实践路向。首先,从教育目的来看,由着力于宗教信仰转向培养自由人、公民或国民。随着科学革命、工业革命、市场经济及其全球化的发展,个体、民族与国家不得不面对激烈的竞争,人们从对人的依赖转向对物的依赖,教育无论之于个体的生存与发展、资本活力的释放还是民主秩序的维护与国家发展,都是一个重要手段,启蒙思想者、功利主义与功能主义的教育思想及其实践体现了这一点。例如,伏尔泰高举反宗教和自由平等的旗帜,提出要培养"健全理性的自由人"。詹姆士·穆勒指出,"教育的目的是使个人尽可能成为幸福的工具,先是为他自己,接着是为其他人"①。涂尔干则认为,教育是促进个体社会化的重要手段。其次,教会的教育垄断权被打破,教育由社会、国家主办并体系化。"Knowledge is power","power"既是"力量"也是"权力"。自然科学的发展弱化了宗教权威,人们认识到教育与环境、教育与人的创造性、教育与国家之间的关系以及政府的教育作用,世俗性、国家性和法制性的教育思想及国家教育体系逐渐建立起来,每个人享有教育权利的观念被接受,初等义务教育得到实施,学校教育制度化、一体化和规模化不断深入与完善。最后,着力培养受教育者的自治和理性思考能力,理性精神渗透于教育领域的各个方面,科学知识成为主要教育内容,合理化和功利化成为教育的行为准则。被科学、理性启蒙后的人,应该是摆脱了宗教迷信、具有理性和自主性的人,"应该是自身命运的唯一主人以及他的世界的主宰"②,应该是能参与公共生活、提高共同体或

---

① W.H.Burson, *James Millon Education*, London: Cambridge University Press, 1969, p.41.
② [法]蒂洛·夏伯特、姜其煌、润之:《现代性与历史》,《第欧根尼》1985年第1期。

整个人类福祉的人。为培养这样的人,现代教育促使受教育者生成理解事物的方式和一系列的生存与生活技能,引导他们成为生活的自治者,尽力为他们提供各种条件以发挥其潜力。为培养这样的人,现代教育以科学知识为主要内容,将理性精神、科学思维方式渗透于学校教育实践的方方面面,拉尔夫·泰勒课程原理是其主要表现,"预设性""线性""可控性""可测性"是其特征。

然而,随着现代性的深化,其后果逐渐凸显出来。气候变暖、环境恶化使人们认识到科学与技术是一把双刃剑,在造福人类的同时也在伤害人类自身。20世纪爆发的两次世界大战,奥斯维辛集中营那些被戕害的生命,凸显了现代性"大屠杀"对人尊严的践踏,启蒙运动所许诺的"解放神话"失败了。周期性经济危机、发达国家内部以及国家间的贫富差距加大,引发了种族主义、民粹主义等问题,昭示了自由资本主义的局限性。相对主义、虚无主义、犬儒主义的出现,折射出占有性个人主义所存在的问题。针对现代性后果,后现代思想者对现代核心价值及其思维方式进行了解构与建构。他们批判以基础、本质、规律与真理为主旨的现代哲学思想,质疑其中蕴含的同一性原则,他们用延异解构基础主义,由纵向思维转向水平思维,用差异的、相对的、不确定的、小型的叙事取代总体的、统一的、真理性的元话语和宏大叙事,用微观政治学取代宏观政治学,关注自然、身体、生命及其可持续发展状态,注重个体性、本真性。①

后现代思想价值观念与思维方式较之现代所发生的转变,既是现代性发展到后期阶段的折射,也是面对信息化、知识经济与全球化4.0时代到来的一种回应。"重估一切价值"的声音再次回荡,促使教育再次变革,联合国教科

---

① 冯俊等:《后现代主义哲学讲演录》,商务印书馆2003年版,第8—23页。

文组织具有里程碑意义的三部出版物①表达了对该问题的阶段性思考。全民教育、终身教育是回应知识快速更新、社会加速发展的基本要求,促使学生可持续发展是教育的目标,"学会"则是其主要着力点——"学会生存""学会认知""学会做事""学会共同生活"。"生成性""过程性"是后现代教育的主要特征。教育目的不是预设的,而是在教育过程中不断生成的;教育主体不是单一的,而是多元的;教育过程不是预定的,而是弹性的;教育内容不是封闭的、条块分割的,而是开放的、各领域相互联系的;教师不是教学的中心、权威,而是指导者、协调者;受教育者不是被动的接受者,而是主动的参与者、创造者。后现代教育以其"生成性",促进受教育者的可持续性发展,应对后现代的复杂性、不确定性。

简言之,人类三次历史性的社会转变,皆伴随着生产方式、生存方式及其相应的人与自我、人与人、人与物、人与自然、人与社会、人与世界等之间关系的根本性转变,社会角色、身份、地位和阶层结构及其相应的思想价值观念、知识形态、情感态度、生存能力也因之发生根本性的转变,进而促生教育改革。在社会变迁促生教育改革的过程中,价值重构发挥着关键性作用,德性、理性和可持续性分别是封建社会、现代社会和后现代社会的核心价值,也是第三次教育改革的着力之处。

二、社会变革促使心灵秩序重构

社会变革在促使道德秩序与教育改革的同时,也促使心灵秩序重构,其内在逻辑为:每当人们发明了新的生产技术、大幅提高了生产力,经济形态就会发生转变,经济结构将随之转型,新工种就会出现,社会分工、社会阶层及其身

---

① 这三部出版物分别为:《学会生存:教育世界的今天和明天》(《富尔报告》,1972年)、《教育:财富蕴含其中》(《德洛尔报告》,1996年)和《反思教育:向"全球共同利益"的理念转变?》(2015年)。

份、地位也会随之发生变化。那些曾经被人们所向往的社会职业可能会失去往日的光环,与之相应的社会制度、习俗、传统、声望及其意识形态、价值观念将遭遇怀疑,不再成为追求、依赖的对象,人们曾经为之奋斗的、承载着人们希望和愿景的目标突然消失了,人心不稳了,社会失序了,伦理道德坍塌了,个体内心的安全感丧失了。当个人意识到自己的不安全感不仅是个人的,也是大众的,而且并未有任何设定的、不容置疑的、合法的社会权威可为个人提供清晰的规范、准则时,内心将充满恐慌。人们需要建构新的政治体制、社会制度以稳定社会,需要重构道德秩序以安置身心,需要新的思想、新的精神、新的价值以重新确立人生的目标与意义。下文以现代社会的诞生来给予阐释。

（一）社会变革伴生社会想象,开创治理新理念

发展与自我实现是人类自由意志的表现,社会作为人类生存、生活之平台必然会发生变化、变革甚至转型。在社会运作过程中,总有一些先觉者发现了社会存在的问题,总有一些先知者描绘出新的社会愿景,总有一些先行者会引领新趋势。

从现代社会的形成来看,固然离不开市场经济的兴起、生产技术的更新和工业革命,但自然科学的发展以及一系列有关政治、经济、文化等方面的思想创新,对反思、冲破既有社会的局限、走向未来具有引领作用。在促生现代社会的过程中,以哥白尼"日心说"、牛顿三大定律为标志的自然科学无疑发挥了除旧布新的作用。哥白尼"日心说"拆解了基督教神学"地心说"的权威性,否认了造物主所设计的旧宇宙观。牛顿力学则直接把宇宙目的观从宇宙秩序中逐出,自然规律不再具有神学意义以及伦理道德的终极意义。换言之,自然科学的发展不但祛除了自然之魅,而且还消解了传统道德之魅,将人从上帝的意志及其所构建的"伟大之链"中解放出来,赋予人的自由意志以正当性。自然科学不但消解了宗教神学的话语权,而且提供了一种新的思想组织与体系,理性之"光"照亮了自然运作之"黑箱",展现出自然界的内在规律,科学主义

诞生了,理性受到推崇。人们开始用自然科学的观念和方法取代甚至否定非自然科学的知识和文化形式,自然科学的范式成为建构社会科学甚至道德科学的方法论。

笛卡尔、康德努力用理性之"光"照亮人性与道德形成之"黑箱"。笛卡尔以"我思"确证了人类制造知识的合法性,也以"我思"为美德奠基。他认为,"理性"和"自由意志"是达到完美德性的条件。"任何人只要能恒久不懈地决心正确地运用理性,并且在其一切行动中,要决心做自己所判断为最好的事情,则在他的本性所许可的范围以内,他已是名副其实地聪明的了。只凭这一点,他就能正直、勇敢、有节制,并具有别的德性。"①康德进一步论证了理性与道德之间的关系,他通过"纯粹理性批判"回答了人的认识何以可能,肯定了人的认识能力以及人认识世界的主动性、积极性、可能性,人不但可以为自然立法,也可以为自己立法。康德认为,道德并不是一种习惯或风俗,人只能被动地适应和服从;道德也不是个体的行为偏好或行动准则;真正的道德是自由意志出于义务而进行的符合道德法则的行动选择。

如果说笛卡尔、康德论证了人可以凭借理性和自由意志为自身立法的可能性,孟德斯鸠则以丰富的历史事实为根据在《论法的精神》中揭示了无秩序的习俗和已经形成的法律特权背后存在某种统一性/"精神"或一般原则/规律。他将国家和法的理论建立在人类自然知识基础上,完全没有为上帝和神学留下位置,这无疑震撼了教会统治。孟德斯鸠的自然法传统被一批以重农学派而知名的法国科学家和学者所追随,他们认为社会事实中也存在必然法则。例如,弗朗索瓦·魁奈(Francois Quesnay)通过模仿人体诠释经济,他认为货币在一国的流动就像血液流经身体,破坏性的政府政策就像阻碍经济健康的疾病。在其代表作《经济表》中,魁奈论述了资本主义社会财富的生产、流通和分配的过程,以及剩余价值的起源。他倡导私有财产和自由市场,主张

---

① 王腾:《"主体性"、"自由"与"理性":笛卡尔道德哲学形态的建构逻辑》,《深圳大学学报(人文社会科学版)》2014 年第 6 期。

虽然人的能力有差异,但自然权利是平等的,政府有义务保护个人的权利不受他人侵犯,以使人们能够追求自身的最大利益。之后,亚当·斯密在《国富论》中进一步论述了资本主义是合乎人性、合乎自然的,只要改变一些阻碍它发展的人为的不自然的社会经济措施,让每个人以他的劳动或资本与任何其他人一道参加自由竞争,通过市场这一"看不见的手"进行自我调节,资本主义就会自由而自然地建立起来,并且永远发展下去。

如果说魁奈、斯密基于自然法勾勒了资本主义经济的运转图景,霍布斯则基于自然状态勾勒了国家运转的轮廓。霍布斯认为,人性是"趋利避害、自我保存"的,为了摆脱由此导致的"一切人反对一切人"的自然敌对状态,他以当时的物理学和政治心理学为基础,采用假说—演绎方式建构了"利维坦"这一国家模型。他把"利维坦"这一庞然大物看作一个"人造的人"、一个人造的"机体":"主权"是使整体得到生命和活动的"人造的灵魂",官员和其他司法、行政人员是人造的"关节",紧密连接最高主权职位并推动每一关节和成员执行其任务的"赏"和"罚"是"神经",一切个别成员的"资产"和"财富"是"实力",人民的安全是它的"事业",向它提供必要知识的顾问们是它的"记忆","公平"和"法律"是人造的"理智"和"意志","和睦"是它的"健康","动乱"是它的"疾病","内战"则是它的"死亡"。最后,建立、联合和组织这个政治团体各部分的"公约"和"盟约"是上帝创世时所宣布的"命令"——"我们要造人"。①

洛克在《政府论》中也基于人的自然状态建构了国家运行机制。与霍布斯不同,洛克将自然状态视为"绝对自由平等",而不是"战争状态"的。"那是一种完备无缺的自由状态,他们在自然法的范围内,按照他们认为合适的办法,决定他们的行动和处理他们的财产和人身,而无须得到任何人的许可或听命于任何人的意志"②,原因是人们"能够运用相同的身心能力"。洛克认为,

① [英]霍布斯:《利维坦》,黎思复、黎廷弼译,商务印书馆 1985 年版,"引言"第 1 页。
② [英]约翰·洛克:《政府论(下)》,叶启芳、瞿菊农译,商务印书馆 2017 年版,第 3 页。

自然状态不会持久,有人可能会"自由"地侵犯他人的财产,却因没有关于自由、平等与是非的共同评价标准和公正的判断者、惩戒者而导致战争状态,并使自然权利受到威胁。为了维护自然状态、更好地享受自然权利以保护生命、自由和财产,社会成员有必要放弃其部分自然权利订立社会契约,建构三权分立、相互监督与相互制衡的政府。人们联合起来并置身于政府的主要目的在于保护自身财产,若政府未能践约,人们有权推翻他并把权力委托给其他人,即使作为国家最高权力的立法权也要受到限制。

从哥白尼到斯密、洛克、康德,他们重构了宇宙、经济、政治与人性的景观,让人们意识到,理性不但是人之为人的特征,也是人为自然立法、勾勒现代政治与经济运作的前提条件。从西方现代社会实践来看,其核心在于理性与市场经济相结合,促进了社会分工,激发了人们的欲望,释放了生产力,增强了社会活力,带来了财富的增长。同时,自由经济赋予个体自利、追求利益以正当性,契约政治和法治为保护个人财产权利提供了保障,为个体摆脱对人的依赖提供了生存平台,促使个体成为独立、自主与自我负责的人。

(二)新思想引领社会新感知,促动社会变革

在社会转型期,先驱者的思想观念与行动引领人们形成新的社会感知,进而引发对社会的反思与质疑,激发起人们对未来社会的向往以及改革或革命的热情,西美尔提出的"社会学的假设"诠释了这一点。

西美尔设想从前有个地方,虽然人人都有一块土地足以供其所需,但有些人却能种玫瑰。"也许他们比别人钱多一些,也许他们肯在这上面多花时间,或者正好拥有玫瑰所需的土壤和阳光,总之,他们有玫瑰花,而别人没有。"本来,这种情况好像是自然而然的事情,就像有人漂亮、有人相貌不如人意,有人聪明、有人拙笨,天生如此,没有什么可抱怨的。然而,有一天有人发现了这些自然差异不应该天生如此,激烈地站起来号召:人人生来都有拥有玫瑰的权利,只有少数人有玫瑰是一种"盲目的偶然性",这种情况必须改变,每个人都

可以欲求自己应该有的东西。"在人民的呼声中，灵魂的最后渴望和最深层的文明思想同人民过于人性的冲动紧密相连。于是，一个革命政党形成了。"随之，玫瑰人成立了保守政党以保护自己对玫瑰的占有权，"保护现在才意识到的那种诱惑:拥有某些别人羡慕与渴望的东西"。革命最终不可避免，而且平等主义的革命党必然大获全胜，"因为该政党的道德观念最终潜入敌方阵营:社会正义的理想超越了一切利益冲突"。①

也许西美尔有关社会设想的合理性有待商榷，但他有关革命心理动力机制的推论是值得思考的。能否意识到"自然差异"中存在的社会问题，能否将"社会问题"转化为"政治问题"，直接关乎革命或变革的兴起，而要做到这些无疑需要民众的"觉醒"。从人类革命历史来看，无论是我国古代的汤武革命、陈胜吴广的"王侯将相宁有种乎"，还是西方的英国资产阶级革命、法国大革命，皆因新观念唤醒了人们对自己生存状态的新感知，进而激起了革命情感、革命行动。

关于社会变革尤其是现代社会实现大转型的心理机制，在舍勒看来不是实干精神，不是资本主义中的英雄成分，不是"具有王者气度的商人"和组织者，而是心中充满怨恨的小市民——他们渴求最安稳的生活，渴求能够预测他们那充满惊惧的生活，他们构成了松巴特所恰到好处地描绘的新的市民德行和价值体系。② 怨恨反映的是自我与他者加以比较的社会化心理结构，在"流俗式"的比较过程中，强者是奋求心态，弱者是怨恨心态。弱者认为，我本来应该像你那样风光，却没有能够如你那样得意，于是形成一种生存性的紧张情态。③ 在现代社会形成过程中，怨恨聚集唤醒了人们对既有社会秩序的不平衡心态，引发了资产阶级革命或变革。在等级秩序森严的古代社会以及旨在

① [德]西美尔:《金钱、性别、现代生活风格》，顾仁明译，学林出版社2000年版，第2页。
② 刘小枫:《现代性社会理论绪论》，上海三联书店1998年版，第356页。
③ 刘小枫:《现代性社会理论绪论》，上海三联书店1998年版，第363—364页。

均贫富的民主制度中,社会怨恨都是最小的。在前者中,低社会阶层者认同自己的身份、地位,并将之归因于"天命",因而不会与高社会阶层进行比较;在后者中,较小的社会差距引发不了社会性的怨恨心态。怨恨激发革命激情的触点在于,天赋平等的理念取消了等级制度观念的正当性,人人有权追求自己选定的社会身份,人人有权得到与通过自己劳动创造出来的价值等量的财富。

此外,舍勒进一步剖析了资本主义精神的形成以及小市民"怨恨"心理的来源——宗教—形而上学的绝望感、无依靠感。随着宗教祛魅,"'资本主义类型的人'由于内在的、形而上学的无依靠感而投身外部事务的洪流,这在加尔文主义类型之人身上可以找到最纯真的表征。宗教—形而上学的绝望以及对世界和文化的日益强烈的憎恨和人对人的根本不信任(请见韦伯的例证),具有强大的心理力量,这一切恰是加尔文主义中资本主义精神的根子。人对人的根本不信任以纯然'孤寂的灵魂及其与上帝之关系'为口实,摧毁了一切团契共同体,最终把人的一切联结纽带引向外在的法律契约和利益结合。"①

从西美尔的社会设想到舍勒的怨恨理论,展现了诠释现代社会诞生的不同思路。社会变革不能仅从政治—经济结构来规定和把握,也需要通过人的体验结构来把握和规定。现代社会的诞生作为人类社会的一次大转型,不但包括国家组织、法律制度和经济体制的转变,而且也包括情感体验、精神气质的转变。一旦人们的情感体验发生了转变,人生观、价值观和世界观必然产生根本性的变动,进而社会结构及其秩序也会发生变动。

(三) 社会变革理念制度化,形塑心灵秩序

人类社会的发展历史告诉我们,面对时代、国家与社会转型带来的失序,人们会做出适应性调整并最终形成一种相对稳定的社会秩序,进而形塑心灵秩序。但是,这一过程并不是一帆风顺的,如丹尼尔·贝尔所指出的:"真正

---

① [德]马克思·舍勒:《资本主义的未来》,罗悌伦等译,生活·读书·新知三联书店1997年版,"中译本导言"第13页。

的问题都出现在'革命的第二天'。那时,世俗世界将重新侵犯人的意识,人们将发现道德理想无法革除倔强的物质欲望和特权的遗传。"①换言之,权力结构较之社会结构可以迅速变革,而生活方式、社会关系、规范和价值不可能在一夜之间颠倒过来,特别是风俗习惯和约定俗成的传统的改变要缓慢得多。② 因此,心灵秩序的转型较之政治经济制度的转型更为根本。只有人心的体验结构发生根本性转变,现实生活的道德秩序才会发生根本性变动,社会转型才真正完成。真正的革命是心灵的革命,真正的转型是把倡导的伦理道德印刻成国民的"性情气质"。

从既有社会变革经验来看,革命成功之后所存在的问题不仅仅是世俗世界对革命理想的侵蚀,其主要问题在于改造个体的思维与行动、改造既有传统文化(包括器物、制度和思想观念三个层面)以满足新社会运作的需要,其主要着力点在于社会变革理念及其道德理想被制度化的程度及其对个体的影响力。心灵是一个发展变化的空间,是一个多种社会力量、多种话语力量博弈的空间,也是一个个体与社会互动的空间。如若社会变革理念不能被更多的民众所接受,如若新思想观念存在内在逻辑悖论,如若家庭、学校、社会和公共权力体制在主流思想价值观念方面不能形成共识,心灵往往会处于各种思想张力之中而影响其内化道德理想。也是在此意义上,革命、社会变革与"新民"、道德理想的正当性辩护及其意识形态化相伴相随。

关于民众素养与社会变革之间的关系,英格尔斯在《人的现代化》一书中进行了论述:

　　一个国家可以从国外引进作为现代化最显著标志的科学技术,移植先进国家卓有成效的工业管理方法、政府机构形式、教育制度以至全部课

---

① 蔡翔:《革命/叙述:中国社会主义文学——文化想象(1949—1966)》,北京大学出版社2010年版,第10页。

② [美]丹尼尔·贝尔:《资本主义文化矛盾》,赵一凡等译,生活·读书·新知三联书店1989年版,第53页。

程内容。在今天的发展中国家里,这是屡见不鲜的。进行这种移植现代化尝试的国家,本来怀着极大的希望和信心,以为把外来的先进技术播种在自己的国土上,丰硕的成果就足以使它跻身于先进的发达国家行列之中。结果,它们往往收获的是失败和沮丧。原先拟想的完美蓝图不是被歪曲成奇形怪状的讽刺画,就是为本国的资源和财力掘下了坟墓。

痛切的教训使一些人开始体会和领悟到,那些完善的现代制度以及伴随而来的指导大纲,管理守则,本身是一些空的躯壳。如果一个国家的人民缺乏一种能赋予这些制度以真实生命力的广泛的现代心理基础,如果执行和运用着这些现代制度的人,自身还没有从心理、思想、态度和行为方式上都经历一个向现代化的转变,失败和畸形发展的悲剧结局是不可避免的。再完美的现代制度和管理方式,再先进的技术工艺,也会在一群传统人的手中变成废纸一堆。

人们已经认识到,现代化的机构和组织原则、经济制度和管理方法,要真正有效地发挥作用,就决不能容忍为传统人所广泛具有的那些特征:害怕和恐惧革新与社会变革;不信任乃至敌视新的生产方式,新的思想观念;被动地接受命运;盲目服从和信赖传统的权威;缺乏效率和个人效能感;顺从谦卑的道德,缺乏突破陈旧方式的创造性想象和行为;头脑狭窄,对不同意见和观点严加防范和迫害;凡事总要以古人、圣人和传统的尺度来衡量评断,一旦与传统不符,便加以反对和诋毁;对待生活公共事务漠不关心,与外界孤立隔绝,妄自尊大;凡属与眼前和切身利益无明显关系的教育、学术研究都不加重视或予以蔑视排斥。

现代科学技术的长足发展以及随之而来的生产方式的变化,特别要求人们能欣然接受和迅速适应生活方式的改变,成为头脑中沸腾着创造智慧和革新思想的人。现代化机构和制度鼓励它的工作人员努力进取,讲求办事效率,积极、主动地承担责任,严格遵守操作规程和纪律。一个现代国家,要求它的全体公民关心和参与国家事务和政治活动。一言以蔽之,那些先进的现代制度要获得成功,取得预期的效果,必须依赖运用它们的人的现代人格、现代品质。无论哪个国家,只有它的人民从心理、态度和行为上,都能与各种现代形式的经济发展同步前进,相互配合,这个国家的现代化才真正能够得以实现。①

现代化进程需要人的现代化,而人的现代化需要社会各领域的现代化,在二者的相互缠绕式的作动中,教育培养新人、新民的作用凸显出来。杜威曾就自由主义发展与个体培养进行了论述,他指出:"这样的自由主义知道个人主义不是确定、给予、现成的东西。它是培养出来的;它不是孤立地培养出来的,而是通过物质和文化的条件的协助与支援而培养出来的;所谓'文化的'不仅包括科学和艺术,而且包括经济、法律和政治的制度。因此它关心那些对于个人的生长有积极或消极影响的社会制度,其目的是使个人不仅在抽象理论上,而且在事实上,将是坚强的人格。它不仅关心清除虐待和公然的压迫,而且关心积极构造那些法律、政治和经济的有利制度。"②杜威深刻地认识到民主与教育之间的关系,也是在此意义上,他强调"教育即生活""学校即社会"。

个体社会化过程是终生的,对于成人,尤其是经历了社会变革的成人来说,更需要借助于长期的稳定的社会环境来养成。布鲁姆在考察了有关成年人特性稳定性的论据之后,得出结论:"我们所讲到的稳定性,大部分是环境稳定性的一种反映。这就是说,一群个人的某些特性的稳定性可以由他们长期生活的环境的恒定性得到解释。"③如此,形成长期恒定的环境意味着既要

---

① [美]英格尔斯:《人的现代化——心理·思想·态度·行为》,殷陆君编译,四川人民出版社 1985 年版,第 3—6 页。
② [美]艾伦·沃尔夫:《自由主义的未来》,甘会斌、王崧译,译林出版社 2017 年版,扉页。
③ [美]英格尔斯:《人的现代化——心理·思想·态度·行为》,殷陆君编译,四川人民出版社 1985 年版,第 105 页。

改造不适应革命理想的文化传统,又要把社会变革理想进行系统性的、深入的制度化。如布鲁姆所指出的:"人类特征发展得越成熟,改变它们也愈加困难,在这些特征稳定时,要产生某些改变,非需要有力的环境和更大的努力不可。"①

三、基于社会变革想象勾勒教育愿景

社会变革的成功需要新人来实现,因而社会变革者常常关注教育改革并构建相应的教育愿景。现代教育思想的创造者常常是描绘现代社会愿景的思想者,他们基于新的社会生存样态勾勒出人的新形象、所需新素养及其相应的教育样态,进而促成教育发生系统性、整体性的变革,现以洛克、卢梭为例给予阐释。

洛克在现代社会想象与教育想象建构中起着非常重要的作用,他的思想对现代认识论、政治哲学尤其是自由主义的发展产生了极大影响,激励了美国革命与法国大革命,影响了亚历山大·汉密尔顿、詹姆斯·麦迪逊、托马斯·杰斐逊等美国开国元勋以及卢梭、康德等,奠定了现代自由主义、现代西方政治制度的基本框架,勾勒了"德智体"全面发展的现代教育路径。洛克思想形成时期的英国,经历了内战、清教革命、复辟和光荣革命的洗礼,国王和议会共同构成的混合政体已经不复存在,信仰冲突剧烈,旧的传统已经毁弃,新的传统尚未建立。当其时,每个人的欲望、意志和意见都似乎具有绝对的"合理性"与"正当性",每个人都在追逐自己的利益、权利和信仰,贪婪、狂热、虚伪和骄傲席卷了整个国家。每个人似乎都拥有绝对的自由,都想得到别人的承认、做支配别人的主人。同时,每个人都在承受着澎湃的激情、变幻莫测的幻想和强力意志的奴役。无助的人们伸出双手试图抓住一点什么,徒劳地找寻

---

① [美]英格尔斯:《人的现代化——心理·思想·态度·行为》,殷陆君编译,四川人民出版社1985年版,第106页。

着可以安息的家园。

面对社会危机,洛克拒绝君权神授、神权政治和封建等级制度,他试图在强力"利维坦"之外寻找消解"一切人反对一切人的战争状态"①的可能性。不同于霍布斯,他认为在自然状态中,人具有自然理性、自由而平等,每个人自然享有生存权、自己的生命和劳动所得的财产。在洛克看来,自然状态是"一种完备无缺的自由状态,他们在自然法的范围内,按照他们认为合适的办法,决定他们的行动和处理他们的财产和人身,而无须得到任何人的许可或听命于任何人的意志"②。这种自然状态虽然没有政府和法律,但却不是弱肉强食,而是存在一种受自然法约束而形成的社会秩序。他指出:"自然状态有一种为人人所应遵守的自然法对它起着支配作用;而理性,也就是自然法,教导着有意遵从理性的全人类:人们既然都是平等和独立的,任何人就不得侵害他人的生命、健康、自由或财产。"③自然状态虽然完备,但因有些人的贪婪伤害了他人的权利而遭到破坏。为了自我保存,人们可通过契约成立政府以保护个人财产、制定法律、成立执法机关和对执法机关进行评判的机关。而且,政府的职能不是追求国家的善,不是着力促进人民的幸福,而主要是负责安全、保障人权和维护社会秩序。在此意义上,洛克认为安全和保障是公民社会的目标,也是国家立法权的目标。当政府违背了人民的意愿时,人民可通过革命推翻现有政府。

洛克所勾勒的政治与社会图景是以自然法所赋予的个体自然权利的正当性为假设,以占有性个人主义为基础④,以理性的、自由的、平等的个体为条件,而这样的个体是需要培养的。所以,洛克在著述了《论宽容》(1690 年)、《政府论》(1690 年)、《人类理解论》(1693 年)之后,出版了《教育漫话》(1695

---

①　[英]霍布斯:《利维坦》,黎思复、黎廷弼译,商务印书馆 1997 年版,第 92 页。

②　[英]约翰·洛克:《政府论(下)》,叶启芳、瞿菊农译,商务印书馆 2017 年版,第 3 页。

③　[英]约翰·洛克:《政府论(下)》,叶启芳、瞿菊农译,商务印书馆 2017 年版,第 4 页。

④　C.B.Macpherson, *The Political Theory of Possessive Individualism：Hobbes to Locke*, Oxford：Oxford University Press,1962.

年）。他希望培养具有德性和智慧的绅士，以承担治理国家的使命①；培养理性的公民或个体以实现自我治理和国家治理相统一②。这些新的个体能驾驭和运用自身内在力量，能通过现实的实践和行动在世界中获得自我的规定性，能运用心智和身体创造出属于自己和社会的财产。他们是获得了理性自由、做自己主人的人，是有德行、智慧③、教养④和学问的人⑤，是普遍的、真正的现代人⑥。为了培养这样的人，洛克强调家庭教育、选择优秀的导师，养成儿童良好的习惯，启发他们的心智，关注儿童的天性、天赋、兴趣和自由，呵护他们的好奇心、求知的热望，开发他们的各种潜力，辨识真伪，使他们习惯于真实、诚笃与反省自己的行为，增进他们的远见，促使他们依靠自己的努力获取自己所需要的事物，学得克制、自爱、公正、坚忍、勇敢、专心、勤奋、思考、策划和节俭等品质，掌握一个事业家所需要的各种知识与技能。

　　洛克所建构的政治与教育图景回应的是市场经济出现、自然科学发展与宗教改革所引发的社会变革。面对同样的问题，卢梭有不同的思考，并开出了不同的"救世药方"。卢梭也是基于"自然状态"建构政治愿景，但不同于霍布斯、洛克。卢梭指出，霍布斯等人"不厌其烦地在书中大谈什么人类的需要、贪心、压迫、欲望和骄傲，把人类在社会状态中才有的观念拿到自然状态中讲：他们说他们讲的是野蛮人，但看他们笔下描绘出来的却是文明人"⑦。卢梭认为，自然人是独立生存的，他们不相互依赖、不相互隶属，他们相互自由、相互

　　① ［美］纳坦·塔可夫：《为了自由：洛克的教育思想》，邓文正译，生活·读书·新知三联书店2014年版，第24—28页。
　　② 梁敬东、王楠：《自由与教育：洛克与卢梭的教育哲学》，生活·读书·新知三联书店2012年版，第13—152页。
　　③ ［英］约翰·洛克：《教育漫话》，徐诚、杨汉麟译，河北人民出版社1998年版，第125页。
　　④ ［英］约翰·洛克：《教育漫话》，徐诚、杨汉麟译，河北人民出版社1998年版，第126页。
　　⑤ ［英］约翰·洛克：《教育漫话》，徐诚、杨汉麟译，河北人民出版社1998年版，第121页。
　　⑥ 梁敬东、王楠：《自由与教育：洛克与卢梭的教育哲学》，生活·读书·新知三联书店2012年版，第12页。
　　⑦ ［法］卢梭：《论人与人之间不平等的起因与基础》，李平沤译，商务印书馆2007年版，第26页。

平等,没有私有财产、没有等级优越差异,也没有奴役与被奴役,没有邪恶,也无所谓德性,人们各自过着自给自足的和平生活。在卢梭那里,自然人是"次人",如果不进入人类社会,他们很可能永远生存于自由、平等与和平的自然状态,无所谓进步与文明,也不会有腐化与堕落。然而,自然人一旦发现竟然有与自己一样思考、感受以及行动的他人时,人类即由自然状态进入社会状态。因为,为了维护各自的利益和安全,需要人们必须按照行为规则行事。在卢梭看来,"对他人的发现"促使人类进入了一个新时代,一个有意愿合作并能进行合作的时代。合作促进了人类交流与交往能力的提高,进而促进了语言、智力与社会生活能力等方面的发展。人类不再茹毛饮血、风餐露宿,逐渐开始了家庭、氏族与部族生活。与此同时,社会分工出现了,人类也因此陷入了相互比较、相互评估、相互定级的不幸处境,并开始迈向不平等。这是因为,人们在自然能力上的差异使其获得的财富不均,导致贫富悬殊的等级社会出现,富人对穷人的压榨、富人与富人之间的利益争夺使人类陷入"战争"状态。为了维护自身权益,富人建立起有利于自身的政治、法律制度。然而,这种贫富悬殊的社会不能持久,需要进行二次契约以建设国家。

虽然卢梭与洛克都基于契约建构国家,但二人的着力点不同。洛克认为,基于有些人的内在理性有时无法保证完备无缺的自然状态,才以同意或默认的方式将自然状态中享有的执行权和处罚权交给国家,但自由权、生命权、财产权和健康权不可转让、不可剥夺,尤其是体现个体自由的对自身、财产享有的所有权。除执行权和处罚权之外,其余的事务由市民社会处理。与洛克不同,卢梭认为,财产的私人占有及其合法化导致自由、平等的丧失,为了保护人们应自然享有的自由、平等,避免因贫富悬殊而导致国家危机,人们应转让所有权利建构一个全能的、道德的、所有人既是公民也是臣民的国家,国家权力不可分割。国家应建立在公意的基础上,其目的是以全部共同的力量来卫护和保障每个公民的人身和财富,国家是一个统一的、公共的"大我",侵犯其中的任何一个成员就是在攻击整个共同体,侵犯共同体就是在侵犯每个成员;每个服从公意的人,其实服从的是其本人;每个向全体奉献出自己的人,他只是把自己献给了全体而不是任何人。

简言之,卢梭叙述自然状态是为了发现与自然权利相吻合的政治秩序,他建构契约社会为的是守护"自然状态"以避免人的异化。卢梭试图从人为的、习俗性的世界返于自然状态,尽管他既不能确定自然状态过去是否存在,也不能确定未来是否可能,他只是把"自然状态"看作一个准绳,以衡量人们达到"公民状态"的完善程度。也因此,卢梭的教育愿景是培养朝向"自然状态"的公民。他在《爱弥儿》的开篇写道:"出自造物主之手的东西,都是好的,而一到了人的手里,就全变坏了。……偏见、权威、需要、先例以及压在我们身上的一切社会制度都将扼杀他的天性,而不会给他添加什么东西。"①此外,他还在扉页上引用了塞涅卡的这样一段话:"我们身患一种可以治好的病;我们生来是向善的,如果我们愿意改正,我们就得到自然的帮助。"正是基于对自然的崇尚,卢梭在教育爱弥儿时注重倾听自然、避开习俗,将"自然教育、人的教育和事物的教育"配合起来,走向自然。②

在具体教育实践中,卢梭的主要困难在于如何将培养自然人与培养公民统合起来。因为,"自然人完全是为他自己而生活的;他是数的单位,是绝对的统一体,只同他自己和他的同胞才有关系。公民只不过是一个分数的单位,是依赖于分母的,它的价值在于他同总体,即同社会的关系"③。为了实现由自然人到公民的转变,卢梭将教育分成两个阶段:15 岁之前,他让爱弥儿(儿童)处于"无知状态",以免被那些违反自然的社会习惯所侵害,培养他成为高贵的野蛮人,爱弥儿只关心自己,独立自足。教师不违背爱弥儿的意愿将义务

---

① [法]卢梭:《爱弥儿——论教育(上卷)》,李平沤译,商务印书馆 1996 年版,第 5 页。
② [法]卢梭:《爱弥儿——论教育(上卷)》,李平沤译,商务印书馆 1996 年版,第 7—8 页。
③ [法]卢梭:《爱弥儿——论教育(上卷)》,李平沤译,商务印书馆 1996 年版,第 9—10 页。

强加给他,他的技艺和科学知识也没有卷入公共舆论和劳动分工系统之中。①15 岁之后,卢梭将单子式的儿童引入人类社会,并通过组建家庭承担道德责任。如果说自然人的教育旨在帮助儿童处理人与物的关系,在自然的限度内成为自己的主人,避免儿童过早地落入意见的王国中而失去精神的独立性。那么,15 岁以后,儿童进入社会要处理人与人之间的关系,之前接受的带有自然性质的经验使他"不至于被种种欲念或人的偏见拖进漩涡里去"②。教师就是要基于儿童与生俱来的"自爱",通过让他观察人类的苦难、贫困和饥饿以及社会的罪恶,启发其内心的良知和同情心,发展成对他人和人类的爱,进而将自我的"一"与他人、全体的"一"结合起来,个体成为共同体的一部分③。

以爱与同情心作为建构社会关系的基础,这是卢梭与霍布斯、洛克的根本不同之处。卢梭认为,将自我保存、盘算自己的利益作为社会的纽带不够强有力,作为社会的根基亦不够深厚④,这一点在他一系列的著作中显示出来。他在《论人类不平等的起源和基础》中关注平等与自由,《社会契约论》中的人都是由道德激励着的公民,《爱弥儿》则复活了柏拉图的《理想国》。卢梭让爱弥儿代替"哲学王"以重整人之欲求的出现次序/价值秩序,将和谐复归到世界上,又力图使人的潜力得到充分实现。此外,他将《新爱洛漪丝》的精髓与内核聚焦于自由、民主和个性解放,在《波兰政府的筹议》中明确表达了个人意愿同化于公共意志的必要性与可能性。

尽管洛克与卢梭基于不同的前提假设形成了不同的政治—教育愿景,但他们所探讨的教育主题、研究教育的方式对近现代教育的影响是深远的。洛

---

① 　[美]布鲁姆:《巨人与侏儒——布鲁姆文集》,秦露等译,华夏出版社 2007 年版,第263 页。

② 　朱旭东、王保星主编:《外国教育思想通史·第六卷·18 世纪的教育思想》,湖南教育出版社 2002 年版,第 216 页。

③ 　[法]卢梭:《爱弥儿——论教育(上卷)》,李平沤译,商务印书馆 1996 年版,第 10 页。

④ 　[美]施特劳斯:《自然权利与历史》,彭刚译,生活·读书·新知三联书店 2003 年版,第284 页。

克的"白板说"具有革命性①，为教育在个体发展中发挥主导作用奠定了认识论基础。《教育漫话》被誉为"标志着西方哲学、社会和教育思想的主要转折点"②和 17 世纪学校教育的"大宪章"③，为人们探讨教育革新与社会变革之间的关系、课程设置以及教师职责提供了理论支持。卢梭也受到洛克的深刻影响，他对许多教育问题的讨论大都是对洛克所提问题的质疑、修正与发展，他所提出的自然主义观念开创了近代教育思想的新纪元，启动了一场"哥白尼式"的教育革命——儿童成为教育过程的核心。儿童不同于成人、独立于成人，教育应适应儿童的身心发展。卢梭的思想不仅深深影响了法国大革命及其公共教育，还影响了裴斯泰洛齐、斯宾塞、赫胥黎、赫尔巴特、福禄贝尔、马卡连柯、杜威以及弗莱雷等。卢梭所著的《爱弥儿》成为现代教育改革家的思想库，并与美国的激进教育传统形成了不解之缘。"凡涉及美国教育思想史的作者们都把卢梭视为第一位论述进步教育基本原则的哲学家"。而且，自卢梭以来的任何重大教育改革鲜有不从他那里受到启迪的。

洛克和卢梭充满想象力的政治与教育观念为现代教育勾勒了轮廓，展现了社会转型与教育变革之间的相互依赖、相互促进、相互交织，他们将教育目的、教育者、受教育者、教育内容和教育方法等置于社会变革与社会秩序建构的"大画面"中。无疑，现代教育想象的建构不限于洛克与卢梭。这里之所以以洛克、卢梭为例，旨在呈现现代社会诞生、社会想象对教育改革的影响以及教育想象的图景作用。

简言之，本章内容让我们意识到，随着生产技术、生产能力的提高，生产方式、生产关系、生活样态以及相应的知识、技能、感知体验、情感态度与核心价

---

① ［英］罗素：《西方哲学史》（下卷），马元德译，商务印书馆 1976 年版，第 140 页。

② James Bowen, *A History of Western Education*, Vol.3, London, New York：Routledge, 2003, p.176.

③ 杨汉麟、周采主编：《外国教育思想通史·第五卷·17 世纪的教育思想》，湖南教育出版社 2002 年版，第 356 页。

值会出现累积效应而发生根本性转变,社会随之转型并促使教育变革。其间,新道德秩序的核心价值观念之于社会变革至关重要,对教育改革宗旨亦具有引领作用,现代教育的诞生证实了这一点。当下人类社会又进入了一个新阶段/后现代,现代思想观念遭遇解构,教育价值正在被重构。

第二章　道德与教育的关系

> 从人性看,道德有两个层次。一个是人的社会性层次,是维护社会秩序的手段。另一个是人的精神性层次,是灵魂的追求。这两个层次都不可缺少,但精神性的层次是更为根本的。我们进行道德教育,应该从根本入手,使人们意识到人的灵魂的高贵,在行为中体现出这种高贵。①

> ——周国平

从历时的维度来看,道德与教育的关系随着社会形态的转变而发生变化。在古代社会,教育即伦理教化,教育主要承担教化个体、稳定社会道德秩序的功能,伦理观念引领教育思想及其实践。进入近现代社会之后,科学、知识与理性之于生存、生产与生活的重要性凸显出来,教育更多的是培养个体在经济生活中的竞争能力、参与政治生活所需要的公共理性以及日常生活的自治能力。学校教育虽然仍是培养个体道德人格的主要途径,但由于其所承担职能的多样性,弱化了其"教育性"功能。而且,因工具理性对学校教育的侵蚀而导致人的异化,"反教育"倾向凸显。针对此种情况,道德与教育之

---

① 周国平:《德育的根本是灵魂高贵》,《中小学德育》2015 年第 12 期。

间的关系需重新审视。

一、教育即伦理教化

从教育发展历史来看,中西方古代教育的一个主要特征在于教育与伦理教化交融,伦理道德观念为教育目的、教育内容以及受教育者所应形成的素养结构框定了路向。

（一）中国古代社会的教化

从我国漫长的封建社会的"政""治"演变来看,除魏晋、隋唐时期儒释道并行外,其他各朝代的治理主要是以儒学为指导思想,强调"德治""仁政""王道",政治伦理化与伦理政治化是其主要特征。如王国维所论:"古之所谓国家者,非徒政治之枢机,亦道德之枢机也。"①相较于法律,我国先哲认为道德在社会生活中起着更为基本和决定性的作用,国家治理与伦理教化是合二为一的。如孔子所说,"道之以政,齐之以刑,民免而无耻;道之以德,齐之以礼,有耻且格"②。孟子进而指出:"以力服人者,非心服也,力不赡也。以德服人者,中心悦而诚服也。"③再如管子所说:"凡牧民者,使士无邪行,女无淫事。士无邪行,教也;女无淫事,训也。教训成俗,而刑罚省数,也。"④孟子则径直主张"善政不如善教之得民",他说:"仁言不如仁声之入人深也,善政不如善教之得民也。善政,民畏之;善教,民爱之。善政得民财,善教得民心。"⑤。

当教化承担起"德治"的功能时,教化什么、谁来教化、如何教化等问题随

---

① 王国维:《殷周制度论》,载《观堂集林》,河北教育出版社 2003 年版。
② 《论语·为政》。
③ 《孟子·公孙丑上》。
④ 《管子·权修》。
⑤ 《孟子·尽心上》。

之而来。总括起来看,"三纲五常"既是儒学伦理、政治治理的核心思想,也是其教化理念。其中,"君为臣纲"、"父为子纲"与"夫为妻纲"提供了德治框架,"仁义礼智信"蕴含着教化主体与教化内容。"仁"不但是一个德目,而且是儒学伦理的总纲,"仁统诸德",是"仁政"与"德治"理念的核心,也是施政者所应具备的德性要求,它内在地沟通了"治"与"教"。《论语·为政》开篇就讲:"为政以德,譬如北辰,居其所而众星共(拱)之。"并随之强调"道(导)之以德,齐之以礼"。统治者不但自身能知仁、行仁,而且要善于"化民成俗"。"夫仁者,己欲立而立人,己欲达而达人。能近取譬,可谓仁之方也已。"①因此,作为帝王要"以德配位",作为官员需"学而优则仕"。董仲舒倡议:"臣愿陛下兴太学,置名师,以养天下之士,数考问以尽其材,则英俊宜可得矣。今之郡守、县令,民之师帅,所使承流而宣化也。故师帅不贤,则主德不宣,恩泽不流。"②明儒归有光亦指出:"天下之治系乎人臣之有德,而才不与焉。"③

作为"五常"中的"义""礼""智""信",在教化思路上与"仁"相同,不但是"君""臣"所应具备的德目,而且是治理者承担教化的内容。关于"义":"君子之仕也,行其义"④;"其使民也义"。关于"礼":"君使臣以礼",臣"事君尽礼"⑤;"上好礼,则民莫敢不敬"⑥;"上好礼,则民易使也⑦"。关于"知":知者知人,知人善任。如子夏所说:"富哉言乎! 舜有天下,选于众,举皋陶,不仁者远矣。汤有天下,选于众,举伊尹,不仁者远矣。"⑧关于"信":主要是要取信于民。如孔子所说,"足食,足兵,民信之矣"。因为,

---

① 《论语·雍也》。
② 《汉书·董仲舒传》。
③ 《震川先生集·别集》(第一卷)。
④ 《论语·微子》。
⑤ 《论语·八佾》。
⑥ 《论语·子路》。
⑦ 《论语·宪问》。
⑧ 《论语·颜渊》。

"民无信不立"①，"上好信，则民莫敢不用情"②，"君子信而后劳其民；未信，则以为厉己也"③。

正是由于"仁政""德治"与"教化"之间存在密切关联，我国古代教育着力于个体德性的养成。孟子曰："设为庠序学校以教之。庠者，养也；校者，教也；序者，射也。夏曰校，殷曰序，周曰庠，学则三代共之，皆所以明人伦也。人伦明于上，小民亲于下。"④"人伦"就是"人道"，就是五对关系："父子有亲，君臣有义，夫妇有别，长幼有序，朋友有信。"⑤实现"明人伦"需要通过教育。《学记》云："玉不琢，不成器；人不学，不知道。是故古之王者，建国君民，教学为先。""君子如欲化民成俗，其必由学乎！"《中庸》载，"尊德性而道问学"。《中庸》开首就指出："天命之谓性，率性之谓道，修道之谓教。"这一点与《大学》一致，"大学之道，在明明德，在亲民，在止于至善"，"明明德"、"亲民"和"止于至善"被称为"三纲领"，是儒家对大学教育目的和学做人目标的纲领性表达。其中，"止于至善"作为教育的终极目标，体现了对个人在身处不同境遇、扮演不同身份时所应达到的道德要求。"为人君止于仁，为人臣止于敬，为人子止于孝，为人父止于慈，与国人交止于信。"⑥为了实现"三纲领"，《大学》进一步指出了一系列具体的步骤："古之欲明明德于天下者，先治其国；欲治其国者，先齐其家；欲齐其家者，先修其身；欲修其身者，先正其心；欲正其心者，先诚其意；欲诚其意者，先致其知。致知在格物。物格而后知至，知至而后意诚，意诚而后心正，心正而后身修，身修而后家齐，家齐而后国治，国治而后天下平。"

"修齐平治"这一实现教化的思路框架，在隋唐以后，通过科举制的形

① 《论语·颜渊》。
② 《论语·子路》。
③ 《论语·子张》。
④ 《孟子·滕文公上》。
⑤ 《孟子·滕文公上》。
⑥ 《大学》。

式进一步深入社会、深入人心,引领着士子们建构精神世界,框定着教育的方方面面,张载的"成圣论"和朱熹制定的《白鹿洞书院学规》是其典型表现。张载的成圣论旨向集中体现于这四句名言:"为天地立心,为生民立命,为往圣继绝学,为万世开太平。"儒家所追求的精神价值、生活意义、责任担当、学统传承与政治理想,需通过教育涵养,如《白鹿洞书院学规》所规定的:

> 父子有亲,君臣有义,夫妇有别,长幼有序,朋友有信。
>
> 右五教之目。尧、舜使契为司徒,敬敷五教,即此是也。学者学此而已,而其所以学之序,亦有五焉,其别如左:
>
> 博学之,审问之,慎思之,明辨之,笃行之。
>
> 右为学之序。学、问、思、辨四者,所以穷理也。若夫笃行之事,则自修身以至于处事、接物,亦各有要,其别如左:
>
> 言忠信,行笃敬,惩忿窒欲,迁善改过。
>
> 右修身之要。
>
> 正其义不谋其利,明其道不计其功。
>
> 右处事之要。
>
> 己所不欲,勿施于人。行有不得,反求诸己。
>
> 右接物之要。

(二) 古希腊的教化传统及其影响

教育与伦理教化交融也存在于古希腊思想中。教化的希腊词是"paideia",从词源学上来看,它最初的含义是"儿童的教养"(childrearing),"通常指人类身心一切理想的完美,一种完全的 kalolagathia,即 nobleness(高贵)和 goodness(善)"①。paideia 也是教育学 pedagogy、人文主义 humanism 及

---

① 杜丽燕:《人性的曙光——希腊人道主义探源》,华夏出版社 2005 年版,第 84 页。

其相关词汇的词源。古代教育史权威马鲁(H.I.Marou)认为,paideia 是每一个希腊人都必须接受的文化教育,就是"不论希腊人在哪里安家落户……他们首要的任务是建立他们自己的机构,他们的教育设施——初级学校和体育馆"①。通过这些教育设施,希腊人、非希腊人被教授如何像希腊贵族一样生活。

关于 paideia 之于古希腊的意义,瓦尔纳·耶格尔(Werner Jaeger)在其名著《教化:古希腊文化的理想》中进行了深入诠释。他认为,paideia 弥漫于古希腊文化的方方面面,是古希腊文化的真正精神,借此希腊文化独具特色。②在教育方面,paideia 以苏格拉底问答教学为肇始,到柏拉图的《理想国》达到巅峰。paideia 强调以某种普遍性的价值支配人的思想和行动,着力培养人的德行,为之后西方两千年的教育奠定了基本模式:就全部人生而言,它强调精神和物质两方面的教育,健全的心智存在于健全的体魄之中。③ 苏格拉底与柏拉图的思想之所以影响深远,主要是因为他们面对国族危机开拓出新的思路框架,成为西方文化基因的主要内容。苏格拉底被称为西方的孔子,欧洲整个哲学传统只不过是柏拉图哲学的一系列注脚④。如果说生于乱世的孔子主张"为政以德",强调以道德和礼教治理国家,苏格拉底则追求"真"、思考理智和灵魂的完善,柏拉图关注城邦的善、正义、理想政制及其统治者的培育。

苏格拉底、柏拉图生活期间的雅典已经从繁荣兴盛走向衰落。苏格拉底一生经历了希波战争和伯罗奔尼撒战争,亲身体验了雅典城邦的巅峰与衰落,他的思想也反映出这种变化。面对强大的波斯帝国的入侵,希腊人为了捍卫自由奋起反抗并取得了胜利。希腊的胜利是正义的胜利,也是民主对专制的胜利,这一点充分体现于希腊人战争决策的科学性、合理性以及战斗的积极性

① 陈恒:《瓦纳尔·耶格尔:〈Paideia:希腊文化理想〉》,《中国学术》2002 年第 2 期。
② Werner Jaeger, *Paideia: the Ideals of Greek Culture*, Volume Ⅰ, Oxford: Basil Blackwell, 1946, the caver page.
③ 陈恒:《瓦纳尔·耶格尔:〈Paideia:希腊文化理想〉》,《中国学术》2002 年第 2 期。
④ [美]巴雷特:《非理性的人》,杨照明、艾平译,商务印书馆 1995 年版,第 28 页。

等方面。对此,在战争开始之前,受大流士庇护的被流放的斯巴达国王德马拉图斯就提醒大流士的儿子和继承者薛西斯:希腊人在敌众我寡的情况下仍会坚持一战并不荒谬,他们虽然没有"主人"、易于"各行其是",但为了捍卫自由肯定不惜生命。他补充说:"他们是自由的,没错,但他们并非完全自由;他们有主人,那就是法律。希腊人害怕法律比您的臣民害怕您的程度高得多。他们对这个主人唯命是从;而法律的要求永远不变:作战中无论敌人多么强大,都绝不退缩,要坚持队列,不胜利,毋宁死。"①阿兰·瑞安进一步解释为:希腊人是公民,不是臣民;是自由人,不是奴隶;他们有纪律,但这纪律是他们自愿加之于己的。②

在长达半个世纪的希波战争之后,希腊城邦进入繁荣时期。同时,为抗击波斯帝国而形成的提洛同盟逐渐成为雅典保持和加强自身在爱琴海霸权的权力和强制工具,它使斯巴达人产生了恐惧,最终导致伯罗奔尼撒战争,最终雅典失败。战争结束了雅典的经典时代,也结束了希腊的民主时代。如果说希腊外部的压力以及希波战争的胜利,维护了民主制的正当性,雅典在伯罗奔尼撒战争的失败则凸显了同盟秩序以及民主制所存在的问题:雅典对内实行民主、对外行使专制霸权终究遭到了反噬,国内激进的民主政体在权力分立、依法行权阙如的情况下,公民权被滥用(如陶片放逐法③),党争与诡辩相结合败

---

① 〔英〕阿兰·瑞安:《论政治:从希罗多德到马基雅维利》(上卷),林华译,中信出版社2016年版,第25页。

② 〔英〕阿兰·瑞安:《论政治:从希罗多德到马基雅维利》(上卷),林华译,中信出版社2016年版,第25页。

③ 陶片放逐法,又称陶片放逐制、陶片流放法、贝壳放逐法或贝壳放逐制等。它是古希腊雅典等城邦实施的一项政治制度,由雅典政治家克里斯提尼于公元前510年左右创立,约公元前487年首次实施。雅典公民可以在陶片上写上那些不受欢迎以及极具社会威望、广受欢迎、最有可能成为僭主的人的名字,并通过投票表决将企图威胁雅典民主制度的政治人物予以放逐。如,亚里斯泰迪斯是位高权重的政治家,还是萨拉米斯海战的英雄。他遇到一个不识字的公民,那人请他帮忙把亚里斯泰迪斯的名字写在陶片上。亚里斯泰迪斯问他有没有见过亚里斯泰迪斯,那人回答说没有,但是他厌烦了总是听人说亚里斯泰迪斯是"公正的人"。亚里斯泰迪斯帮那个人在陶片上写下了自己的名字。公元前482年,亚里斯泰迪斯遭到流放,名义上流放10年,但不没收财产,并保留了他随时回来不受追究的权利。实际上,两年后他被召回。详见〔英〕阿兰·瑞安:《论政治:从希罗多德到马基雅维利》(上卷),林华译,中信出版社2016年版,第40页。

坏了社会风气。伴随着希腊的强盛、雅典的失败，人们开始积极地探索和思考道德的概念和准则以维护城邦或同盟的利益及其秩序，围绕善与恶、正与邪、应当与不应当形成了普遍争论。尤其是雅典在伯罗奔尼撒战争中的失利与其内部激烈党争相关的情况下，何谓正义与良好的政治体制成为人们密切关注与思考的主题。

这是苏格拉底及其学生柏拉图伦理思想成长的土壤。面对雅典党争、诡辩及其导致的道德失序，面对"智者"的修辞、言说方式及其观点，面对"人是万物的尺度"这一思想所导致的主观主义和感觉主义，苏格拉底挺身而出，以"牛虻"自居，致力于警醒雅典人，促使人们关注理智、美德与幸福。如他在遭受审判进行自我辩护时所说："我把自己所有的时间都花在试探和劝导你们上，不论老少，使你们首要的、第一位的关注不是你们的身体或职业，而是你们灵魂的最高幸福。我每到一处便告诉人们，财富不会带来美德（善），但是美德（善）会带来财富和其他各种幸福，既有个人的幸福，又有国家的幸福。"① 因为苏格拉底和柏拉图意识到，雅典人普遍认为追求自我利益就是成功，花言巧语、谎话连篇的修辞政治取代了探求真理的政治。②

为了唤醒人们去追求灵魂的善，苏格拉底运用辩证法揭示那些自以为有智慧的人其实并没有智慧，他们自以为无所不知，其实是最无知的。他借助神谕告诉人们：苏格拉底之所以是最有智慧的人，是因为他自知无知。正是因为"自知无知"，才会不断地追问、寻求普遍的绝对的真理（善）。苏格拉底追寻真理（善）的方法、路径是辩证法，他运用辩证法不是像"智者"一样将弱的道理变强，不是为了战胜对方以赢得听众赞同，也不是仅仅为了揭示自以为无所不知的人的无知，而是通过不断地诘问揭露矛盾，让人们认识到"熟知并非真知"，从而引导人们去怀疑他们已有的、固定的认知前提，推动人们去寻找答

---

① 《柏拉图全集》第1卷，王晓朝译，人民出版社2002年版，第18页。
② ［英］阿兰·瑞安：《论政治：从希罗多德到马基雅维利》（上卷），林华译，中信出版社2016年版，第71页。

案,在一步步向前推进的基础上最终找到"一致同意的论点",进而达到永恒的真理或某种"永远站得稳"的原则。如在《美诺篇》中,当美诺问美德是否可教时,苏格拉底回答说,他连美德是什么都不知道,怎么能知道它是否可教呢?于是问题就转到了讨论什么是美德上。美诺很自负,列举了一连串各种各样的合乎美德的品质,如男人的美德是能管理公共事务、帮助朋友,女人的美德是管理好家务、保护好财产并服从丈夫,等等。针对美诺的回答,苏格拉底指出其问题所在:我要的是一个美德,你却给我像蜜蜂样的一群。即便是蜜蜂,它们虽有各种各样大大小小的不同,但它们作为蜜蜂却总是相同的。我要你回答的是那个它们共同的而不是使它们不同的东西。即使美德也有许多种,但总有一种共同的 Form(型或相)。因此,苏格拉底与美诺一起寻找美德的定义以及各种美德共同的 Form。苏格拉底探寻 Form 的最终目的是追寻真与善。或者说,在苏格拉底那里,真即善,善即真,"美德即知识"。他认为,只要人认识到什么是善,就会自愿行善,因为"无人自愿作恶"。

至此我们可以看出,由苏格拉底的思想及其哲学生活所折射出的paideia 意涵是立体多维的,辩证法成为他的"理智助产术""精神助产术"。苏格拉底一贯自称无知,却能帮助别人产出知识,正像他的母亲费娜瑞特(Phaenarete)自己年老不能生育,却能给人接生一样。这是苏格拉底对辩证法功能的独特发明———一种否定性求知方法,他并不肯定什么是知识,而只是不断地否定各种伪知识。从知识的分类层面,苏格拉底将自身对知识的追求与智者们的专业知识区别开来。他认为,只有专业知识是无法探究人的美好生活的,幸福与理智、理性密切相关,要人们"认识自己",过"经过反思的生活"。

从哲学与政治之间的关系来看,苏格拉底不但对哲学生活进行"申辩",而且通过勇敢赴死的方式体现出他对哲学神圣的坚守,对"群氓""不思"的清醒认识,为"启蒙"人们过理性的、有德性的生活而牺牲的决心,以及对非理性、政治暴政的不屈服。也因此,苏格拉底之死变成了一个历史事件、一个文化事件、一个思想事件。他用一生在行使一个哲学使命,也是一个教育使命。换言之,他用其独特的谈话方式,用其可逃而不逃以坚守自己思想观念的死亡方式,教育着青年,唤醒雅典人:一味地追求自我利益只能导致自己内心灵魂的死亡;他启示后人要不断地"关照灵魂",思考"美德与权威、习俗、理性、理智、智慧、知识、真、欲望、财富""哲学与政治"等相关主题。用黑格尔的话说:"苏格拉底的原则造成了整个世界史的改变,这个转变的转折点便是:个人精神的证明代替了神谕,主体自己来从事决定。"①

柏拉图作为苏格拉底的学生,发展了苏格拉底的思想。他将理性提高到最崇高的位置,进一步处理了事物的异质性以及哲人与政治共同体的关系。如果说苏格拉底致力于从多样性、异质性中寻找普遍性、一般性,从对事物的不断诘问中产生确定的真正的知识,通过理性认识客观真理,柏拉图则将每一同类事物的本质定名为 Form 或 Idea(理念或型或相),它是理性认识的对象,是客观的存在。柏拉图的"相"较之于具体事物具备如下特征②:(1)单一性。"相"是单一的、同一的,不是组合而成的;具体事物是组合或混合而成的。一类同名的东西只有一个单一的"相"。(2)永恒性。"相"是永恒的,不朽的;具体事物是各式各样的、可生可灭的。(3)纯粹性。"相"是纯粹的、完全的、绝对的;具体事物是不纯粹的。如,美的具体事物无论怎样美,都是相对的、不纯粹的、不完全的美,总会有不美的成分存在。而"美的相"则是绝对纯粹的美,不包含一点儿丑。(4)超感性。具体事物是感觉的对象,"相"却只有思想(努斯、理性)才能把握。(5)客观性。具体的事物是多变的、相对的、感性的,"相"是永恒的、绝对的、真实的存在,是世界万物的本原。此外,关于具体事物与相的关系,柏拉图还提出了摹本论、分有论和工匠论,其主要观点为:相是事物的原型,事物是相的摹本;个别事物的存在,是分有了相的存在;人们的制

---

① [德]黑格尔:《哲学史讲演录》第 2 卷,贺麟、王太庆译,商务印书馆 1983 年版,第 89 页。
② 张斌贤、方晓东:《外国教育思想通史·第二卷·古希腊、罗马的教育思想》,湖南教育出版社 2002 年版,第 218—220 页。

造物是以相为原型、为蓝图的。

柏拉图将其理念观作为方法论建立了一个理想国,一个探究"人应该如何生活"的城邦,一个善的、正义的城邦。在柏拉图的理想国里,每个人因不能单靠自己实现自足,所以形成了适合个人性格的不同的分工,包括满足人们基本生存需要的农民以及其他技工,保卫城邦领土的卫国者。为了使人们过上善的、正义的生活,人们要各司其职、各负其责、和谐相处而不争权夺利,需要知道何谓善、何谓正义的哲学家来治理。在柏拉图那里,哲学家应该做城邦的统治者,或统治者应该成为哲学家。柏拉图认为,哲学是对自在自为的真理和正义的意识,是对国家的普遍目的及对这种普遍目的的有效性的意识,它所追求的是一种至高的"善"。柏拉图用太阳比喻"善",正如太阳是万物产生的原因,"善"的理念是知识和真理的源泉。"它的确就是一切事物中一切正确者和美者的原因,就是可见世界中创造光和光源者,在可知世界中它本身就是真理和理性的决定性源泉。"①哲学家是追求善的人,是真正"看见过美者、正义者和善者的真实"的人②,是有过"洞穴"经历、走出"洞穴"再也不愿回归"洞穴"、也不期待从"洞穴"中要任何东西的自由囚徒,是"能够体验到沉思真正的存在与实体所带来的快乐"的人,是具有"最高知识"的人③,是最富有的人(不是富有黄金,而是富有幸福所必需的那种善和智慧的生活)④,也是不爱权力、不热衷于争权夺利的人,是一种能将城邦中的事务安排得最完美的人,因而也是最适合掌权、治理国家的人。简言之,哲人因追求智慧而抑制了身体的欲望,因不愿回到"洞穴式"的城邦生活而被强制成为统治者以避免统治者追求自身利益,因追求善、见过善而知道如何使城邦走向善,因自身是正义的而能管理好城邦事务。

① [古希腊]柏拉图:《理想国》,郭斌和、张竹明译,商务印书馆1995年版,第276页。
② [古希腊]柏拉图:《理想国》,郭斌和、张竹明译,商务印书馆1995年版,第280页。
③ [古希腊]柏拉图:《理想国》,郭斌和、张竹明译,商务印书馆1995年版,第279页。
④ [古希腊]柏拉图:《理想国》,郭斌和、张竹明译,商务印书馆1995年版,第281页。

"哲学王"并非生而成之,他需要接受教育,就如获释后走在陡峭崎岖坡道上的囚徒,来到阳光下,会眼冒金星,身心无法适应,需要一个逐渐习惯的过程。这一过程是一个由幽暗到光亮的过程,是一个由假象世界到真相世界的过程,是一个由可感知世界经过很大努力到最后看见"善的理念"的过程,是一个灵魂经过想象、信念、理智到达知识不断上升的过程。这一过程的关键之处在于,囚徒必须转变身体的方向眼睛才能离开黑暗走向光明,只有努力走出洞穴才能跳出洞穴的世界看到真正的阳光下的明亮世界,看到所有实在中最明亮者——善者。灵魂的上升能力需要教育培养,需要一种着力于"灵魂转向技巧"而不是灌输知识的教育。① 这种教育"不是要在灵魂中创造视力,而是肯定灵魂本身有视力,但认为它不能正确地把握方向,或不是在看该看的方向,因而想方设法努力促使它转向"②。因此,"学习就是回忆",教育的作用在于触动、提示和唤醒灵魂中固有的知识,使之昭示出来。换言之,教育就是帮助人们认清自己是传统的或流行的价值观念的囚徒这一生活现实,反思感性的、卷入其中的世界,促使最好的灵魂达到最高的知识,用他们的灵魂之眼看见事物的内在形式,看见世界的善,终生研究知识、追求善。

然而,并非人人皆可成为哲学家,因为有的人只爱具体的事物,只有把握普遍性、原则性、根本性知识的人才是真正的哲学家。哲学家是爱好智慧的人,是那种爱好全部智慧、整体智慧而不是部分智慧的人。哲学家要掌握知识,必须具有良好的天赋,他们具有良好的记性,敏于理解,豁达大度,温文尔雅,爱好和亲近真理,正义、勇敢和节制。哲学家还是性格和谐之人,既不贪财又不偏狭,既不自夸又不胆怯,具有天然有分寸而温雅的心灵,能够本能地导向每一事物的"相"。③ 而这种天赋和性格并不是人人都具有的,只有少数人

---

① 〔古希腊〕柏拉图:《理想国》,郭斌和、张竹明译,商务印书馆 1995 年版,第 277 — 278 页。
② 〔古希腊〕柏拉图:《理想国》,郭斌和、张竹明译,商务印书馆 1995 年版,第 278 页。
③ 〔古希腊〕柏拉图:《理想国》,郭斌和、张竹明译,商务印书馆 1986 年版,第 233 页。

才具有。因此,培养"哲学王"的过程是一个挑选的过程。

在《理想国》中,挑选开始于优生优育,增加最优秀的男女相互婚配的机会,生育子女越多越好;减少劣种的男女相互婚配的机会,生育子女越少越好。前者所生的儿童要妥善抚养教育,后者所生的儿童应当抛弃,前者偶尔生出劣种的孩子,也要抛弃。0—6 岁的儿童主要通过游戏学习,并适当地接受宗教教育。6—18 岁接受普通教育,主要是学习音乐以陶冶心灵,进行体育运动以锻炼身体。该学段结束后,一部分被挑选者继续接受教育,成为未来的哲学家或军人,大部分人不再接受教育而成为生产阶级的一员。18—20 岁主要进行军事训练,并继续接受音乐教育、学习初步的科学知识。20—30 岁,被选拔的少数人学习算术、平面几何、立体几何、天文学、谐音学等高级课程,为掌握辩证法成为"哲学王"做准备。30—35 岁,再挑选合适的人完整地学习辩证法。35—50 岁为实践时期,到 50 岁时,那些在实际工作和知识学习的一切方面都以优异成绩通过考试的人将接受最后的考验。"……将要求他们把灵魂的目光转向上方,注视着照亮一切事物的光源。在这样地看见了善本身的时候,他们得用它作为原型,管理好国家、公民个人和他们自己。在剩下的岁月里他们得用大部分时间来研究哲学;但是在轮到值班时,他们每个人都要不辞辛苦管理繁冗的政治事务,为了城邦而走上统治者的岗位——不是为了光荣而是考虑到必要。因此,当他们已经培养出了象他们那样的继承人,可以取代他们充任卫国者的时候,他们就可以辞去职务,进入乐土,在那里定居下来了。"①也就是说,通过了最后考验的人,他们已认识"善的相",既可以从事哲学研究,也可以统治城邦。从整个教育体系来看,"哲学王"的培养最终是为了实现心灵转向,由可见世界为对象的意见状态转向或上升到可知世界为对象的知识状态。这一转向的过程,是心灵由最低等级的想象,逐步上升到信念、理智,最后达到理性,进入纯真至善至美的世界,把握最高的"善

① [古希腊]柏拉图:《理想国》,郭斌和、张竹明译,商务印书馆 1986 年版,第 309 页。

的相"。

由苏格拉底、柏拉图的教育思想理念可以看出,理性与德性是他们关注的两大主题。他们对善的追求充满了理性精神,真、善、美出自理性。苏格拉底因"亵神"罪被处死,究其实是他倡导理性精神的缘故。柏拉图继承了苏格拉底的理性精神,认为永恒比现实、理性比感觉更有价值,他的教育是一种心灵教育,是一种促使人性圆满和谐发展进而实现理想国的教育。注重理性、关注德性被亚里士多德所继承并成为西方人文教育的教育传统。亚里士多德响亮地提出"人是理性动物"的口号,他也以自身所取得的非凡成就证明了他所称颂的那种在纯粹的知识追求中自我实现的人、幸福的人或自由的人。亚里士多德认为,人所追求的最高境界是幸福,幸福之人是优秀之人,也是有德性的人,而德性恰恰需要教育才能养成。另外,亚里士多德又认为,真正的幸福在于投入一种恬静的沉思和冥想的生活,在于悠闲自得。因此,在亚里士多德那里,伦理道德与教育相融合,教育目的与人生目的相一致,教育旨在引导人发展理智、实现其终生目标,促进人自己致力于重要事务的自由。亚里士多德所提出的自由教育理论,标志着西方教育思想进入了一个更高的阶段,并由此形成了其人文主义教育传统。

总括中西方古代教育,皆着力于个体的心性、心灵和灵魂,回应的是统治的正当性,旨在维护城邦或国家秩序。古代思想者之所以以伦理道德统领教育,主要因为在古代社会,受生产力水平的制约,个体离开族群或共同体难以生存,由此形成的是"社会本位"文化。因此,先哲们思考社会问题的出发点不是"分离自在的独立个体",而是族群、城邦或国家,共同体的善高于个体的善。"在古代世界,人们甚至不用'自我'这个词。在那个时候,人们不是以孤立的方式来理解个体,而是将个体理解为'嵌入'(embedding)在各种有序的关系之中:与他人的关系,与社会群体的关系,与自然世界和宇宙整体的关系……古代世界的社会想象是一种整体的宇宙观。'宇宙'这个词的含义是指包容一切的整体——和谐、统一、具有普遍秩序的整体。人们生活在'人、神、自然'的统一秩序之中,而秩序包括一种等级结构以及'各就其位'的观念。"①如此,自我首先处在一个比自己更大的宇宙秩序、社会整体关系之中,并根据自身所占的恰当位置来确认自我的认同、行为规范、价值观和生活意义。如此,具有规范意义的等级秩序超越于自我,共同体的善优先于个体的利益,政治的、经济的、文化的(包括教育的)秩序与等级结构相一致。

二、道德作为教育内容的组成部分

在现代教育中,道德不再作为超越性的维度以构架教育,而是被内卷于教育并成为教育的构成性要素之一,道德教育成为教育的组成部分。这种内卷源自现代社会的诞生及其个体的自我定位。

从西方现代社会的诞生及其进程来看,随着科学技术的发展,人们从"神意世界"走到"自然世界",再到"自然的客体化",世界祛魅,"上帝死了"。并在经历了大约五个世纪之久的"长征"之后,最终完成了所谓的"大脱嵌"。人类作为整体从宇宙秩序中"脱嵌"出来,成为自然界的"主体",走向"人类中心主义";个人从前现代的整体宇宙秩序中"脱嵌"出来,成为独立自由的个体,转向"个体主义"。前者使"人是目的"、"人类自我拯救"与"解放"具有了正当性,后者赋予个体权利至上以合法性。基于此,人们不再将自己与超越自我的更大视野相伴相随,也"不再有更高的目标感,不再感觉到有某种值得以死相趋的东西"②。人们将看世界的眼光下移,由宇宙秩序看向人类自身,由神圣世界看向世俗世界,由共同体看向个体,逐渐形成了一种新的道德秩序——正当优先于善,个体权利至上。泰勒将其概括为四个相互关联的原则③:第

---

① [加]查尔斯·泰勒:《本真性的伦理》,程炼译,上海三联书店2012年版,第5页。
② [加]查尔斯·泰勒:《本真性的伦理》,程炼译,上海三联书店2012年版,第10页。
③ [加]查尔斯·泰勒:《本真性的伦理》,程炼译,上海三联书店2012年版,第8—9页。

一,有这样一种信念,认为所有关于社会的思考都应当始于个人,而社会应当为个人之间的互惠利益而存在。这一信念期许"一个人可以外在于社会而成为一个完全胜任的人类主体"。第二,现代政治制度的出现是针对这样一个背景——预先存在着作为权利承担者的个人。政治目的是提供安全保障,使得个人之间为相互利益服务,促进交换和繁荣。因此,政治目的是满足日常生活的需要,而不是强调人与超验秩序之间的联系。第三,政治社会的组织原则是为了维护个人的权利。第四,平等地向所有个体确保他们的权利、自由和互惠利益。这四个原则在现代西方社会已经深入人心。

现代政治、经济及其道德秩序与教育相互关联,主要表现为:人类是理性的,既可为自然立法,也可为人类自身立法;个体作为理性人,既是独立自主、平等自由的,也是社会性的。为了避免"他人即地狱"的丛林状态以更好地生存、生活,为了相互的利益和特定的目的,人们借助契约共同建立政治实体,公共权力保障人们的生命安全,人们负有相应的政治责任和义务,并通过法律维护个体的权利。需要指出的是,现代社会生活并不是不需要个体德性,只是追求美德不再是人生的主要目的,教育培养个体的德性旨在使其更好地实现自我、更有尊严地活着和促进社会更加公平、正义。教育不但要使每个人意识到自身在整个社会中的权利和义务,意识到个人与社会整体相互关系的基本原则,而且要形成在社会法制、规范和道德原则面前的自律性、自治能力。换言之,现代社会秩序及其道德秩序的核心是基于个体、为了个体。继之而来的是,当个体主义获得了正当性,如何促使自利的个体生活在一起不但是一个政治问题、伦理问题,也是一个教育问题。

教育要促进个体与社会的发展,满足学生适应社会的需要,就不得不关注现代道德秩序与政治、经济的内在一致性。然而,人并不是天然地具备自治—自律能力,人需要接受教育,需要形成与现代社会相一致的德行。洛克、卢梭与康德等人对此进行了阐述,在处理教育与道德之间的关系方面,展现了不同于古代的思路取向。培养个体的德行仍在教育中处于重要地位,甚至是最重要的地位。但要求个体形成的德性不是美德,而是为了维护基于个人权利、为了个人权利的社会秩序。

在现代道德秩序及其教育理论建构过程中,洛克的"政府论"及其"三权分立说"凸显出人为自己立法的可能图景,也是受教育者"将要"生存的可能境遇;"白板说"作为认识论的"哥白尼式"的革命,为教育的"合法性""正当性"提供了依据;他的"绅士教育"理论勾勒了"新人"的素质构成及其养成模式——身体保健+道德教育+智育。《教育漫话》开篇强调了身体健康的重要性,并将道德教育作为最重要的内容,因为在洛克看来德行是人生最重要、最不可缺少的方面。在他那里,"良好的德行"有三层含义:"其一为世俗的聪明,即要求一个人在处理人间事务方面精明能干,富于远见,熟悉各种处事手腕,在各种社交场合,擅长交际,会看人说话,纵横捭阖,应付自如。其二要懂得上流社会的礼仪、礼貌,外表上显得彬彬有礼,风度翩翩,文雅大方。其三具有性格刚毅、坚强、能吃苦耐劳等品质。"①洛克重视学科学习,尤其重视培养个体世俗的聪明(智慧与能力),他将智育放在一个较为次要的地位。简言之,洛克所致力培育的绅士其实就是有理性、有德性、有才干的资本家,他们既可参加国家治理,也可实现自我。对绅士良好德行的要求,究其实是为了适应市场经济的兴起、民族国家的形成。

虽然卢梭与洛克皆基于"自然状态"论述其政治与教育观念,但他们对政治道德基础的认识却不同。如果说洛克关注人们的权利或财产权,关注维护财产所需要的自由、政治与法律保障,关注培养资本家的道德品质。卢梭则不屑于培养资本家,并用"布尔乔亚"或资产者(bourgeois)一词对其命名并进行了批判,将其与自然人和公民区分开来。自然人是自由、平等而独立的,公民关注公意或公共的善,而资产者首要关切的则是自我保存或舒适的自我保护。在此意义上,卢梭认为布尔乔亚是"低等人",他不相信从自我利益中可产生

---

① [英]约翰·洛克:《教育漫话》,徐诚、杨汉麟译,河北人民出版社1998年版,第2页。

遵守市民生活法则的义务。他赋予自然平等以优先地位,重新思考契约政治的基础及其关切,关注那些生存处境不利的人,进而关注财产的分配,关注如何基于个人自由意志形成"公意",用"全部共同的力量来卫护和保障每个结合者的人身和财富"。因为"放弃自己的自由,就是放弃自己做人的资格,就是放弃人类的权利,甚至就是放弃自己的义务"①。基于公意、公共的善与人类尊严之间的内在关联,卢梭在《爱弥儿》中探讨了如何通过教育将一个自然人培养成为公民——克制自我特殊的欲望和公意之间的冲突,普遍性地而不是特殊性地去欲求,将为自由目的的节制作为公民原则。"因为若他的私人物质欲望仍然横行,他必然就太过操劳以满足这些欲望。"②爱弥儿的成长过程就是"从一个有限和自私生物的简单需要和欲望开始,经历诸多如何保持自己的经验之后,成为这样的一个人,他认为自己只是通过他的意愿对所有人的可能性所体现出来的律令来克制自己的欲望"。③ 即,爱弥儿成长的过程是一个人的潜力得以充分显现的过程,是一个道德心智逐渐独立的过程,是一个重整人之欲求的出现次序并将其和谐复归到世界中的试验过程,是一个协调历史与自然、自私天性与文明社会、爱好与义务的过程,也是一个人与生俱来的尊严可为民主奠基的证明过程。

卢梭将爱弥儿培养为理想型新人,其德行与追逐个人福利的资产者相比,是理性的一种"高贵"的和深刻的形式,它保存了人的自然本质。卢梭指出:"人是生而自由的,但却无往不在枷锁之中。自以为是其他一切的主人的人,反而比其他一切更是奴隶。"④在卢梭那里,"洞穴"状态不是人的自然状态,自然人是独立、自由、平等的,是高贵的野蛮人。为了避免陷入柏拉图意义上

---

① [法]卢梭:《社会契约论》,何兆武译,商务印书馆 2003 年版,第 12 页。
② [美]布鲁姆:《巨人与侏儒——布鲁姆文集》,秦露等译,华夏出版社 2007 年版,第249 页。
③ [美]布鲁姆:《巨人与侏儒——布鲁姆文集》,秦露等译,华夏出版社 2007 年版,第249 页。
④ [法]卢梭:《社会契约论》,何兆武译,商务印书馆 2003 年版,第 4 页。

的"洞穴"状态,卢梭让爱弥儿在 15 岁之前直接接触自然而不触及意见的混合物,让他在文明社会之外找到他的性情和理智所确立的立足点,并由此看到他的人类朋友是"洞穴"中的囚犯,进而完全脱离畏惧惩罚或追逐名誉的一切诱惑。之后,为使爱弥儿学会过公民生活,通过对不幸者产生的同情心,通过揭示英雄们的虚妄而蔑视世界上的伟大,通过阅读了解到这个世界大多数人都是受苦者,激发追求平等者的自我满足;通过处理"性的激情"、升华性欲,将想象、美、神圣的迷狂和诗意结合起来,将欲望和义务结合起来,让爱弥儿学习与另外一个人建立一种真正的关系,一种平等的彼此以对方为目的、相互关爱与尊重的关系,一种自由地选择并持久地结合在一起的关系,学习从他人的身上认出自己的最高追求,学习他者不是与自己竞争利益的"敌人",而是使自身完全的条件;通过让爱弥儿与苏菲组建家庭、安家立业,让他成为某个政治制度的臣民,基于他对妻子的爱和对未出生孩子的关心,促使他必须懂得什么是最公正的和最安全的,必须思考如何与不义的制度和它们的命令妥协,制度如何以理想的义务指导自己处理文明社会强加于他的不够理想的义务。

相较于洛克,卢梭对爱弥儿的道德教育采取了不同的思路,他基于自然的"高贵"批判了"文明社会"存在的道德问题,矫正了以感性论、经验论为依据的利己主义伦理可能导致的伦理风险,致力于解决如何通过教育使个体成为公民、由"私意"走向"公意"。卢梭的教育思路深深吸引了康德,他因读《爱弥儿》竟忘记了外出散步,引发了小镇居民的恐慌。康德亦反对利己主义伦理学,反对那种将个人幸福作为最高原则的道德学说。他指出,道德虽然是幸福的条件,幸福是一个完善的道德所不可缺少的因素,但却不能基于幸福原则向道德提供动机,因为这不但不能培养道德,反而可能会败坏道德、摧毁道德的崇高、亵渎道德的尊严。他指出:"人们是为了另外更高的理想而生存,理性所固有的使命就是实现这一理想,而不是幸福。这一理想作为最高条件,当然远在个人意图之上。"①在康德那里,人之所以尊严和崇高不是因为他获得了所追求的目的、满足了自己的爱好,而是由于他的德性。他强调的德性不是柏拉图提出的"公正、智慧、勇敢和节制",也不是亚里士多德的"中庸"之道,而是"实践理性的自主性"。康德认为,德性不是责任,是意志的一种道德力量——克服困难践行道德规律、普遍规则;德性与邪恶之间绝非程度不同,而是质的差别。

康德把伦理学与物理学等量齐观,认为两者都是以普遍必然规律为科学。② 只不过,物理学研究的是自然规律,伦理学关注的是人的意志,是自由规律、道德规律。自然界为规律所直接规定,而人不能直接受道德规律规定,只有通过人对规律的意识、认识,道德规律的表象、观念才能规定人的行为。康德之所以特别强调人遵循道德规律是个有意识的过程,是因为:道德规律虽然来自先天的纯粹的实践理性,是人之为人的表征,但仍需要通过人的意识以决定自己的行动原则和道德规律相符合。即,"要只按照你同时认为也能成为普遍规律的准则去行动"。康德的道德律展示了最高的、无条件的善只能在有理性的意志找到,展示了人独立于动物、独立于感性世界的道德生活,展示了人作为理性存在的尊严。相较于世界上的其他,人是绝对不许随意被摆布的、必须受尊重的对象。人是目的,一切其他东西都作为手段为其服务。因此,不论是谁"在任何时候都不应把自己和他人仅仅当作工具,而应该永远看作自身就是目的"③。因此,在康德那里,道德就是践行普遍准则,德性就是一种主宰自己、强制自己使责任化为现实的道德力量,与爱好、兴趣和利益无关。

由上可以看出,关于个体的道德、德性,康德提供了不同于洛克、卢梭的思路。不仅如此,作为哲学家的康德亦致力于将其思想通过教育现实化,《论教育学》是其表现。他认为,教育目的是促使人性的进一步完满,摆脱人的"不

---

① ［德］康德:《道德形而上学原理》,苗力田译,上海人民出版社1986年版,第1页。
② ［德］康德:《道德形而上学原理》,苗力田译,上海人民出版社1986年版,第12页。
③ ［德］康德:《道德形而上学原理》,苗力田译,上海人民出版社1986年版,第24页。

成熟状态",实现人的本质规定性(理性),成为世界公民。为此,"人是惟一必须受教育的被造物"①。"人只有通过教育才能成为人,除了教育从他身上所造就出的东西外,他什么也不是"。② 其他动物与生俱来地拥有各种能力,本能就是它们的全部,而"人却要运用自己的理性,他必须自己给自己的行为制定计划"③。由于人不是一生下来就能这样做,所以必须由别人来为他做这件事。因此,人类必须接受教育,将其人性之全部自然禀赋发挥出来,成为在法则下运用理性和自由、承担义务和具有世界公民情怀的人,成为自由的行动者。

为了实现所设想的教育目的,康德将教育理解为保育(养育、维系)、规训(训诫)以及连同塑造在内的教导④。保育是指父母采取预防性保护措施,使孩子不会有害地运用其能力。规训或训诫则是把动物性转变为人性,防止人由于动物性的驱使而偏离人性。规训意味着限制人,将人置于人性的法则之下,意味着让孩子们感受到法则的强制性,以使其不会野蛮鲁莽地冒险,这一点对刚进入校门的孩子们来说,比学习知识还重要。在康德那里,训诫是纯然否定性的。与训诫相对,教导则是教育的肯定性部分。教导意味着以合乎人性的方式,促使人性更加完满,发展其向"善"的禀赋⑤。此外,教育要教授学生拥有一种满足各种任意目的的能力,它是个体实现自我价值的载体;教育要使人变得明智、具有风度和礼貌,以适应人类社会,既能使其他人服务于他自己的最终目的,又能投身公民社会为其服务;教育要注意进行道德教化,帮助个体学会选择真正好的目的。"好的目的就是那些必然为每个人所认同的目的,那些能够同时成为每个人的目的的目的。"⑥通过道德教化,个体获得了

① [德]康德:《论教育学》,赵鹏、何兆武译,上海人民出版社 2005 年版,第 3 页。
② [德]康德:《论教育学》,赵鹏、何兆武译,上海人民出版社 2005 年版,第 5 页。
③ [德]康德:《论教育学》,赵鹏、何兆武译,上海人民出版社 2005 年版,第 3 页。
④ [德]康德:《论教育学》,赵鹏、何兆武译,上海人民出版社 2005 年版,第 3 页。
⑤ [德]康德:《论教育学》,赵鹏、何兆武译,上海人民出版社 2005 年版,第 7 页。
⑥ [德]康德:《论教育学》,赵鹏、何兆武译,上海人民出版社 2005 年版,第 10 页。

"一种对于整个人类的价值"①。康德进而指出,只靠驯服是实现不了教育的目的的,教育要以原则为根据,要让孩子们厌恶恶行、学习思考,"对那些一切行动由之而出的原则进行思考"②,并学会在法则之下运用思考能力和他的自由③。在分析何谓教育的基础上,康德又将教育分为"自然的教育"和"实践的教育"。自然性的教育是关于人和动物共同方面的教育,即养育。实践性的教育则是指那种把人塑造成生活中的自由行动者的教育,这是一种"导向人格性"教育,也是"自由行动者"的教育,这样的自由行动者能够自立,并构成社会的一个有机组成部分,而又意识到其自身的内在价值。④

在对"自由行动者"的教育中,康德特别注意以准则为基础培养高等知性能力,将"强制"服从法则与运用"自由"的能力结合起来。"强制"是为了避免完全没有道德观念的幼儿形成任性等恶习,也是为其以后遵守公民社会的规则做准备。及至孩子稍长,已进入童年,只要他没有妨碍别人的自由,就在各方面都给他以自由(他有可能会损害自己的情况例外)。还必须向他表明,只有在他让别人也实现自己的目的时,他才能达到他自己的目的。比如,可以在他没有按规定学习时,不许他做自己想做的事情。必须向他证明,对他施加一定的强制,是为了指导他去运用自己的自由,不再依赖他人的照料。⑤ 换言之,及至个体年龄稍长,教育要关注他们"自由"与"权利"的运用、"普遍法则"意识的形成及其践行。康德教育思想是其启蒙与伦理思想的集中体现。他认为,教育不是规训而是"启蒙",是一个引导受教育者学习运用理性的过程。在他那里,规训不是目的,只是在个体尚不能理性地运用自己的自由时规约其野性或生蛮性所采取的必要手段,是为了将其置于人性的法则之下以形

---

① [德]康德:《论教育学》,赵鹏、何兆武译,上海人民出版社 2005 年版,第 15 页。
② [德]康德:《论教育学》,赵鹏、何兆武译,上海人民出版社 2005 年版,第 11 页。
③ [德]康德:《论教育学》,赵鹏、何兆武译,上海人民出版社 2005 年版,第 12 页。
④ [德]康德:《论教育学》,赵鹏、何兆武译,上海人民出版社 2005 年版,第 15 页。
⑤ [德]康德:《论教育学》,赵鹏、何兆武译,上海人民出版社 2005 年版,第 14 页。

成遵守准则的习惯。① 及至个体进入公民社会,就会贯彻准则的"命令性"。在他那里,规训固然不可缺少,但为了"向着人性的完满实现更进一步"②,教育要按照正确的"理念"以"合乎人性的形式"加以合目的的"筹划","让人性从胚芽状态展开","使某些东西靠其自身发展出来","使人达到其本质规定性",③即理性的发展。

理性与道德形成之间的关系,既是康德道德哲学的着力点,也是其教育思想的主旨,亦是西方现代公共道德教育的主题,裴斯泰洛齐、赫尔巴特、杜威、皮亚杰以及柯尔伯格等的研究展现了这一点。裴斯泰洛齐作为康德的忠实实践者,他在教育上所贯彻的原则和方法基本上都是康德在哲学上推断出来的。他的教育实践不但顺应孩子们的自然,更着力于发掘或启发孩子们的自然,让他们自然的天赋苏醒,在通过与自然或事物形成恰当的关系中开发或提炼出一般性的观念和法则,并将形成的认识内化为内在的法则,从而确立自然与道德之间的关系。赫尔巴特的教育事业又从裴斯泰洛齐的思想出发,不过他有了更新的内容。他认为康德的先验的知识图式很难证明,与其说先验假设是一种"有"的自然,不如说是一种"无"的自然,即白板;心灵并非一种实在的规定,只是一种通过经验形成的心理状态。他指出:"从绝对的意义上说,心灵原本是一张白纸,没有任何生命或表象的形式,因此,在它里面既没有原始的观念性也没有形成它们的素质,所有的观念,毫无例外,都是时间和经验的产物。"④基于此,他提出"可塑性"这一教育学的基本概念,并将教育的核心问题还原为心理学的问题,将知识图式最终还原为心理图式,即心理形成的过程。在赫尔巴特那里,教育的一切都必须以经验以及由此形成的认识为基础,

① [德]康德:《论教育学》,赵鹏、何兆武译,上海人民出版社2005年版,第4页。
② [德]康德:《论教育学》,赵鹏、何兆武译,上海人民出版社2005年版,第5页。
③ [德]康德:《论教育学》,赵鹏、何兆武译,上海人民出版社2005年版,第6页。
④ [德]赫尔巴特:《普通教育学·教育学讲授纲要》,李其龙译,人民教育出版社1989年版,第11—12页。

甚至由教育形成的道德概念,也是经由感觉经验之间的关系而形成的同情①。"以往自由教育中的 humanism 和 intellectualism 传统被抽离掉了,在教育的核心问题上,人的自然(human nature)逐渐转化成为心理的要素(psycho - ele-ments)。"②

当道德与教育之间的关系缩化为培养受教育者的理性时,尤其是当理性培养转化成心理学问题之后,教育与道德之间的关系亦发生了根本性转变。伦理道德虽然仍是教育的构成性内容,但不再是衡量、构架教育的维度。因为,道德教育的着力点不再是个体美德或整全意义上的道德人格形成,而是如何培养受教育者的公共理性或高级知性能力以促使其学会过公共/民主生活。

三、道德形成异化于教育

学校教育作为现代社会的重要组成部分,作为一种现代性的后果,未能完全实现"人是目的"这一启蒙愿景,反而在一定程度上成为"异化"个体的方式;道德教育不但未能促使个体成为"大写的人",反而在某种程度上成为自我异化的助力。

我们深知,"十年树木,百年树人";教育既要教会学生做事,更要教会学生做人;"德智体美劳"全面发展,"德"为首。然而,从现代教育的结果来看,由于人们过于追求"三驾马车"(财富、资历和声誉),全面教育化约为"知育"或"职育",求"知"实则为"职","全面发展"变成了"单向度的人"。对此,尼采早已进行了批判。他认为,国家扩大和普及教育的过程也是缩小和削弱教育内涵的过程,二者结合的结果导致教育放弃了其最崇高、最高贵的使命,屈

---

① 渠敬东:《现代社会中的人性及教育——以涂尔干社会理论为视角》,上海三联书店2006年版,第63页。

② 渠敬东:《现代社会中的人性及教育——以涂尔干社会理论为视角》,上海三联书店2006年版,第63页。

尊为其他某种生活形态服务。

　　普及教育是最受欢迎的现代国民经济教条之一。尽量多的知识和教育——导致尽量多的生产和消费——导致尽量多的幸福:这差不多成了一个响亮的公式。在这里,利益——更确切地说,收入,尽量多赚钱——成了教育的目的和目标。按照这一倾向,教育似乎被定义成了一种眼力,一个人凭借它可以"出人头地",可以识别一切容易赚到钱的捷径,可以掌握人际交往和国民间交往的一切手段。……每一个人必须学会给自己精确估价,必须知道他可以向生活索取多少。按照这种观点,人们主张"智识与财产结盟",它完全被视为一个道德要求。在这里,任何一种教育,倘若会使人孤独,倘若其目标超越于金钱和收益,倘若耗时太多,便是可恨的……按照这里通行的道德观念,所要求的当然是相反的东西,即一种速成教育,以求能够快速成为一个挣钱的生物,以及一种所谓的深造教育,以求能够成为一个挣许多钱的生物。一个人所允许具有的文化仅限于赚钱的需要,而所要求于他的也只有这么多。简言之,人类具有对尘世幸福的必然要求——因此教育是必要的——但也仅仅因为此。①

　　今天,初等与中等教育得到普及,高等教育也已"大众化"且越来越强调职业培训功能。马丁·特罗将高等教育的发展历程分为精英、大众化和普及化三个阶段。"一些国家的精英高等教育,在其规模扩大到能为15%左右的适龄青年提供学习机会之前,它的性质基本上不会改变。当达到15%时,高等教育系统的性质开始改变,转向大众化。如果这个过渡成功,大众高等教育可在不改变其性质的前提下,发展规模直至其容量达到适龄人口的50%。当超过50%时,高等教育开始迅速迈向普及化阶段。"按照马丁·特罗的理论,英美等发达国家已进入高等教育"普及"体系。与其相应,"高等教育课程设置从学术能力向实际操作能力转变","大学不再强调学生个体心智和能力的

---

　　① 〔德〕尼采:《教育何为?》,周国平译,北京十月文艺出版社2019年版,第84—85页。

全面发展,不再强调高等教育对社会的文化贡献,不再强调非功利的纯学习观"。① 政府制定高等教育政策的主导思想也从一种理想化的模式转变成为一种现实的模式。"过去,高等教育把公众利益置于首位,避免卷入市场,而现在却认为维护公众利益最好的办法就是高校应涉足商业活动。"②

当教育过于急功近利时,教育自身的异化以及对人的异化就会出现。教育自身的异化表现为失去自身独立性,成为外在目的的工具或手段,卷入教育中的个体也因过于追求利益或功利而被宰制,进而失去本真性。当逐利成为教育的价值趋向时,个体的自主性、能动性甚至"创造性"这些曾被寄予解放人、使人免受奴役的主体性特征,不但未能促进自我解放,反而成为更为深入的"自我规训""自我奴役"的条件,"优秀的绵羊"③充分体现了这一点。德雷谢维奇将斯坦福大学、哈佛大学等世界著名高校所培养的学生称之为"优秀的绵羊"。他指出,那些精英名校的大学生,能双修专业,擅长体育,熟谙多种乐器,掌握几门外语,参加世界某地区组织的援助项目,而且仍有精力发展几项个人爱好,他们似乎对任何东西都有一种与生俱来的高度悟性,身上散发的是自信、自乐和自足。但是,当走进他们的内心,当那层不可一世的自信和完美无缺的光鲜外表被剥离之后,令人惊讶的是:寄居在他们身上的却是令人窒息的恐惧、焦虑、失落、无助、空虚和孤独。而且,令人不安的是,有更多的、源源不断的学子正走在成为"优秀的绵羊"的路上。

德雷谢维奇指出,20世纪60年代以来,美国名校招生录取游戏规则的唯一变化就是竞争趋于白热化,而且"我们的大学(名校)录取标准支撑起了整个教育系统,或者说教育围绕着招生而运转。学生从孩提时代到青春期,从大

① [英]托尼·比彻、保罗·特罗勒尔:《学术部落及其领地:知识探索与学科文化》,唐跃勤等译,北京大学出版社2008年版,第6页。
② [英]托尼·比彻、保罗·特罗勒尔:《学术部落及其领地:知识探索与学科文化》,唐跃勤等译,北京大学出版社2008年版,第10页。
③ [美]德雷谢维奇:《优秀的绵羊》,林杰译,九州出版社2016年版。

学到进入职场,不论是教育方式还是教育结果,无不受制于大学招生这根指挥棒"。①"我们要求学生参加课外活动,因此人人都参与活动。我们要求领导能力,因此学生学会角逐岗位;我们赏识那些能够成功克服并满足我们设定的挑战和要求的学生,因此催生了一群投机者。"②于是,吊诡的现象出现了。名校的门槛越来越高,入学者对自我的要求越来越高,对自我的规训越来越强,人的异化也就越来越突出。

更令人深思的是,他认为,即便在名校中求学,也"得不到真正的教育",因为大学的办学旨向发生了改变。"在过去,我们所大力提倡的价值观:好奇心的培养,道德观的确立,社区归属感的建立,民主、公民意识的建设等,都已经不见踪影。"③大学与商业共谋,个体与大学既受制于"三驾马车"的驱使,又试图成为其驾驭者。在其引领下,个体需要具备刻苦、勤奋、自制、自主、自律等品质,才能取得更好的成绩。换言之,在现代学校教育中,成绩被赋予了道德化的意义,道德品质成为取得成功的条件,而"内卷"则成为人被异化的折射。

四、反思我国当代道德与教育之间的关系

关于道德与教育之间关系的认知,我国当代教育领域更多的是在德育的层面而不是在"道德"和"教育"两者并列的思路上展开探讨。换言之,人们更多把"道德"作为要遵守的规范、要执行的命令,是教育内容、学校领导力和教师素养的组成部分,而不是把"道德"作为一种观照、考量、统领教育的视角、维度与核心思想。这种致思方式,会制约学校在社会转型期践行道德使命。

① [美]德雷谢维奇:《优秀的绵羊》,林杰译,九州出版社2016年版,第22页。
② [美]德雷谢维奇:《优秀的绵羊》,林杰译,九州出版社2016年版,第52页。
③ [美]德雷谢维奇:《优秀的绵羊》,林杰译,九州出版社2016年版,第44页。

（一）既有道德与教育关系定位的前提

人们之所以在德育的范围内讨论道德与教育之间的关系，主要基于学校教育具有道德权威性以及"善优先于正当"的德育思路。

1949年以来，我国学校教育担负着培养"社会主义建设者和接班人"的重任，在促使个体"成为人"的过程中发挥着主导与权威作用。学校教育的权威性一方面来自个体"成为人"的自然需要，另一方面则来自国家、人类持续性和持存性的需要。未成年的个体要成为有用的社会人和道德性存在，需要掌握生存和生产技能，具备过公共生活所需要的道德素养，就需要接受学校教育。此外，个体的生存无法脱离国家境遇，学校教育因获得国家授权而具有合法性和权威性。

在国家授权、学校实施和教师教导的框架下进行教育实践，赋予了国家、学校、教师以教育主体地位，赋予了教育者之于受教育者所具有的"权威性"和"优先性"，受教育者"被培养""被形塑"则有了必要性和合理性。在此框架下，意味着集教育系统之力量旨在培养国家和社会需要的人才；"道德"作为人才素质的构成要素之一，是教育内容不可或缺的重要组成部分，无论是课程的实施、校园文化的建设还是对师德的要求皆与培养受教育者理想的道德人格是一致的。换言之，学校教育权力的正当性赋予了形塑受教育者道德的权威性以及道德作为教育内容的合理性。

除了学校教育的权威性使道德作为教育内容组成部分具有合理性，"善优先于正当"的德育思想则进一步强化了其合理性。正当与善是两种评价行为合理性的伦理标准。西季威克认为，"正当"所表达的道德观念是"一种理性的命令或绝对责任的存在"[1]，而"善"所表达的道德观念是"诱人的"，它教导人们遵守道德会给人带来幸福、快乐以及精神的满足。换言之，"正当"概

---

① 熊华生：《为了儿童的幸福与发展——教育目的新论》，博士学位论文，华中师范大学，2006年，第15—17页。

念首先着眼于"正义的社会体系",强调达成基本的"政治共识"、建立公正的社会制度;"善"概念首先着眼于个体"追求他们的目标",强调个体的自我完善、对幸福生活的追求。

"权威性的学校教育"加之"善优先于正当的德育路径",使学校教育多着力于形塑受教育者的德性。与之相应,学生的道德学习方式属于"一度学习","二度学习"与"三度学习"较弱。"一度学习"指非反思性的学习;"二度学习"指通过反思自身学习方式方法、策略、习惯等方面以提高学习效率与质量;"三度学习"指突破已经习惯化的学习习惯以避免僵化,进而更好地适应复杂多样、具有不确定性的生存境遇。从我国学校实践来看,德育旨在促使学生内化相关道德要求,道德形成多数处于"一度学习"状态,德育是学校促进学生德智体美劳全面发展的重要组成部分。

(二) 既有道德与教育关系定位的局限性

既有道德与教育关系定位的局限性首先表现在"缺乏"统领教育的"德"之维。如果仅仅从德育层面思考道德,那么继之而来的问题是:统括"校长道德领导力、师德和学生道德"的范畴是什么? 整合教育中各种道德力量和行为的维度是什么? 如何理解"立德树人"和"教育改革的道德使命"之"德"? 之所以这样追问,是因为如果不突破既有思路,就无法回答这些问题,就会模糊教育发挥其道德使命的方向性,就会缺乏反思、考量学校教育、教育改革是否符合道德的维度,进而会弱化以何种道德"统领"学校教育的追问。

首先,我国教育方针和政策以培养德智体美劳全面发展的社会主义建设者和接班人为宗旨,强调"立德树人"为教育的根本任务,着力提高校长和教师的职业道德素养;但如何整合"社会主义建设者和接班人"之"德"与公民教育的主旨诉求,如何处理"立德树人"与弘扬传统道德、形成现代道德之间的关系,以何种"道德"统领生活德育、主体德育等德育改革以及校长和教师的职业道德素养,所有这些问题并未得到"系统"梳理。可以说,我国学校教育在如何发挥"道德使命"的"精神内核"上是有些"模糊"的。换言之,教育领域围绕"道德"虽然编织了纷繁的话语体系,但以何种"德"统领学校教育在意识形态领域、教育理论和实践中并未有"明确共识";虽然提出各种道德要求,但仍"缺乏"从"道德"与"教育"的视角确立学校教育"德之魂"。

其次,易于忽视对教育道德正当性的追问。学校教育也是一种各种力量博弈的场域,其运行与经济基础、上层建筑、社会阶层等存在密切关联,各项教育政策的出台无不涉及相关资源的配置和利益的调整,各项教育活动的展开无不关涉权力的运作和权利的维护。如果不突破道德与教育关系的既有思路,不但缺乏从一般性、普遍性的层面衡量教育是否符合道德的视角,而且易于使教育政策的制定者、实施者忽视对其实践进行道德正当性追问,进而影响人们对教育正当性的认同。如从学校教育改革实践的运行来看,虽存在各种检测指标,有管理、课程、教学等方面的评价标准,有考核学生知识、能力、情感、态度和价值观等方面的评价标准,但鲜见道德标准。如果缺少了道德维度的考量及其正当性的追问,学生可能不认同教师的"善意",导致师生关系紧张;那些充满美好愿景和善意的教育政策,也有可能损害某些群体的利益。如果忽视道德正当性追问,深化教育改革是无法顺利实行的。以道德之维观照教育,虽不能完全解决教育政策、教育实践中存在的正当性问题,但至少可以促使人们在教育实践中保持一种警觉,尊重相关群体的利益,避免冲突加剧。

最后,可能遮蔽教育目的正当与其道德基础正当之间的差别。教育目的之于学校教育无疑是至关重要的,它既是教育的出发点也是落脚点,它具有引领、统领、调控和评价教育的功能。如果对教育目的没有达成共识,如果教育方针政策中的教育目的未落到实处,如果应然的教育目的与实然的教育目的并不一致,就会影响人才的培养,进而影响人们对教育正当性的认同。从实际情况来看,由于受历史、文化、政治和经济等诸多因素的影响,在我国教育理论和实践领域、应然要求和学校教育实然状况之间常常存在教育目的的不一致性,并出现了多种类型的教育目的,即"外在的"和"内在的"、"应然的"和"实

然的"、"社会本位的"和"个体本位的"、"未来成人生活取向的"和"当下儿童
生活取向的"①。之所以存在不同类型的教育目的,而且就其价值取向人们聚
讼不止,表面上是对各自所持有的教育目的进行正当性辩护,究其根底是对教
育目的背后何种利益优先的正当性进行辩护。

当人们强调教育目的"外在的""应然的""社会本位的""未来成人生活
的"维度时,维护的是社会和成人利益的优先性;当强调教育目的"儿童的"
"当下的""过程的"维度时,维护的是儿童和教育自身利益的优先性。换言
之,人们对教育目的的认同需以处理各种利益关系的道德正当性为基础。基
于此,如果不重新省思道德与教育的关系,就无法从道德基础的正当性观照教
育目的的正当性,也易于漠视对教育目的的道德基础进行追问,甚至以教育目
的的正当性遮蔽其道德基础的正当性。

五、重新定位道德与教育的关系②

重新定位道德与教育之间的关系,意指把二者作为两个独立的变量,关注
从道德维度观照教育。

(一) 道德与教育关系的新结构

道德不但体现于课程、师生的行为、学校文化的氛围之中,而且体现于教育
政策、教育制度、教育权力之中,体现于教育价值选择和教育的道德基础建构之
中。鉴于道德与课程、师生行为、学校文化之间关系的相关研究较多,这里主要
关注教育政策、教育制度和教育权力的道德,并走向它们的背后,探讨其道德基

---

① 熊华生:《为了儿童的幸福与发展——教育目的新论》,博士学位论文,华中师范大学,
2006 年,第 15—17 页。
② 本章核心观点详见闫旭蕾:《道德与教育关系新探》,《教育理论与实践》2016 年第
34 期。

础,由此可以看出教育中道德维度的多样性及其结构的立体性(见图2-1)。

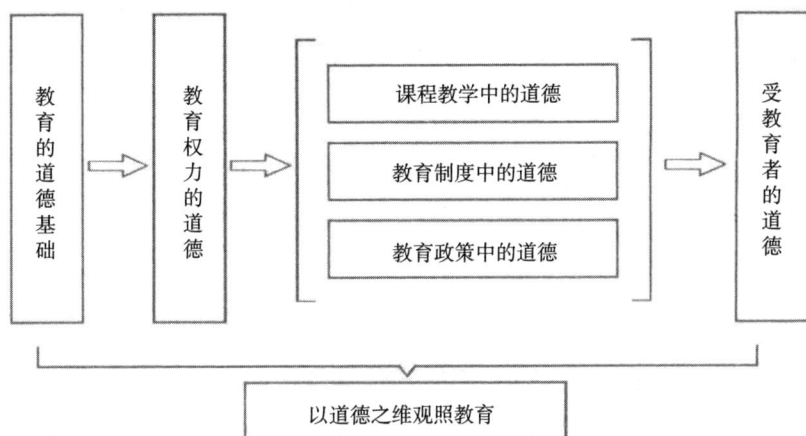

图 2-1　道德与教育关系结构

教育政策的本质是政府或社会公共权威对教育资源和利益进行权威性分配的活动。由于如何处理利益关系是道德的基础,因此道德品性也是教育政策的重要维度。从应然角度来看,教育政策不仅要表达各种利益主体的利益诉求,而且要体现公平与正义,能够对不同利益主体之间的教育利益矛盾和冲突进行协调和平衡,其道德品性对教育的道德性建构起着导向作用。如若有的教育政策不能充分体现程序正义和实质正义,其正当性就会受到质疑,导致教育的公信力不足,进而影响社会道德秩序。

对教育政策道德品性的关注究其实是对教育正义的关注,与教育正义密切相关的另一维度是教育制度的道德。教育制度作为制度的一种形式,它为教育实践提供框架,为建构教育秩序和规则、调整各种教育关系提供规范,教育政策的落实、教育正义的实现需要相应的制度。如果教育制度自身的正义性出现问题,不但不能有效落实教育政策、发挥其自身道德资源的作用,而且易于与德育愿景发生冲突,弱化学校德育的有效性。

教育政策、教育制度与教育权力一体两面,前两者的实施离不开后者,而后者的存在显现需要前两者,三者间的相互关系状态影响着教育的正当性。

由于权力的运作有"专制""民主"等多种形式,有"善""恶"和"中立"等不同德性表现,教育权力在与教育政策、教育制度相结合时会有不同状态。例如,当教育政策和教育制度的形成、出台及其实施符合正义原则时,就意味着其中蕴含的教育权力也是"善"的;反之,则可能是"恶"的。对受教育者道德形成的影响,课程、教育者的影响力固然重要,教育政策、教育制度与教育权力的道德影响力也是不容忽视的,甚至因其对学校教育的"刚性"和"控制"作用而更"有力"地影响着教育道德氛围的形成。

当我们意识到道德蕴含于教育政策、教师行为等诸多层面时,就会发现:教育系统内部对受教育者的影响是多维的、多层次的、立体的,其影响力有正向和负向、显性和隐性、"应然"和"实然"、统一和冲突等不同。如再深究,教育每一维度、每一层面的道德性背后都有其价值判断、选择和诉求的支撑,效率、公平、正义、秩序等何者优先,会影响教育政策、教育制度、教育权力和课程的德性表现及其正当性认同。可以说,教育价值取向为教育道德提供了正当性基础。

(二) 道德与教育关系的新视点

以道德之维观照教育,可为我们思考如下问题提供新视点:教育促进人生幸福需要什么样的道德条件? 教育主导价值有怎样的道德影响力? 如何聚焦学校的"德之魂"? 之所以选择这三个问题进行思考,不但因为它们是密切相关的,而且因为它们之于教育是至关重要的。思路决定出路,换个角度重新思考,可有助于人们对相关问题的认识与建构。

1. 道德:教育促进人生幸福的基本条件

无论是对教育的批判还是教育改革的诉求,焦点常常集中于教育如何促进人生幸福,而幸福与否又常常和道德密切相关。从当下教育理论与实践来看,人们多强调培养受教育者的德性以促使其形成健康的精神和人格、提高其追求幸福的实质能力和智慧,较少从教育制度和教育共同体的道德维度探讨教育与受教育者人生幸福之间的关系。也就是说,教育领域在思考如何促进人生幸福时,采用的仍是个体道德养成的思路。这样的思路,弱化甚至漠视了教育制度、教育共同体的道德状态对人生幸福以及在校幸福感的影响。

过幸福生活、幸福人生除了离不开个体的良善德性,还需要具备获得幸福的能力及其条件。换言之,这里有一个有关如何理解教育与幸福生活之间关系的转向。对教育而言,如何实现制度正义、公平地为受教育者提供获取幸福能力的条件,较之灌输"什么样的生活才是幸福和有价值的"以及"幸福人生需要什么样的德性"更为迫切。因为我们清楚地知道,幸福生活的问题必须放在如何生活在一起的问题框架下才可能得到真正的回答。试想,如果校园暴力事件频发、教师存在职业倦怠、学生厌学与教育不公平普遍存在,那么,建立一个在制度上不羞辱任何人的正派的教育场域比倡导令人愉悦的善更为迫切,关注影响个体获取幸福生活能力的机会公平和资源平等比强调学生的德性更为基本。①

如此,人们在思考教育促进人生幸福时,应把个体所能获得的资源、能力、德性结合在一起。不但要关注培养个体的德性,而且更要关注创设"善"的教育场域以使个体公平地获得过幸福生活的能力;不但要关注个体的道德之维,而且更要关注教育自身的道德之维。

---

① 有关幸福与"正派社会"、机会公平、资源平等、能力之间的关系,马格利特、罗尔斯、德沃金、阿马蒂亚·森等人进行了探讨。马格利特认为最紧迫的是需要建立一个在制度上不羞辱任何人的正派社会,而且马格利特把正派社会的特点消极地表述为不羞辱,而不是积极地表述为尊敬其成员,其理由在于:马格利特深信在这个时代,铲除令人痛苦的恶远比创造令人愉悦的善更为迫切。关于制度与幸福之间的密切关联,罗尔斯强调"机会"公平、德沃金注重"资源"平等对获得幸福的影响。对此,阿马蒂亚·森做了更深一层的思考:无论是机会还是资源的获得,终究要转化为追求理想生活的"可行能力"。森认为,"可行能力"决定了一个人的生活品质是不是"好",而"能力"的形成又取决于个人所拥有的机会、资源、本事。如此,获取幸福生活的"可行能力"与正义制度下机会公平、资源平等形成了密切关联,关于两者间的论述详见[印]阿马蒂亚·森:《再论不平等》,王利文、于占杰译,中国人民大学出版社2016年版。

2. 道德影响力：教育主导价值的奠基性作用

当人们追问教育应否、是否、能否促进人生幸福时，换个角度来看，是在追问教育价值选择及其实践对个体发展的影响。教育价值选择无疑是重要的，它不但影响着教育方针政策和教育目的的制定、教育评价的导向和教育制度的建构，而且制约着道德氛围的形成。

价值选择表明了主体的需要倾向，教育主导价值体现的则是优先满足某种主体（国家、社会、学校或个体）的需要和利益。基于此，教育主导价值不但是各种教育主体力量博弈的过程与结果，而且为教育自身道德建构奠定了基础。之所以产生这种内在关联，原因在于：道德或善在人类社会的发展进程中并不是永恒不变的，也不是放之四海而皆准的；道德是由社会意见决定的，社会是设置道德要求的立法者，而意见的一致来自利益的一致。因此，道德是调节各种利益的行为规范，彰显的是各主体利益的合理分配形式。如此，道德究其实关乎的是人们的利益、需要和愿景。在此意义上，我们可以更好地理解：人们对教育及其道德正当性的追问，实则是对教育价值合理性的追问；对学校教育及其改革深层问题的关注，实则是对教育政策、教育制度内在价值取向的关注，是对教育各类主体利益的博弈过程是否公平、正义的关注。由于教育价值存在各种类别，而且各种价值之间常常存在矛盾与冲突，如若教育所践行的主导价值不能有效整合各种价值诉求，教育的道德正当性就会受到质疑。换言之，教育主导价值、教育道德基础和教育道德正当性是纠合在一起的，也是相互影响、相互折射的，加之它们又常常蕴含于教育方针政策、制度决策与实施和学校教育实践之中。所以，教育的道德正当性建立于人们对教育目的、教育政策、教育制度和教育体制主导价值的认同之上，建立于践行教育主导价值的平台、通道、活动是否正义的基础之上。

3. 道德：教育的"魂灵"

当我们意识到教育自身的道德与其促进人生幸福、主导价值选择之间的密切关联时,继之而来的问题是:用什么样的道德理念统领、整合教育系统? 教育的"德之魂"是什么? 学校教育作为"道德事业"与"道德的事业",如果不能明确认识强大的教育系统的道德水平对社会风尚的奠基作用,如果其"德之魂"的核心内涵模糊不清,如果教育系统内部各个层面、各个维度之间的道德要求缺乏整合,就会影响学校道德使命的发挥。然而,令人遗憾的是:长期以来,人们把道德当成规范,认为道德就是遵守规范,道德教育就是遵守规范的教育,就是对"应该""必须"的贯彻与遵守;而缺乏将教育与道德作为两个相互影响的变量来加以考察,制约了教育与道德关系研究格局的形成,弱化了对社会道德影响教育的深入探讨,也制约了从道德维度衡量、审视教育在促进社会道德形成过程中所发挥的功能。

在一个日益多样化的社会中,学校是形成社会凝聚力的主要机构。学校不仅要服务于政治、经济需要,而且要面向社会、面向所有受教育者;不仅要关注成绩,而且要关注个体和社会健康精神的形成;不仅要对既有道德现实接受与适应,而且要对现实进行批判并指向更理想的道德社会。如此,教育的道德使命就不能只是简单地将某种道德理想和道德标准作为教育的内容,而应首先依据社会的发展趋势,结合国家道德、传统道德、全球道德要求,对道德进行甄别和选择,建构学校教育的"德之魂",才能不断为社会道德注入新的内容,才能为受教育者的精神发展提供"魂灵"性的滋养,从而在社会道德的重建和发展中起导向、规范和支撑的积极作用。

道德与教育的关系是复杂的,这里通过论述道德作为教育内容之思的局限性、粗略勾勒重构道德与教育关系的可能路径,旨在呈现两者间的立体关系,以期人们关注教育的整体道德水平,关注"道德教育"与"道德的教育"①之间的不同。只有教育政策、教育制度、教育权力、课程与教学等成为践行正义的平台,才能建构更好的育人环境、发挥教育的道德使命。

① 吴先伍:《"道德教育"与"道德的教育"》,《安徽师范大学学报(人文社会科学版)》2015年第3期。

第三章　教育的道德立场

　　哲学重心现在落在政治/伦理哲学上,这不应该令人感到意外,因为现在的世界是个面临着严重的政治和伦理危机的世界,是个乱世,是个礼崩乐坏的世界。政治和伦理就成为当代的最大事情,哲学观念是大观念,大观念当然随着大事情走。同时,在当代的政治/伦理问题背后往往是经济利益问题,于是,政治和经济问题总是结构性地结合着的。而文化问题又是政治问题的当下历史性姿态,而且很可能还是政治和经济的一个深层结构。因此就形成了这样的当下哲学的历史性结构:政治/经济/文化的互动结构。

——赵汀阳[1]

　　人区别于其他动物的地方在于德性,理想的生活与国家秩序需要教育培养人与之相应的德性,并持有相应的道德立场。

---

　　[1]　赵汀阳:《没有世界观的世界》,中国人民大学出版社 2003 年版,扉页。

一、道德理念的核心关切

从演化的角度来看,在有关"道德"的观念之前,"道德"实践已经存在,并伴随着人的直立行走、语言和智力发展以及道德叙事、道德传统的形成,人类从动物界脱颖而出并成为万物之灵。如孟子所指出的,"人之异于禽兽者几希","几希"所指就是"道德"。不只中国先哲有此认识,古希腊诗人赫西俄德、戏剧家索福克勒斯以及哲学家柏拉图等人也有此观念。只不过与我国古代先哲关注"人伦""天道"不同,他们共同关注的是"正义",他们认为"正义"是神给予人类"全部礼物"(潘多拉)之后的最后的礼物,也是使人从根本上区别于动物的礼物。如赫西俄德所说:"倾听正义。完全忘记暴力。克洛诺斯之子已经将此法则交给了人类。由于鱼、兽、有翅膀的鸟类之间没有正义,因此它们互相吞食。但是,宙斯已经把正义这个最好的礼品给了人类。"①

动物性—人性—神性是人类在世界中识别自身、定位自身、自我认同的话语之链、思想脉络。一方面,人通过建构道德维度将自身区别于"兽",动物不但在生存的意义上伴随人类,也是人类自我确证、探讨自身以及周遭世界秩序的重要维度;另一方面,人通过叙述与"神"相连,并借此拥有了"神性""神圣性""高贵的""高尚的"东西。换言之,人在定位"人性"的基础上进行道德叙事以建构自己的世界、社会与国家秩序,如柏拉图的"人性说"、儒家的"性三品说"。

柏拉图认为,人的灵魂由理智、激情和欲望组成,所对应的美德分别为智慧、勇敢和节制,并依赖于第四种美德——正义,正义是"给灵魂每一部分分配其特殊功能的美德"②。理性是灵魂中最高贵的,是人和动物区别的根本标志,是不朽的,是人与神共有的;其他两部分则有生有灭,是人和动物共同具有

① [古希腊]赫西俄德:《工作与时日·神谱》,张竹明、蒋平译,商务印书馆2009年版,第42—43页。

② [美]麦金太尔:《追寻美德:道德理论研究》,宋继杰译,译林出版社2003年版,第178页。

的。当灵魂的每一部分行使其具体美德并与其他美德协调配合时,灵魂便能够自己主宰自己,秩序井然,处于正义和健康的状态。否则,三者相互争斗,就会造成灵魂的不正义。

　　柏拉图探讨灵魂正义旨在建构城邦的正义,他认为个人正义与城邦正义的基本原则是一致的。正义是城邦作为一个整体的美德,它要求统治者、护国者和劳动者三个阶层认识到自己的自然能力,各安其分,各司其职,各行其是,实现城邦内的和谐。其具体表现为:理性灵魂体现于理想国的哲学家的身上,要求其表现为智慧;灵魂中的激情"部分"体现于理想国的护国者身上,要求其表现为勇敢;(肉体的)欲望作为灵魂中最低级的部分,主要表现为感性需要,体现于理想国中第三等级的被统治者身上,要求其表现为节制。就如个体灵魂正义的维护需要"御车人"用理性驾驭"灵魂马车"一样,理想国应由"哲学王"统治才能形成正义,因为只有经过教育的"哲学王"才能接触善的形式,才知道何谓正义以及如何分配正义,并通过制作"高贵的谎言"或"伟大的神话"①,让人们接受自己的命运安排,以实现城邦内的和谐。在柏拉图那里,理性是形成个体正义与理想国正义的前提,是灵魂的本性,欲望背离理性而沉溺于肉体享乐是违反灵魂本性的,激情和欲望都应服从理性。

　　儒家的"性三品说"与柏拉图"高贵的谎言"关于人性等级的阐释在结构上具有相似性。先秦之前,各家对人性问题基本持三种态度:第一种观点认为,性无善无不善,以告子为代表;第二种观点认为,性可以为善,可以为不善,

---

　　① 柏拉图在《理想国》第三章末,在论述了护卫者应受到什么样的教育后,苏格拉底犹豫地讲述了一个高贵的谎言,这个谎言告诉人们,他们所受的教育只是一个梦,其实他们是在地底被造出来的,被大地母亲派到地上,然后为保卫大地而战斗。尽管所有人都是兄弟,但神造人的时候,在人们的灵魂中添加了不同的金属,使掺入了金子的人有能力统治,掺入了银子的人成为护卫者,而掺入了铜和铁的人成为农民和工匠。如果在统治者和护卫者的后代中出现了灵魂是铜和铁的孩子,他们就应该被遣送到农民和工匠之中;而如果在农民和工匠的后代中发现了灵魂是金和银的孩子,他们就应被提升到统治者和护卫者中来。神给予护卫者最重要的诫命就是关注后代灵魂中的金属成分,因为神谕说,如果出现了铜和铁的护卫者,城邦必将灭亡。详见张立立:《向谁而说的"高贵的谎言"?》,《世界哲学》2013 年第 1 期。

以孔子的弟子世硕为代表;第三种观点认为,有的人性善,有的人性不善。与这些观点不同,孔子更强调学习的重要性。他认为:"性相近,习相远也。"并将人分为三类四种:"生而知之者,上也;学而知之者,次也;困而学之,又其次也;困而不学,民斯为下矣。"①而且,在孔子那里,第一种和第四种人的人性是不可改变的,"唯上知与下愚不移"②,是无须培育和教育的;第二种和第三种人之人性是可以通过学习和教育从而达致知、仁、勇三达德的。鉴于个体的人性不同,孔子特别强调学习的重要性。"学而时习之,不亦说乎。""好仁不好学,其蔽也愚;好知不好学,其蔽也荡;好信不好学,其蔽也贼;好直不好学,其蔽也绞;好勇不好学,其蔽也乱;好刚不好学,其蔽也狂。"③同时,孔子也以自己为榜样告诉弟子们,他自己是"吾十有五而志于学"。对孔子来说,爱好学习的标准就是:"君子食无求饱,居无求安,敏于事而慎于言,就有道而正焉,可谓好学也已。"④

我国先哲探讨人性的主旨实则是探讨"人是什么""人应该做什么""应该如何在一起",如孔子之后继者孟子、董仲舒等大儒的人性观及其德治思想。

孟子在孔子以及告子人性观的基础上独创性地提出了"人性善"。告子认为:"生之谓性","食色,性也"。"性,犹杞柳也;义,犹杯棬也。以人性为仁义,犹以杞柳为杯棬。""性,犹湍水(急流的水)也,决诸东方则东流,决诸西方则西流。人性之无分于善不善也,犹水之无分于东西也"。孟子对告子的观点进行了反驳,关于"性"与"杞柳"的类比,孟子曰:"子能顺杞柳之性而以为杯棬乎? 将戕贼杞柳而后以为杯棬也? 如将戕贼杞柳而以为杯棬,则亦将戕贼人以为仁义与? 率天下之人而祸仁义者,必子之言夫!"关于"性"与"水"的关系,孟子反辩说:"水性(诚然)无分于东西,无分于上下乎? 人性之善也,犹

---

① 《论语·季氏》。
② 《论语·阳货》。
③ 《论语·阳货》。
④ 《论语·学而》。

水之就下也。人无有不善,水无有不下。今夫水,搏而跃之,可使过颡,激而行之,可使在山。是岂水之性哉其势则然也,人之可使为不善,其性犹是也。"在反驳告子的基础上,孟子以"孺子入井"为例,说明"人性善"。孟子性善论中的"性"为社会属性,即"四心"——"恻隐之心、羞恶之心、恭敬之心、是非之心","四心"经过发展又会成为"四性",即"仁、义、礼、智"。在此基础上,孟子提出"明人伦""扩善端""行仁政",以"得人心"。

与孟子不同,荀子持"性恶论",其"性"主要是指人先天遗传的自然属性,"生之所以然者谓之性",是天赋予人的本能。人的本性让人好利,容易产生争斗,失去礼义辞让等修为。所以,荀子强调"化性起伪",重刑罚,"师法智者,修礼义之道,合乎礼"。即,"明礼义以化之,起法正以治之,重刑罚以禁之,使天下皆出于治,合于善也"①,从而使社会得到治理。

董仲舒在"天人合一"、荀子和孟子等人性论思想的基础上建立了"人性说"及其治理思想。他认为:"为人者天也。人之为人本于天,天亦人之曾祖父也。此人之所有乃上类天也。人之形态,化天数而成;人之血气,化天志而仁;人之德行,化天理而义。"在此基础上,他把人性区分为"圣人之性"、"斗筲之性"和"中民之性"。"圣人之性"是天生的"过善"之性,是普通人先天不可能、后天不可企及的;"斗筲之性"是生来就恶,教化无用的,只能采用刑罚的手段来处置他们;而"中民之性"作为万民之性,是"有善质而未能善",必须通过王者的教化才能成善。韩愈继承了董仲舒的"性三品说",并将"性"和"情"对立起来。②

---

①　《荀子·性恶》。
②　"性也者,与生俱生也;情也者,接于物而生也。性之品有三,而其所以为性者五;情之品有三,而其所以为情者七。曰:何也? 曰:性之品有上、中、下三。上焉者,善焉而已矣;中焉者,可导而上下也;下焉者,恶焉而已矣。其所以为性者五:曰仁、曰礼、曰信、曰义、曰智。上焉者之于五也,主于一而行于四;中焉者之于五也,一不少有焉,则少反焉,其于四也混;下焉者之于五也,反于一而悖于四。性之于情视其品。情之品有上、中、下三,其所以为情者七:曰喜、曰怒、曰哀、曰惧、曰爱、曰恶、曰欲。上焉者之于七也,动而处其中;中焉者之于七也,有所甚,有所亡,然而求合其中者也;下焉者之于七也,亡与甚,直情而行者也。情之于性视其品。"详见韩愈:《原性》,载《韩昌黎集》。

"性"的内容为"仁、义、礼、智、信",是"与生俱生"的;"情"的内容包括"喜、怒、哀、惧、爱、恶、欲",是"接于物而生"的。上品的人生来就能够按照儒家伦理行事;中品的人通过修身养性才能做到这一点;而下品的人是天生的劣性,只能用强制手段使他们"畏威而寡罪"。他认为,封建帝王是天生应当发号施令的上等人,劳动人民是天生应当受统治的下等人,这是天命,也是永恒不变的圣人之道。

由柏拉图、孔子、孟子、董仲舒等的观点可以看出,他们是在"动物/兽—人—天性/天命"的基础上谈论人性、人的等级及其德性、教化/教育/教养与城邦、国家治理。他们探讨道德,不仅是探讨人区别于动物而使人之为人的标准,也是探讨人们需要遵守的行为规范,还是探讨安置心灵、治理城邦或国家的内在支撑物。他们有关"道德"的思路及其"所及物"为古代哲学、政治治理及其教育思想确立了主题,同时展现了人类文明进程的着力点。如弗洛伊德所指出的,人类文明,我的意思是指人类生命将自己提升到其动物状态之上的有别于野兽生命的所有那些方面……一方面,它包括人类为了控制自然力量并攫取其财富以满足人类需要而获得的全部知识和能力;另一方面,它还包括调节人与人之间的关系,尤其是调节可用财富的分配所必需的规章制度。① 换言之,中西方先哲们在思考道德时,其关切物是多维度、多层次的,主要表现为:(1)在与动物(性)的比照中确立人性,人之为人的标准在于德性;(2)城邦或国家秩序的形成与维护依赖于人的德性;(3)人的社会阶层与其德性相匹配,统治者拥有统治权的条件主要在于其具有高贵的德性;(4)依据天性,人虽有分等,除末等人不可教化外,德性依赖于教化。

需要指出的是,尽管现代道德建构的人性基础、目的指向较之古代是革命性的,但它们的核心关切却是一致的。即,确立人性,在其基础上建构与社会相适应的道德秩序,并通过教育形成个体相应的道德素养。

---

① [奥]弗洛伊德:《论文明》,徐洋、何桂全、张敦福译,国际文化出版公司2007年版,第2页。

二、理解道德立场

由前述可知,中西方的先哲在探讨人类社会、城邦与国家的政治"大善"时,皆与个体道德的小善及其养成结合起来。政治"大善"规定了教育的目的、功能与内容,作为育人、育德方式的教育是在"大善"的观照中建构与实践的。在其思想体系中,政治"大善"是教育培育"小善"的依据。如果仅仅认为"教育"是实现政治与社会理想的手段、方式和途径,可能会遮蔽教育与道德之间的多维关系,尤其是观照教育的道德立场。否则,将无法评价教育的道德以及个体的道德是否是"道德的"。

那么,什么是道德立场(moral positions)?

美国法学家德沃金(R.Dworkin)在《认真对待权利》中认为,道德立场有两种:一种是在人类学的意义上谈论某一群体的"品德"或"道德"、"道德信条"、"道德立场"或"道德信念",意指群体所表现的、关于人的正派行为、品质和目标。在此意义上,德国纳粹的道德是建立在偏见基础上的,是荒谬的。另一种是具体分析的用法,它与偏见、合理化认识、个人好恶、任性等立场不同,其最具特征的用法在于,当行为所体现的道德问题不明确或有争议时,它可以提供一种有限但却重要的判断。例如,有人投票反对某个同性恋者担任公职,是因为反感同性恋,或者对同性恋有某种偏见、成见或出于任意的决定。人们可能会责备这样的情形,认为这样的判断或选择是不公正的,尽管投票者有权利表达和坚持自己的判断,但人们仍可能不会接受或容忍这样行使权利。换言之,人们要对自己的"道德立场"进行辩护,为自身行为或目的的正当性提供某些理由,理由可以是信奉的某些一般的道德原理,也可以是某些道德理想或原则。

然而,并不是所有的道德立场辩护理由都符合普遍的标准。为了将其排除在外,德沃金提出了四个最重要的标准:第一,拒绝偏见。不能根据不可选择或与生俱来的某些身体的、种族的或其他特征而认定某个人道德上是低下的,如不能将残疾与道德低下联系起来。第二,要区分道德立场与情感反应之间的区别,拒绝以个人好恶对他人进行评判,这并不是因为道德立场不涉及情感或是冷酷无情的。恰恰相反,某种情感反应之所以被辩护正是因为道德立场的缘故。如果一个人不能提供某种理由,当然不能因此否认他的那些可能已经产生了社会或政治后果的感情投入。即便这样,仍不能将投入的感情视为道德信念。第三,如果一个人提出的立场,不仅建立在错误的事实上,而且难以满足最低限度的可接受标准,即便是真诚的,也不能被视为道德立场。第四,不能人云亦云,缺乏理性思考,不能没有自己的道德信念。① 除此之外,还需要检视人们辩护道德立场时所预设的一般理论或原则与其所持有的其他观念和行为之间是否一致。如果不一致,或是例外,又不能对例外所预设的一般理论或原则进行辩护,那么就很难证明自身的道德立场。概言之,在德沃金那里,人们需要借助某些一般的道德理论或原则对人们所拥有的行为、品格或目的提供理由。

何怀宏教授根据罗尔斯正义论的五个形式要件(一般性、普遍性、公开性、有序性和终极性)指出,一个道德原则或道德立场必须具有一般的形式,普遍适用于一切场合,能够公开地作为排列各种冲突要求之次序的最后结论来接受。换言之,原则的内容应当是一般性质的,是高度概括和抽象的,而不涉及任何具体的个人或事物。原则在应用中,应是普遍有效的,应适用于一切场合、一切个人。在面对歧义的价值观念和道德选择时,原则能成为所有人的共识而最终被接受。②

道德立场与其他非道德立场不同,斯特巴(J.P.Sterba)在《实践中的道德》(*Morality in Practice*)中对此进行了分析。他认为,非道德的立场或方法包括

---

① Ronald Dworkin, *Taking Rights Seriously*, Cambridge: Harvard University Press, 1978, pp. 249-250.

② 何怀宏:《伦理学是什么》,北京大学出版社 2002 年版,第 81—83 页。

法律的方法、群体的或者个人利益的方法,以及科学的方法。需要注意的是,斯特巴称这些方法为非道德的,而非暗示它们是不道德的。这些方法的要求可能和道德的要求相一致,也可能不一致。斯特巴认为,道德的方法有两个根本的特征:第一,这个立场或方法是"规范性的"。它是以命令或要求的形式呈现的,对应该做什么或不应该做什么作出了规定;第二,这种规定对于其所影响到的每个人来说都是可接受的。基于道德方法的两个特征,可将道德与科学、法律、群体或个人的利益立场区别开来。

道德立场不同于科学立场或科学方法,科学重在发现事实、解释原因、预测趋势,不具有规范性,但科学方法与科学知识可为道德辩护提供依据。道德与法律在存在形态、内容结构与适用的对象、运用的范围及其手段和程序方面都存在差异。法律是国家意志的体现,对主体的权利与义务规定明确,通常是一元化的,道德则是社会意志的体现,主要表现为社会舆论、各种职业道德规范、社会公约等,是多元化的;法律所调整的是那些需要国家权力干预、保证的社会关系与社会行为,道德调整的范围大于法律调整的范围;法律以他律为主,是一种强制性的约束,而道德以自律为主,是更为广泛的一种软约束;法律对个体行为的评价有某种固定的程序,道德评价无相对固定的形式化的程序;法律旨在维护外部世界的和谐,道德主要在于调整人们的内心活动。

道德立场与群体或个体的利益立场不同。从人类历史的发展来看,道德作为一种通过善恶规范、准则、义务、良心等形式规范人们行为的方式,因受历史的、社会的、文化的等方面的影响,在此传统中被视为正当或善的行为在彼传统中却可能被看作不当或恶的,因而道德知识在很多时候是一种地方性知识①。人类进入现代社会之后,私人领域与公共领域分离,尤其随着全球化时代的到来以及多元文化的出现,较之古代甚至现代个体的生存状态及其质量与更大范围的周遭世界联系在一起。无论是世界各国经济之间的相互影响,

---

① 万俊人主编、唐文明副主编:《伦理学基础:原理与论理》,中国人民大学出版社 2004 年版,第 4 页。

还是气候变暖、全球生态环境恶化以及 SARS、H1N1 与 COVID-19 等疫情的出现,皆已昭示了个体与远距离世界之间的关系,需要人类作为一个"共同体"来共同面对自身"制造"的问题,共同改善生态环境、世界秩序,共同抉择人类未来的命运。在此意义上,道德准则、道德秩序的建构则处于更大的道德圈之中,道德立场则需超越于群体或个体的利益的方法。在此意义上,道德立场与群体的或个体的偏好区分开来,它强调道德与对待和尊重他人的方式有关,它关注道德的建构维度及其客观性,它警示人们要反思社会实践中价值取向的公正性、正当性与合法性。

如此,道德立场的确立就需要处理道德的"特殊性"与"普遍性"之间的关系。如果脱离具体的、地方性的道德文化传统或道德谱系,伦理道德可能只能是一种纯形式的知识,不具有任何实质性的内容,很难对人们的道德实践发生普遍的实质性的价值影响。同时,我们也认识到,如果将伦理道德局限于本土,故步自封,就很难实现人类和平共处。人类发展到今天,在诸如正义、和平、良知和爱等一些基本的伦理道德价值理念上有着共识。在此基础上,如若各个道德谱系或道德文化传统在对本谱系或本传统以及自身连贯性发展具体确认之后,通过相互间的解读、对话和"翻译",就可以形成更为普遍的道德共识。道德由"特殊性"走向"普遍性"不但是适应全球化、构建人类命运共同体的需要,"实际上也是每一种地方性道德知识的生长愿望",因为"在一个开放和竞争的时代,没有哪一个道德文化传统或哪一种地方性道德知识会轻易放弃这种普遍生长的愿望"。① 而且,爱国并不意味着对其他国家的否定。如普莱斯医生的著名演讲所说的:"真正的爱国主义既不意味着我们自己国家的法律和宪法优于邻国的法律与宪法,也不意味着憎恨他国。它只意味着'我们对人类中一些人的爱多于其他人的爱,这与他们与我们的亲密程度以及我们所拥有的权力对他们有用程度成正比',它也要求我们努力使我们的国家

---

① 万俊人主编、唐文明副主编:《伦理学基础:原理与论理》,中国人民大学出版社 2003 年版,第 10 页。

在真理、德性与自由方面一天比一天更兴盛。"①

换言之,道德的立场区别于群体或个体利益立场的主要着力点在于,采取"无偏见的利益考虑原则"。如哲学家彼得·辛格所指出的:"在作伦理决策时,我尽力去做能被他者辩护的决策。这要求我站在这样一个角度,我的利益并不仅仅因为是我就比他者的类似利益更重要。任何自我利益的偏爱都必须依照某种广泛的无偏见原则获得正当性。"②

三、既有道德立场的辩护

道德立场关乎"何谓道德的""何以是道德的""我应该怎样生活""我应该成为怎样的人",对诸如此类问题的回答,西方伦理学涌现出各种纷繁复杂的理论。这些理论有的关注"善",有的关注"正当",而后者又分为"目的论"和"义务论"。在伦理学的谱系中,亚里士多德的德性论、康德的义务论、边沁和密尔或穆勒(John Stuart Mill)的古典功利论影响较大,并成为现代实践哲学的三个主要源泉③。德性论关注"善",关注个体的品格或品质,探究"我应该成为什么样的人";义务论和功利主义关注的是个体的行为,着力回答的问题是"我应该做什么";它们皆尝试为人们的道德生活提供理论基础和实践指引。正义论与社群主义在当代伦理思想中亦具有较大影响力,前者是在批判功利主义与汲取义务论的基础上展开论述的,社群主义主要针对个体主义所存在的问题关注公益、人类福祉。

①　[法]埃里耶·阿雷维:《伯克与边沁的功利原则》,曹海军、张继亮译,商务印书馆2018年版,第179页。

②　Peter Singer, *The Expanding Circle*: *Ethics*, *Evolution*, *and Moral Progress*,Princeton: Princeton University Press, 1981.pp.109-110.[美]迈克尔·舍默:《道德之弧:科学和理性如何将人类引向真理、公正与自由》,刘维龙译,新华出版社2016年版,第9页。

③　何怀宏:《伦理学是什么》,北京大学出版社2002年版,第11页。

（一）功利主义

功利主义可追溯到古希腊伊壁鸠鲁学派的快乐主义，以及苏格兰哲学家哈奇森（F.Hutcheson），1725 年他提出了"为最大多数人带来最大幸福的行动就是最好的"，休谟贡献了"功利"（utility）概念。之后，功利主义作为一种道德体系自 19 世纪初至 20 世纪 60 年代，在西方尤其是英语世界一直处于主导地位。[①] 直到 20 世纪 70 年代，罗尔斯和其他当代哲学家对功利主义进行了强烈批评，才结束了功利主义的支配地位。

功利主义创始人边沁认为，避苦就乐、趋利避害是人的本性，生理因素而不是"天赋人权""天启理性"之类的自然法和自然权利构成政治、道德、宗教因素的"基础"（groundwork）。他认为，"断言有自然权利存在，这在逻辑上是荒谬的，在道德上是有害的"[②]。因为，自然权利说混淆了事实与逻辑之间的关系，将逻辑上应该享有的权利，作为事实上在享有的权利。他指出，感觉经验是一切知识包括道德知识的最根本而又真实的基础。"自然把人类置于两位至高无上的主人的统治之下，痛苦和快乐。只有他们才能指出我们应该做什么，并且决定我们将做什么。一方面是对错的标准，另一方面是因果的链接，都紧紧地系在他们的宝座上。他们控制着我们的所行，所言，所思。每一个想要摆脱臣服状态的努力只能再次证明和确认他们的统治。表面上，一个人可能假装宣称离弃了他们的帝国，但实际上，他仍然始终臣服于他们。功利

---

① 罗尔斯指出："在现代道德哲学的许多理论中，占优势的一直是某种形式的功利主义。出现这种现象的一个原因是：功利主义一直得到一系列创立过某些确实富有影响和魅力的思想流派的杰出作家们的支持。我们不要忘记：那些伟大的功利主义者像休谟、亚当·斯密、边沁和穆勒也是第一流的社会理论家和经济学家；他们所确立的道德理论旨在满足他们更宽广的兴趣和适应一种内容广泛的体系。而那些批评他们的人……并没有建立起一种能与之抗衡的实用的和系统的道德观。结果，我们常常看来不得不在功利主义和直觉主义之间进行选择，最后很可能停留在某一功利主义的变种上，这一变种在某些特殊方面又受到直觉主义的修正和限定。"详见[美]罗尔斯：《正义论》，何怀宏、何包钢、廖申白译，中国社会科学出版社1988年版，第1—2页。

② 余涌：《道德权利研究》，中央编译出版社2001年版，第145页。

原则(the principle of utility)认同这种臣服,并且把它视为一个体系的基础。这个体系的目的就是通过理智和法律之手来构造幸福的大厦。试图质疑它的其他体系都属于声色而非感觉、反复无常而非理性、黑暗而非光明。"①这一段话概括了边沁学说的主要观点。

边沁相信,追求幸福是人类的"公理",堪与那些"由欧几里得阐述的公理"相比②;公正就是增进"最大多数人的最大幸福",政府的主要责任是为人们谋取最大利益。因此,"避苦就乐"是衡量人们应该做什么、决定人们将要做什么的原则。功利主义追求的不仅是幸福/福利,而且是幸福/福利的最大化。"福利最大化"既是功利主义政治哲学的最高原则,也是功利主义道德哲学的最高原则。如边沁所说:"当我们对任何一种行为予以赞成或不赞成的时候,我们是看该行为是增多还是减少当事者的幸福。"③为了将主观的感受客观化,边沁把快乐和痛苦解析为四个维度——强度、持续时间、确定性或不确定性和"距离近远",金钱是其效用(测量)计(utilitymeter),并基于边际递减原则实现社会再分配以提高社会净效用。

边沁的思想观点在精神上不同于西方传统道德。"西方传统道德的基本精神是建立在上帝信仰之上的克己和利他,是与追求个人利益相对立的。而功利主义道德的基本精神则在于日常经验对个人利益的肯定,在于与个人利益的一致;这种利益,可以称之为幸福,也可以称之为价值,可以称之为有用,也可以称之为效用,它建立在普通人日常生活中所追求的各种目的或目标之上,没有任何虚无缥缈和神圣之处。"④

与边沁一样,密尔也把"功利"或"最大幸福原理"作为道德基础,认为"行

---

① ［美］伊安·夏皮罗:《政治的道德基础》,姚建华、宋国友译,上海三联书店2006年版,第23页。

② ［美］伊安·夏皮罗:《政治的道德基础》,姚建华、宋国友译,上海三联书店2006年版,第27页。

③ 周辅成编:《西方伦理学名著选辑(下卷)》,商务印书馆1987年版,第211页。

④ ［英］约翰·穆勒:《功利主义》,徐大建译,上海人民出版社2008年版,第7—8页。

为的对错，与它们增进幸福或造成不幸的倾向成正比。所谓幸福，是指快乐和免除痛苦；所谓不幸，是指痛苦和丧失快乐。……唯有快乐和免除痛苦是值得欲求的目的，所有值得欲求的东西之所以值得欲求，或者是因为内在于它们之中的快乐，或者是因为它们是增加快乐避免痛苦的手段。"①密尔不但将判断行动对错的"唯一最终道德标准"定为是否能够增进人的幸福或快乐，将其看作人生的"唯一终极价值"或"善"，其他任何值得欲求的东西或"善"都是为了增进快乐和避免痛苦。

有反对者因功利主义旨在追求快乐而将其比作"猪"的哲学，针对这一现象，密尔进一步澄清了"幸福"与"快乐"的概念内涵。他指出，功利主义所谓的"幸福"与"快乐"是人的幸福或快乐，而不是指动物般的幸福或快乐，幸福的程度取决于快乐的质量而不是数量。"理智的快乐、感情和想象的快乐以及道德情感的快乐所具有的价值要远高于单纯感官的快乐。……承认某些种类的快乐比其他种类的快乐更值得欲求更有价值，这与功利原则是完全相容的。"②他认为，人不只追求快乐，快乐不是唯一的价值标准，只有以自我的个性发展和自我实现为终极目的，才能体现幸福的真正含义。密尔指出："在一切道德问题上，我最后总是诉诸功利的；但是这里所谓功利必须是最广义的，必须是把人当作前进的存在而以其永久利益为根据的。"③密尔特别重视精神追求、个人修养，他意识到，那些以外化的、以物质利益最大化为目标的社会道德原则都注定会失败，必须向人的内心挖掘，将道德义务内化，激发个体内部的情感"良心"，才能获得真正的幸福。在他那里，幸福是核心，幸福是包含了所有快乐的终极价值，他将独立、尊严、追求健康、美德和个性的自由发展等都视为幸福的组成部分。密尔并不反对利他与自我牺牲等传统美德，而是反对把自我牺牲本身看作善事。功利主义要求行为者在面对他人和自己的幸福

---

① [英]约翰·穆勒：《功利主义》，徐大建译，上海人民出版社 2008 年版，第 7 页。
② [英]约翰·穆勒：《功利主义》，徐大建译，上海人民出版社 2008 年版，第 8—9 页。
③ [英]约翰·穆勒：《功利主义》，徐大建译，上海人民出版社 2008 年版，第 12 页。

时,要像一位公正无私的仁慈的旁观者,做到严格的不偏不倚,"己所不欲,勿施于人","爱邻如己",其中蕴含着对自由、权利和正义的认可。

在边沁、密尔之后,黑尔(R.M.Hare)、布拉德(Richard B.Brandt)和哈丁(Russell Hardin)作为行为功利主义(act utilitarianism)、规则功利主义(rule utilitarianism)和制度功利主义(institutional utilitarianism)的代表,进一步发展了功利主义思想。行为功利主义主张,评价行为是否正确的唯一标准是行为的后果,而道德上正确的行为是能够产生最大幸福的行为。该主张面临的批评是:在实际生活中,人们很难计算哪种行为能够产生最大的幸福。规则功利主义尝试对此进行修正以避免相同的批评,它主张,道德上正确的行为是遵守道德规则,这样做通常能够产生最大幸福。该主张也面临批评:大多数情况下,遵守规则的行为与产生功利最大化的行为并不等同。也就是说,即便遵守了道德规则,也并不能带来最大幸福。针对行为功利主义和规则功利主义存在的问题,制度功利主义认为可通过设计一套制度(及其权利)来保护人们自己,以达到功利最大化,这一主张存在的关键问题是,没有什么东西能够保证,按照法律制度行事就会导致功利最大化。如果违反法律制度能够导致更大的功利,那么为什么不能违反呢? 总括起来看,当代三种功利主义思想者大都抛弃了传统功利主义对功利的直接诉诸,而试图把正义、平等和权利等概念包容在自己的理论体系之内。[①]

黑尔既是功利主义者也是分析哲学家。与传统的功利主义相比,他主张通过研究人们所使用的道德语言的逻辑性质,以便发现道德推理的逻辑规则,从而使人们接受某种合理的道德思维方法。黑尔发现,道德语言不是一种描述语言,而是一种指令。"道德判断是普遍的或可普遍化的指令,而这些指令或者本身是压倒性的,或者是与压倒性原则相关的。"[②]这段话概括了道德语

①　姚大志:《当代西方政治哲学》,北京大学出版社2011年版,第141页。
②　M. R. Hare, *Moral Thinking*, Oxford: Clarendon Press, 1981, p.75.

言的三种逻辑特征：普遍性、指令性和压倒性。①

　　道德判断具有普遍性，几乎所有的道德哲学派别都这样认为。但黑尔的特别之处在于，他对"普遍性"与"一般性"进行了区别。在他看来，一般性与具体性相对立，普遍性与具体性则相容。基于此，他将道德原则分为两种：一种原则是一般性的，如"绝不要杀人"；另一种原则是具体的，如"除非是自卫，绝不要杀人"；但它们又都是普遍的。所谓指令性意味着道德判断表达了一种命令，如在使用"必须""应当""对""错""好""坏"这些词语时，是在发出一种指令。普遍性与指令性是道德判断和所有价值判断的逻辑性质，而且道德判断还具有一种独特的逻辑性质——压倒性。在黑尔那里，压倒性在这两种情况下是非常关键的。一种涉及"意志薄弱"的问题，另一种涉及各种原则之间的冲突。关于前者，压倒性体现为一种道德命令，类似于康德的"绝对命令"；关于后者，压倒性体现为道德原则压倒美学原则或其他原则，道德原则相对于其他原则具有优先性。

　　根据道德语言的性质，黑尔将道德原则分为两类。一类是与直觉思维相对应的"初级道德原则"；另一类是与批判思维相对应的"批判的道德原则"。通常情况下，人们的道德思考发生在直觉层面，在处理道德问题时求助直觉性的道德原则，即初级道德原则。当人们面对相互冲突的道德问题而求助直觉的道德原则无济于事时，将其放在批判的层面，通过权衡各种具体情况，再加之逻辑的约束，选择具有"功利的可接受性"（acceptance-utility）的道德原则，就是最好的。功利主义关心的是功利的大小，而不是功利属于谁，人们需要在自己的偏好与他人的偏好之间保持"不偏不倚"或"公正"。

　　自功利主义诞生以来，就一直受到来自不同派别的批评。其中，最有力的批评来自义务论。批评者主张，权利、正义或者道德对于功利具有优先性。针对义务论的批评，黑尔进行了一一辩护。黑尔认为，哲学家关于道德权利的问

---

　　①　姚大志：《当代西方政治哲学》，北京大学出版社 2011 年版，第 143 页。

题是充满争议的,权利被"限制""压倒"以及出现权利冲突时,解决问题所需要的真正"王牌"是功利,即"功利的可接受性"原则。关于正义,黑尔认为,形式正义属于批判的层面,其应用具有普遍性,它独立于偶然的经验事实,从而是不可被压倒的;实质正义因包含了权力、机会和财富等,当其出现冲突时,人们仍是基于功利的考虑来决定哪一种原则具有优先性,证明的是功利主义思想。关于遵照道德原则行事可能会损害个体利益,是否仍会遵照道德原则行事这样的问题,黑尔一方面不赞成义务论所持道德优先于利益的立场,另一方面他也不明确主张利益优先于道德。他给出了这样的思考:在日常生活中遇到道德问题时,功利主义者总是考虑如何使自己的利益最大化,但鉴于有时事情紧急或利益不可计算,而是按照直觉的初级道德原则行事;在某些场合道德与利益是一致的,如勇气、自我控制和坚韧等,无论是之于个体利益还是做道德上正确的事情,这些品质都是需要的,黑尔将其称为"工具性的美德"。但是,反对者所说的利益与道德的冲突,指的不是工具性的美德,而是指内在的美德。对此,黑尔对道德给出了最终的功利主义解释:第一,即使人们都追求自己的利益,也要遵守道德原则,这符合人们的最大利益和长远利益。反之,如果没有道德,人们都无法实现自己的利益。第二,在日常生活中,人们是按照直觉的初级道德原则行事,而非进行功利计算,而且,是按照"最大功利的可接受性"来选择初级道德原则的。

如果说黑尔是行为功利主义者,布兰德则是规则功利主义者,他们的分歧主要是围绕两个问题展开的。一个问题是:"道德上正确的行为是由什么东西确定的?"另一个问题是:"功利主义者所追求的功利最大化是指什么?"对于这两个问题,行为功利主义者主张,行为在道德上是否正确依赖于该行为的后果的功利;在其看来,功利与功利最大化关乎个体的欲望或偏好及其满足。对于这两个问题,规则功利主义者给出了不同的答案。他们认为,行为的正确并不直接与功利相关,而是取决于它是否符合相关道德原则,遵照道德原则就会产生最大的预期功利;与功利最大化相关的是人的心理状态,即幸福。

布兰德反对行为功利主义,赞成规则功利主义,并将其分为"实际流行的道德规则"和"理想的道德规则",并坚持后者。规则功利主义按照道德规则行事,而无须总是考虑功利,克服了行为功利主义的两个明显缺点,一是符合人们的道德直觉,二是可避免对行为结果的功利进行计算。但规则功利主义也面临着巨大的困难:如果只要求人们考虑规则而不考虑功利,就不是功利主义了。布兰德认为,在某些特殊情况下,违反道德规则虽然可以给人们带来一些利益,然而从长期来看,遵循道德规则会产生更大的利益。那么,又如何做到这一点呢?布兰德认为,人们追求的不应是欲望满足的最大化,而应是幸福的最大化,并选择与之相应的道德体系。这样的道德体系是多元的而不是一元的,并要求选择或赞同这种多元道德体系的人是"理性的",而且指导人们行事的道德规则是"理想的"。换言之,对规则功利主义来说,"一种行为是正确的,不是因为它是道德规则所要求的,而是因为它是导致福利最大化的道德体系之规则所要求的"①。

功利与功利最大化的可计算性一直受到质疑,布兰德通过遵守道德规则、避免直接计算功利而达致功利最大化的思路也受到质疑,因为遵守道德规则不一定使利益最大化,甚至还可能与利益最大化相冲突。对此问题,哈丁通过提出一种制度功利主义予以解决。他认为,为使个人的行为到达功利最大化,如果由社会搜集这些信息并进行计算,代价太大了。一种代价小得多的办法就是建立一些规则来规范人们的行为,设计出一套制度防范人们违反规则,以达到最好的后果,同时为个人留有足够的自由来作出更好的决定。这让人联想到规则功利主义,二者的区别在于:规则功利主义服从的是道德规则,制度功利主义服从的是法律规则。同时需要指出的是,制度功利主义对法律权利的维护也不同于自由主义权利观,后者的权利主要指的是道德权利、人权或自然权利。权利之于自由主义是基本的,对制度功利主义来说却是派生的,因为

---

① 姚大志:《当代西方政治哲学》,北京大学出版社 2011 年版,第 158 页。

从后果论来看,权利的重要性在于为人们的利益提供了保护。

总括起来看,功利主义是一种以行为后果为道德评价标准的学说,一种行为若能给最大多数人带来最大快乐或幸福就是道德的。密尔认为,快乐存在质的差别,幸福依赖的是快乐的质而不是量,真正的幸福伴随着个性发展与自我实现。个体不但关注自身功利,同时关注他人的功利、关注功利的最大化。黑尔指出,通常情况下人们对功利的判断是直觉的,一旦存在功利冲突就需要借助批判思维,权衡各种具体情况,选择具有"功利的可接受性"的道德原则,而且道德语言具有普遍性、指令性和压倒性三种逻辑性质。为了解决人际比较快乐及其计算的困难,布兰德和哈丁作为规则功利主义和制度功利主义的代表给出了解决路径,他们提出通过遵守道德规则和法律规则可实现功利最大化。面对义务论的批评,当代功利主义者仍坚持功利是基本的、权利是派生的,维护权利的重要性在于保护利益。

（二）义务论

与功利主义不同,义务论不是从行为的后果判断对错,不是从非道德的价值(功利或利益)中推出道德的行为和准则,而主张从行为本身在道德上的可接受性进行判断,道德自身可以给行为提供理由,无须在道德以外寻找理由。义务论代表人物康德指出:"人们是为了另外更高的理想而生存,理性所固有的使命就是实现这一理想,而不是幸福。这一理想作为最高条件,当然远在个人意图之上。"[①]康德反对将个人幸福作为伦理道德的最高原则。在他看来,使人幸福与使人善良决不相同。通过幸福或功利提供道德动机,不但不能培养道德,反而可能败坏甚至完全摧毁道德的崇高与亵渎道德的尊严。他指出,人之所以具有尊严和崇高并不是因为他实现了所追求的目的、满足了自己的爱好与欲望,而是由于他的德性。他将德性视为有限的实践理性所能得到的

---

① 　[德]康德:《道德形而上学原理》,苗力田译,上海人民出版社 1986 年版,第 1 页。

最高的东西,他将道德的纯洁性和严肃性提高到了首要的地位。如他墓志铭上所镌刻的:"有两样东西,人们越是经常持久地对之凝神思索,它们就越是使内心充满常新而日增的惊奇和敬畏:我头上的星空和我心中的道德律。"①

在康德那里,道德律或道德法则、善良意志或至善追求、绝对命令或义务是密切相关的。即,道德不是一种习惯或风俗,需要人被动地适应和服从;道德也不是个体的行为偏好或行动准则;真正的道德是自由意志出于义务而进行的符合道德法则的行动选择。在康德那里,善良意志是一切内在的善和外在的善的前提和条件,不论在世界之内还是之外,除了善良意志,任何东西本身都不是善。善良意志不因它所期望的事物而善,也不因它达到的目的而善,而是因为意愿而善,因其自身而善。善良意志是按照道德规则、律法或原则行事而不关心利益或结果的人的独特能力,凸显的是对道德法则尊重或敬重的意志。

在康德那里,善良意志是先天的、纯粹的善,是无条件的善。换言之,人先天具有建构并遵从道德法则的意愿与能力。他在《道德形而上学基础》中指出:"在自然界中,任何事物都依照法则而动,唯独有理性的存在者有能力按照法则的概念亦即按照原则而行动。这个能力就是意志。"②"人为自己立法",并按照"普遍法则"的准则行事,是康德伦理思想的高度概括,是他的一个重要发现,也是其道德哲学独特的出发点,同时导致了康德在研究方法上的一个巨大颠倒。他指出,如果我们回顾一下前人为寻找道德原则所做的努力,如果发现这些努力都注定要失败,也没有什么好奇怪的。前人所看到的是,人乃是因为义务而要服从法则,但是,却没有注意到人只服从他自己的然而却是普遍的立法,也没有注意到他只是根据他自己的意志而行动,而这意志根据其

① [德]康德:《实践理性批判》,邓晓芒译,人民出版社2003年版,第220页。
② [德]康德:《道德形而上学基础》,孙少伟译,中国社会科学出版社2009年版,第47页。

本性乃是普遍立法的意志。① 在康德看来,在建构道德原则时,前人没有注意到每个人作为理性存在者其实都是只服从自己的意志,只按照自己的意志的准则而行动,尽管这种意志及其准则也适合或能够进行普遍立法。②

康德认为普通大众都有善良意志,他在《道德形而上学原理》中写道:"我们不能不带着羡慕地看到在普通人身上实践判断能力对于理论判断能力的极大优势。在理论判断中,当普通的理性……脱离了经验律和感性知觉,它就会落入不可理解和自相矛盾了……然而,在实践的那一面,判断力首先开始表现其自身的优势……当普通的心智从其实践法则中排除了一切感性动机之时……普通心智甚至变得更加微妙……最重要的是,它可以像任何……哲学家一样拥有达成目标的良好愿望,因为哲学家持有的原则与普通心智的原则并无二致,却可能因为一大堆……不相干的思虑而轻易地迷惑了他的判断。"③借此,康德认为,人具有依据自己的概念、规则认识世界和建构世界的能力,人是自然法则和自身法则的建构者与遵循者。

在康德那里,道德法则有不同的名称,如德性的最高原则、绝对命令(公式)、善良意志的最高法则、绝对善良意志(公式)、自律原则(公式)、纯粹实践理性的基本法则、道德律、道德学说的最高法则、义务的形式原则等,其不同公式的表达形式为:第一,只能按照你同时认为也能成为普遍法则的准则去行动;第二,你应这样行动,要把无论在你之中还是在他人之中的人之为人,在任何时候都同样看作目的,绝不能只看作手段;第三,你的行动所依从的准则只能是可能目的世界普遍立法成员的准则。康德道德原则的特征及其着力点为:德性的最高原则由人来制定并遵守,道德律令是人们普遍立法的结果,只

---

① ［德］康德:《道德形而上学基础》,孙少伟译,中国社会科学出版社 2009 年版,第 93 页。

② 韩刚:《康德论道德律的可能性——从翻译与比较的角度看》,博士学位论文,山东大学,2012 年,第 81 页。

③ ［美］约翰·罗尔斯:《道德哲学史讲义》,顾肃、刘雪梅译,中国社会科学出版社 2012 年版,第 129 页。

有体现了这种普遍意志的道德律令才是正当的、合理的,人是自由的、自主的、自治的道德主体。而且,一旦找到了体现普遍意志的道德律令就要服从它,不论行为给自己或别人带来的结果如何。

换言之,在康德那里,合道德意味着符合道德法则。道德原则并非来自外在,而是来自人的自由意志,来自理性的、负责任的、自律的道德主体。道德法则既是构成道德的规则或原则,也是评判道德行为的规则或原则。因此,每个人在道德领域都是自由的,都具有自主选择、自我负责的意愿与能力,因而每个人都应该得到平等或同等的尊重和对待,每个人在道德行动中都不能将他人当作实现自己目的的手段,同样也不能将自己当作实现他人目的的手段。道德法则是一条诫命,一种道德义务,一种针对一切理性存在者无条件的要求,具有绝对必然性和严格的普遍有效性。

(三)正义论

以罗尔斯为代表的正义论是在批判古典功利主义、汲取康德道德哲学的基础上展开论述的。他一方面批判古典功利主义可能导致不道德,另一方面以康德强调的善良意志为前提建构公平的正义社会。

罗尔斯指出,在现代道德哲学发展的大部分时期内,英语世界里占支配地位的系统性观点一直是某种形式的功利主义。其间,不断有反对者指出功利主义的种种问题,指出功利主义于人们日常道德确信之间存在严重的抵牾,但却没有精心建立一种能成功反驳功利主义的有效而系统的道德观念。[1] 最终人们往往采取了一种折中主义的立场,即在总体上依靠功利主义原则,同时在某些问题上限制它的运用。这样做有时候会产生可取的结果,但有时候比严格的功利主义还糟糕。比如,自由放任主义与功利主义的结合,一方面抛弃了功利主义对平等和公益的考虑,另一方面又过分强调功利主义对效率的考虑。

---

① [美]罗尔斯:《政治自由主义(增订版)》,万俊人译,译林出版社 2011 年版,"导论"第2页。

面对平等的诉求,它是效率至上主义;面对公共善的诉求,它又是自由至上主义。① 基于此,罗尔斯想建立一种正义观,将正义论擢升到一种更高的抽象层次——"作为公平的正义"(justice as fairness),作为构成民主社会制度最恰当的基础,②以取代功利主义③。

　　"作为公平的正义"是一种以两条正义原则为核心的道德力量体系。两条正义原则是:"第一个原则要求平等地分配基本的权利和义务;第二个原则认为社会和经济的不平等(如财富和权力的不平等)只有在其结果能给每一个人,尤其是那些最少受惠的社会成员带来补偿利益时,它们才是正义的。"④这两条原则是人们处在原初状态(无知之幕下),为了每个人的幸福而作出的选择。罗尔斯假定处于原初状态的人是这样的:他们同时生存在一个确定的地理区域的人,但却不知道彼此的社会出身、地位以及彼此的资质、能力、智力、体力,他们身体和精神能力大致相似或能力是可比的,没有任何一个人能压倒其他所有人。他们是易受攻击的,知识也是不完全的,其推理能力、记忆能力和注意力也都有局限性,其判断易被欲望、偏见和私心歪曲,每个人在实现各自的计划时会受到他人的合力阻止。而且,他们都处于中等程度的匮乏状态。所有这些方面,使无知之幕下的人们希望在良序社会中生活,进而达成正义原则。就像如果没有生命威胁,就不会表现勇敢一样。无知之幕状态,为人们建构正义原则、形成正义德性提供了机会。

　　罗尔斯认为,当一个社会不仅旨在推进其社会成员的利益,并且有效地运用公共的正义观、正义原则进行调节时,它就是一个良序(well-ordered)的社

---

　　①　任重道、徐小平:《作为公平的正义与作为自由的发展——罗尔斯与阿马蒂亚·森的相互影响》,《社会科学》2008年第9期。
　　②　[美]罗尔斯:《政治自由主义(增订版)》,万俊人译,译林出版社2011年版,"导论"第3页。
　　③　[美]罗尔斯:《正义论(修订版)》,何怀宏等译,中国社会科学出版社2009年版,第1页。
　　④　[美]罗尔斯:《正义论(修订版)》,何怀宏等译,中国社会科学出版社2009年版,第12页。

会。即"（1）每一个人都接受、也知道别人接受同样的正义原则；（2）基本的社会制度普遍地满足、也普遍为人所知地满足这些原则"①。

结合正义原则及其良序社会的定义，可以看出公平的正义与功利主义的主要区别："正当"（right）与"善"（good）何者处于优先地位。在功利主义那里，"善"优先于正当，其对善的理解是独立于正当的，对正当的定位是使善最大化。功利主义的前提假设是：人是趋利避害、避苦就乐的；每个人努力实现自己的利益最大化，也会根据自己的所得衡量自己的得失；为了在未来得到更大的利益，目前可以作出某种自我牺牲。个人与社会在获得利益时采取相同的原则，即尽可能地推进群体的福利，最大限度地实现包括所有成员欲望的总的欲望体系；也可以像个人根据现在和未来的损失衡量自身利益一样，社会也可以在不同的人之间衡量满足。如此，当一个社会的制度可最大限度地增加满足的净余额时，这个社会的组织管理就是恰当的。如，在西季威克看来，"如果一个社会的主要制度被安排得能够达到所有社会成员满足总量的最大净余额，那么这个社会就是被正确地组织的，因而也是正义的"②。

与功利主义不同，正义论主张"正当"优先于"善"。罗尔斯认为，在对自由与权利的要求和对增加社会福利总量值的欲求之间存在原则性的区别，前者即便不是绝对重要，也是更为优先。"社会的每一成员都被认为是具有一种基于正义或者说基于自然权利的不可侵犯性，这种不可侵犯性甚至是任何别人的福利都不可逾越的。正义否认使一些人享受较大利益而剥夺另一些人的自由是正当的。把不同的人当作一个人来计算他们的得失的方式是被排除的。因此，在一个正义的社会里，基本的自由被看作是理所当然的。由正义保

---

① ［美］罗尔斯：《正义论（修订版）》，何怀宏等译，中国社会科学出版社 2009 年版，第4 页。

② ［美］罗尔斯：《正义论（修订版）》，何怀宏等译，中国社会科学出版社 2011 年版，第18 页。

障的权利不受制于政治的交易或社会利益的权衡。"①

在正义论看来,追求利益最大化既是功利主义的突出特征也是其主要问题所在。由于它将适合一个人追求自身最大利益的方式或原则推广到整体社会,并将追求利益与效率密切关联在一起,以至于"它不关心——除了间接的——满足的总量怎样在个人之间进行分配,就像它除了间接的之外,不怎么关心一个人怎样在不同的时间里分配他的满足一样。"②如此,功利主义在原则上就没有理由否认可用一些人的较大利益补偿另一些人的较少损失,或者更严重的情况是,为了使很多人分享较大利益而剥夺少数人的自由或利益。而这一点是被正义论所拒绝的。此外,正义论还认为,并不是任何欲望的满足本身都具有某种价值,需要考虑欲望的来源及其性质,需要受到正当性维度的限制,那些需要违反正义原则才能获得的利益本身是毫无价值的,追求利益不能逾越正义的要求。

罗尔斯在基于无知之幕下建构正义原则的同时,也深刻意识到所面临的最严重的问题:现代民主社会不仅具有一种完备性宗教学说、哲学学说和道德学说之多元化特征,而且具有一种互不相容然而却又合乎理性的诸完备性学说之多元化特征。这些学说中的任何一种都不能得到公民的普遍认可。任何人也不应期待在可预见的将来,它们中的某一种学说、或某些其他合乎理性的学说,将会得到全体公民或几乎所有公民的认可。政治自由主义假定,出于政治的目的,合乎理性的然而却是互不相容的完备性学说之多元性,乃是立宪民主政体之自由制度框架内人类理性实践的正常结果。③ 那么,当社会中存在各种合乎理性的宗教学说、哲学学说和道德学说并形成深刻的分化时,如何形

---

① [美]罗尔斯:《正义论(修订版)》,何怀宏等译,中国社会科学出版社 2011 年版,第22 页。

② [美]罗尔斯:《正义论(修订版)》,何怀宏等译,中国社会科学出版社 2011 年版,第21 页。

③ [美]罗尔斯:《政治自由主义(增订版)》,万俊人译,译林出版社 2011 年版,"导论"第4 页。

成一个公平的正义社会？一个正义而稳定的社会又如何能保持长治久安？对此，罗尔斯给出的答案是：形成正义观、达成重叠共识、实现权利优先于善观念和公共理性。

政治自由主义中的正义观是为一种立宪民主政体制定的，在这样的政体中，人们可以自由地认可各种合乎理性的学说之多样性存在，包括宗教的和非宗教的，自由主义的和非自由主义的。要形成这样的正义观是很困难的，主要是因为宗教的救赎之善无法成为所有公民的共同善。基于此，要形成政治自由主义的政治观念就必须运用诸如自由和平等这类政治观念而不是宗教救赎之类的善观念，使公民能够理智而有效地运用他们的自由。罗尔斯认为，一种政治的正义观念乃是一种规范性的和道德的观念，主要包括"自由而平等的公民观念；实施政治权力的合法性观念；理性的重叠共识观念；公共理性及其市民义务的观念；以及基于正当理性的稳定性观念"①。在罗尔斯看来，"政治领域的理念和一种政治的正义观念本身都是规范性的和道德的理念……它们的'内容是由某些确定的理想、原则和标准所给的'"②；这样的正义观念需要成为一种道德的理想、道德事实。需要将拥有道德人格及充分的道德行为主体之能力的个人理念转换为公民的理念，需要公民形成适合其政治角色的理智能力（判断能力、思想能力以及与这些能力相联系的推论能力）和道德能力（正义感和善观念的能力），还有他们具有维持正义的政治社会所需要的政治美德能力。

罗尔斯探讨公民理性是从理性的道德能力和合理的道德能力这两个基本方面展开的。在他那里，理性既是无知之幕下个体达成公平合作之社会理念的一个要素，也是所有人相互性理念的一部分。在原初状态中，在平等的个人

---

① ［美］罗尔斯：《政治自由主义（增订版）》，万俊人译，译林出版社 2011 年版，"导论"第27—28 页。

② ［美］罗尔斯：《政治自由主义（增订版）》，万俊人译，译林出版社 2011 年版，"导论"第24 页。

之间,需要人们具备理性以提出并愿意共同遵守作为公平合作条款的原则和标准。罗尔斯认为,在理性的个体达成正义原则的过程中蕴含着相互性的理念。因为,人们之所以达成正义原则,不是由普遍善本身所驱动的,而是由一种社会世界本身的欲望所驱动的。在这一社会世界里,自由而平等的公民需要与别人在所有能够接受的条件下进行合作,以便每一个人都能与他人一起得利。对于人的这种理性能力、善良意志康德已进行了论述。

合理性的能力不同于理性的能力。前者意味着单个主体和其他主体联合时,在追求目的时所具有的判断能力与慎思能力,以及意识到自己的特殊利益所在;意味着人们会赋予某种目的和利益以优先性,会选取适当的手段以最有效地达到目的。与理性的主体相比,合理的主体缺乏那种遵照普遍规则行事的道德敏感性,而这种敏感性恰是人们参与公平合作并期许他人也能公平合作的基础。但是,一旦合理的行为主体通过终极目的对其整体生活计划的意义来平衡各种终极性目的,并通过这些目的相互间的一贯性和互补性来平衡各种终极目的时,他们就不局限于在"手段—目的"间推理,其对利益的关注也不局限于自身。他们认识到,每一个利益(兴趣)都是某一自我(行为主体)的利益,但并非每一种利益都只有利于自己。这就意味着,合理的行为主体可能具有全体种类的个人之爱,依恋各种共同体和地方,包括爱国家、爱自然。

罗尔斯认为,这两种理性都是公平合作这一基本理念的要素,分别与正义感的能力和善概念的能力相联系。两种理性是互补的,因为纯粹理性的行为主体可能没有通过公平合作来发展自己的目的,而纯粹合理的行为主体则可能认识不到别人要求的独立有效性。同时应注意到,只要人们是理性的,就会创造出一个公共社会界的框架并期待人们相互认可,但鉴于每个人都有其合理的要求,所有的人都有各自希望实现的目标,所以,公平的正义社会既不是一个圣徒的、极富美德的社会,也不是一个以自我为中心的社会,而是一个强调在任何时候、任何情况下,将理性的和合理的道德能力作为根本性的美德的社会。

（四）德性论

德性论是最悠久的理论传统。它可上溯到柏拉图、亚里士多德与中世纪的基督教伦理，以及我国儒家的君子人格与道家伦理思想。之后，经历功利主义和康德主义的冲击，德性伦理学传统失落了。然而，随着现代社会道德问题凸显，亚里士多德的伦理思想重新回到人们的视野。美德伦理与功利主义、义务论和正义论不同的地方在于，它强调行动者或行为者本身的德性、品质或特征。它要解决的问题不仅仅是"我应该做什么"，而是"我应该成为什么样的人"；它的判断是以品质或品格为中心，而不是以行为为中心。现对亚里士多德的伦理思想进行阐释。

在亚里士多德那里，"每一种活动、每一种探究、每一种实践都旨在某种善"。如果说某种善是另一种的手段或目的，那么，终极的善的目的则是自身，追求它没有更进一步的原因，它是最高的善。这种最高的善或目的就是人的好生活或幸福，它是"当一个人自爱并与神圣的东西相关时所拥有的良好的生活状态以及在良好的生活中的良好的行为状态"①。而美德则是使一个人获致幸福的品质，缺少它们则会妨碍他趋向于这个目的。

在亚里士多德那里，美德与实践密切相关。他在《尼各马可伦理学》中指出："我们现在的研究与其他研究不同，不是思辨的，而有一种实践的目的（因为我们不是为了解德性，而是为使自己有德性，否则这种研究就毫无用处）……研究我们应当怎样实践。因为，如所说过的，我们是怎样的就取决于我们的实现活动的性质。"②他认为，活动是人的存在方式，实践是人生命活动的行为方式，人通过实践明确自身的本质属性。

亚里士多德区分了"活动"与"实现活动"。活动是属于每种存在物的。

---

① ［美］麦金太尔：《追寻美德：道德理论研究》，宋继杰译，译林出版社 2011 年版，第 187 页。
② ［古希腊］亚里士多德：《尼各马可伦理学》，廖申白译，商务印书馆 2015 年版，第 37 页。

植物的共同活动是营养和发育,动物的活动是以它们各自种属的属性来感觉和运动。无生命物也有活动,只不过无生命物的活动主要是对于人或生命物的合目的性来说的,如石头的活动是用来造房子,锤子的活动是钉钉子。人的活动包括了植物性的活动(营养、生长等)、动物性的活动(感觉等),但又不同于这些活动,而在于"他的灵魂的合乎逻各斯(理性)的活动与实践"①。而这种属人的活动确定着人的种属的可能性的范围,只是人的存在的可能方式,而不是存在的实现。实现活动是"潜在东西本身的现实化",也就是实现种的功能的活动,是人获得其本质力量的方式。在亚里士多德那里,作为人的生命属性的实践活动,在完全的意义上包括理论沉思活动、技艺制作活动和实践的活动。理论沉思活动是"对不变的、必然的事物或事物的本性的思考的活动"②,其结果是知识;技艺制作活动是使某物生成的活动,其目的在于活动之外;实践生命的活动的根本在于实践理性的参与而呈现出更为积极的状态,是追求至善的活动,是人的一种理智客观的道德行为方式。一个人是怎样的人,他的品质如何,是由其实践生命活动的性质决定的。获得德性与做合德性的事在亚里士多德那里是一回事。人们"不是先获得德性再做合德性的事,而是通过做合德性的事而成为有德性的人"③。一个自称爱智慧的人如果仅仅满足于空谈,并不能使他的灵魂变好。

亚里士多德根据灵魂中的逻各斯与非逻各斯部分,将美德分为两种,即理智的美德(包括智慧、明智、理解等)和品格的美德(包括勇敢、节制、大度、诚实等)。他认为,一个具有完全的德性的人,是各种德性和谐一致的人,因为"一个人不拥有全部其他美德,就不可能拥有任何一种成熟形态的品格美

---

① 〔古希腊〕亚里士多德:《尼各马可伦理学》,廖申白译,商务印书馆 2015 年版,第 xvii 页。
② 〔古希腊〕亚里士多德:《尼各马可伦理学》,廖申白译,商务印书馆 2015 年版,第 xxi 页。
③ 〔古希腊〕亚里士多德:《尼各马可伦理学》,廖申白译,商务印书馆 2015 年版,第 xxiii 页。

德"①。试想,一个勇敢的人要避免恐惧过度、信心不足与恐惧不及(无惧)、信息的过度(鲁莽),就需要对自身的情绪状态进行节制以保持其适度;而一个节制的人对钱财的接受与服从也会表现出慷慨这一适度状态,其过度与不及则是挥霍和吝啬。换言之,品格的美德是适度或中道,即"在适当的时间、适当的场合、对于适当的人、出于适当的原因、以适当的方式感受这些感情"②,适度是最好的,也是唯一正确的道路。而要做到适度避免过度与不及,就需要知道适度、选取适度,而且出于意愿快乐地去实现适度③,进而需要理智或"正确的理性"的积极参与以判断、选择真正善的事物,"理智"与"适度"的结合使灵魂处于最佳状态。

亚里士多德又将理智分为沉思的理智和实践的理智,前者专门负责思考不变的东西的所谓认识性的部分,后者专门负责思考可变的东西的所谓计算性的部分,并通过技艺、科学、明智、智慧、理智表现出来。科学、智慧和理智属于沉思的理智,技术和明智属于实践的理智。④ 而且,虽然科学、智慧和理智都属于灵魂中的认识性部分,但却只有理智是关于本原的思维能力,"科学是关于所有普遍者和出自必然的存在的证明的知识","智慧是关于最荣耀的事物的证明知识",而"不像理智那样是对本原的直接的把握","智慧是对诸科

---

① [美]麦金太尔:《追寻美德:道德理论研究》,宋继杰译,译林出版社 2011 年版,第 196 页。

② [古希腊]亚里士多德:《尼各马可伦理学》,廖申白译,商务印书馆 2015 年版,第 47 页。

③ 在亚里士多德看来,一个真正有德性的人一定是乐于去做他要做的事情的人。如果一个人做有德性的事情不是出于意愿,而是被迫地、勉强地去做,他的德性修养必定有欠缺。以苏格拉底来看,他终日与人对话、探讨哲理,承受考察灵魂的辛劳,最后因教唆青年而被毒死。但他并不以为苦,也不逃脱刑罚,坦然赴死。亚里士多德曾指出,"必须把伴随着活动的快乐和痛苦看作是品质的表征"。当一个人做有德的事情,并且能够意识到自己在行善的时候,会感到一种强烈的快乐。这种快乐是精神上的。如被敌方抓住的士兵经过严刑拷打之后没有叛变,肉体上虽十分痛苦,但他却对自己非常满意自豪,因为他认为自己守住了原则,是一个英雄。亚里士多德强调,对崇高的事情与行为感到快乐,对卑微低下的事情与行为感到愤怒,这是品质的表现。详见[古希腊]亚里士多德:《尼各马可伦理学》,廖申白译,商务印书馆 2015 年版,第 39 页;余纪元:《亚里士多德伦理学》,中国人民大学出版社 2011 年版,第 39—40 页。

④ 聂敏里:《亚里士多德论理智德性》,《世界哲学》2015 年第 1 期。

学的精湛",是理智和科学的结合。如此,理智—智慧—科学作为灵魂的有理性的部分的德性,构成了一个由高到低的认识等级序列。① 与实践密切相关的是实践的理智尤其是明智,而不是沉思的理智,因为后者"同实践与制作没有关系,它的状态的好坏只在于它所获得的东西是真是假"②。明智是"一种同人的善相关的、合乎逻各斯的、求真的实践品质"③,它更多的是关于具体的知识,是将普遍的知识运用到具体的事物上去,它关乎最终的东西、总体目标,但不思考目的。一个明智的人,能够对自身的善和有益的东西很好地筹划,所依据的不是部分而是有助于总体生活上的好。因而,明智是"将普遍具体地运用于个别,以在具体事物上实现总体生活目的的特殊理智德性,它所起到的正是在思维上沟通一般和特殊、普遍和具体、理智和欲望、认识和实践的特殊中介功能"④。明智在知识的等级中不是首要的,但在行动的等级中却是首要的。

　　在亚里士多德那里,美德是使人获致幸福的品质,可使人达到如盛开的鲜花那样的优秀状态。幸福是成功的状态、潜能实现的状态,也是"受尊敬或受人羡慕的、完善的事物"。亚里士多德提出幸福有两个标准:完善(teleion,也有人翻译为"完美"或"完满")和自我充足。⑤ "自我充足"意味着无所不包,拥有所有善的事物作为其组成部分,即"物自身便使得生活值得欲求且无所缺乏"。"teleion"在古希腊语中有三种含义:一是完满的(complete),意思是"具有所有各部分";二是"最好的"(perfect),意思是"在它所属的种类里面是最好的";三是"最终的"(final)。因此,幸福不是主观的,而是客观的,是可以通过客观标准衡量的,是无论普通大众还是精英人士都认为的那种"活得好"与"做得好"的状态,幸福就是精彩人生。

---

① 聂敏里:《亚里士多德论理智德性》,《世界哲学》2015 年第 1 期。
② [古希腊]亚里士多德:《尼各马可伦理学》,廖申白译,商务印书馆 2015 年版,第168 页。
③ [古希腊]亚里士多德:《尼各马可伦理学》,廖申白译,商务印书馆 2015 年版,第173 页。
④ 聂敏里:《亚里士多德论理智德性》,《世界哲学》2015 年第 1 期。
⑤ [古希腊]亚里士多德:《尼各马可伦理学》,廖申白译,商务印书馆 2015 年版,第 19 页。

在亚里士多德那里，幸福是客观的，是需要在城邦中实现的。而且，那些促使人幸福的品质也只有作为政治动物时才是真正可理解的。因此，为了实现幸福，既需要个体具备完满的德性，也需要共同体对善与诸美德有广泛的认同，有共同的筹划，还需要法律与正义。人若趋向完善就会成为最优良的动物，一旦脱离了法律和公正也可能会变成最恶劣的动物，正义和法律使一个政治社会聚合、有序，也有助于通过习惯形成品格美德。在亚里士多德看来，正义与德性是一样的。正义既是德性的总体，是贯穿其他美德中的一般原则，又依赖于其他德性，是其他德性的"他向性"方面。① 真正有德性的人必须考虑他人的利益，是一个人能"活得好"、过成功人生的必要成分。

概括起来看，在亚里士多德那里，幸福是人与城邦的目的，追求卓越、实现自我是由人的自然本性决定的，而德性则是人最好地实现自身功能、获致幸福的品质。因此，如要实现幸福，就要表现最好的自己；如要实现幸福，就要拥有、获致、配得幸福的条件——理智的德性和实践的德性；如要实现幸福，就要关注城邦的政体、正义和幸福。好的城邦及其好的政体对真正的好生活有正确的认知和追求，有助于实现优良而高尚的生活，个体更容易达到卓越。

麦金太尔认为，亚里士多德的道德观念代表了西方的传统。"正是亚里士多德的美德理论把古典传统建构成一个道德思想的传统，并且在很大程度上牢固地确立了他的诗人前辈们只能断言或暗示的东西，从而使古典传统成为一种合理的传统。"②这一传统被称为美德伦理，其主要特征为：第一，以人为中心，而不是以人的行为为中心；第二，关心的主要是人的内心品德养成，而不只是外在行为的规则；第三，核心问题是"人应该成为何种人"，而不是"人应该做什么？"第四，所采用的基本概念是具有美德特征的概念，如善、好、福祉等，而不是义务的概念，如责任、正当、应该等；第五，美德伦理学拒斥将伦理

① 余纪元：《亚里士多德伦理学》，中国人民大学出版社 2011 年版，第 136 页。
② ［美］麦金太尔：《追寻美德：道德理论研究》，宋继杰译，译林出版社 2003 年版，第185 页。

学看作提供特殊之行为指导规则或原则的教条汇编。①

四、面向教育的道德立场

综合前述研究,我们可以发现:人们对道德的关切总是与理想生活、良序社会关联在一起,教育就是在这样的关联网络中发挥作用,也因此成为一种道德领域、道德实践,教育的道德立场也因而与人们所诉诸的道德立场是一致的。然而,随着现代社会发展与社会分工的系统化,政治、经济与文化各子系统自身及其相互之间的作动也更为复杂,人们很难就良序社会达成共识。功利主义、义务论、正义论与德性论的存在也表明,并未有真理般的道德立场。尽管如此,并不意味着人们不需要进行道德立场选择与辩护,也并不意味着没有道德的对与错。与其相应,教育既要为自身的道德立场、道德自由、道德权利进行辩护,也需要对自身的道德立场可能存在的问题进行反思。

(一) 需要关注教育的道德立场

在教育领域中,学生、教师、学校管理者等道德主体在进行道德思考、道德判断与道德抉择时,一方面需要相应的道德立场给予支持,另一方面也需要对所持有的道德立场进行反思。也许只有如此,才能使教育合理而正当。如下面事例中教师进行"学生自主管理"的做法就值得我们深思。

> 某初一女生雷××和同年级另一个女同学打架,班主任就如何对雷××进行处理组织全体同学投票。投票之前,班主任让雷××回避,然后让全班同学就雷××严重违反班纪班规现象做了一个测评。测评是一道选择题:是留下来给她一次改正错误的机会,还是让家长将其带走进行一周家

---

① Rosalind Hursthouse, *On Virtue Ethics*, Oxford: Oxford University Press, 1999, p.17. 秦越存:《追寻美德之路——麦金太尔对现代西方伦理危机的反思》,中央编译出版社2008年版,第11页。

庭教育。结果 26 个同学选择让她回家接受教育一周，12 个同学选择再给她一次机会。于是班主任打电话给雷××的母亲，让她来接女儿回家。

下面我们对上述事例中班主任的做法进行详细探讨。首先，践行"学生自主管理"教育改革理念可否作为班主任的辩护理由？在改革开放的时代背景下，发挥受教育者的主体性，培养学生的自主与自治能力，帮助学生学习过民主生活，是教育进行改革以适应时代需要的核心理念。而且根据《中华人民共和国教师法》第七条之规定，教师享有"进行教育教学活动，开展教育教学改革和实验"的权利。问题在于，"学生自主管理"有不同的实践样态、方式、方法与途径，也需要具备与之相应的范围、限度与条件。否则，所谓的自主管理可能演变成"丛林法则"的试验场。而且，从契约角度来看，家长把孩子送到学校，就与学校达成了委托监护关系。教师和学生亦应遵守教育法及相应的规章制度，享有各自的权利，尽各自的义务。以此来看上述案例，班主任在享有教育教学及教育改革权利的同时，却通过学生"多数决"的形式剥夺了雷××的受教育权。公民的受教育权是受我国宪法、教育法保护的，同班同学、老师、学校、教育行政主管部门均无权剥夺这一权利。而且，从性质来看，上述事件中所采用的处罚方式属于变相体罚，与《中华人民共和国未成年人保护法》的精神相悖。

其次，"多数决"的实施过程能否为班主任提供辩护？"多数决"应遵循程序正义，通过程序正义以保证结果正义。"多数决"是民主实践的主要表现，其核心为权力的制约与平衡，不能肆意危及、迫害少数人的利益。而且，只有出发点和程序都是正义的，才能保障最终结果的正义。托克维尔早就在《论美国的民主》中，对美国民主存在的种种弊端进行了批判。① 民主不是万能的，民主也不适用于一切领域，"只有涉及公共利益与公共事务的时候才适用，与公共事务相关的人，可以通过民主的方式决定与自己利益相关的事情"②。对雷××的表决过程违反了正义原则，也未遵循正义程序。按照符合

---

① [法]托克维尔：《论美国的民主》，张晓明译，北京出版社 2007 年版。
② 徐锡良：《羞辱不是教育》，《中国教育报》2010 年 5 月 7 日。

民主精神的表决程序,投票前教师应询问学生如何处理雷××与人打架事件,请大家发言并给出理由,教师应保持中立原则。如果选定的处理方式是"多数决",雷××也不应被排斥在外,而且在大家投票之前应给她机会围绕打架缘由、过程、结果、影响以及继续在校学习的愿望进行陈述。如果有人提出请家长带回家教育一周,教师应请赞成的同学发言并说明理由,也请反对的同学发言并说明理由。至于发言的时间,可规定每人 3 分钟,教师也可视情况酌情加减。直至赞成的和反对的同学均得到充分发言,主持人方可提请表决。而且,表决的结果也不应简单地是少数服从多数就通过。表决结果可能存在 1/2、2/3、3/4 的情况,老师应注意越是牵扯到大家的利益的动议,就应该越接近全票通过。

最后,教师的教育权可否为班主任提供辩护?在班级管理中,难免会遇到不遵守纪律的学生,班主任依照班规、校规给他们一定的惩戒是完全有必要的,也是教师的权利。然而,惩戒本身不是目的,而是"改过迁善"。在这一过程中,班主任要利用专业知识与技能,合情、合理、合法、有效地处理相关问题,以促进他们的健康发展。然而,在上述事例中,班主任行使了惩戒权,却以学生投票的形式推脱或转嫁了作为教育者的责任。而且,作为"多数决"的组织者、领导者、主持人、教育者,班主任不但没有保持中立性、没有起到示范作用,而且在组织投票前在全班同学面前陈述了雷××行为的恶劣性,就雷××的处理只给出了去或留两个选择答案。这就意味着班主任把自己的判断转嫁给了学生,试图通过学生投票的方式为其"专断"担责。换言之,班主任既未能履行其职责,也没有成为民主实践的示范者。

如果换个角度看,上述事例中仍有值得进一步思考的问题。班主任是以"多数决"行"专断"之实,还是教师权威惯习使然?又或者是不愿"作为"的表现?为什么听不到雷××的声音,而又赋予投票学生的声音以"合法性"?究竟是"多数决"被误用,还是班主任根本就不知道何谓"程序正义"及其实施所应具备的条件?这一事例折射的是教师越来越害怕"管"学生了,还是面对学生与家长权利意识的觉醒,教师缺乏相应的问题解决能力?如果这些问题都是关涉后者的,或许就不能简单地将之归因于班主任不负责任或专制或班级管理能力不强,而是由于班主任对民主与正义之间的关系、程序正义的条件、"多数决"的局限性等方面缺乏深层的、系统的认知。班主任的做法折射的是他对民主"缺乏"深入思考,换言之,他缺少引导学生过"良序生活"的道德领导力。

再如,我国伦理学的建构思路依循的是美德伦理,着力于"成为一个什么样的人";关注的是在自我利益与他人利益、集体利益、国家利益出现冲突时,要利他,要个人利益服从集体利益,而不是人们如何生活在一起;对"正当"与"善"之间的关系并未太多关注。如近些年北京著名高校在使用的四本伦理学教材:罗国杰等编著的《伦理学教程》(中国人民大学出版社 1986 年版);李春秋主编的《新编伦理学教程》(高等教育出版社 2002 年版);王海明著的《伦理学原理》(北京大学出版社 2001 年版);孙英、吴然主编的《经济伦理学》(首都经济贸易大学出版社 2005 年版)。这四部教材在某些伦理学观点上虽然存在着尖锐的意见分歧,但在一些最基本的道德理念上存在着一致性,主要表现在以下几个主要论点上①:第一,道德不是人们在现实生活中自觉选择的理性行为或"行为应当",而是智者、圣人或国家管理者根据整体利益的需要或最大多数人的最大利益制定的行为规范。这种作为意识形态的道德规范、道德标准或道德原则,作为上层建筑,可以调节或规范人们的行为,以实现对人的行为管理。第二,所有道德原则都是体现经济利益关系的"利他"或"利己"的经济道德原则,不存在体现权利关系的"尊重人"、"爱人"或"不损人"的人格道德原则。第三,集体利益(或社会利益)与个人利益存在矛盾。个人利益服从集体利益或"集体利益至高无上"是社会道德的最高原则。第四,个体道德作为个人的美德或品德,是"无私利他"的经济道德原则在个人内心中的"内化"。因此,不存在通过"推己及人"的伦理方法或"良心感悟""同情心"形成

---

① 王国乡:《自主权利的道德界限——从经济学视角求解伦理学难题》,世界图书出版公司 2011 年版,第 45—47 页。

个体人格道德的可能性。

　　教师的职业道德培养依循的也是美德伦理的思路,强调的是对教师行为的规约、教师人格的完善(见表3-1),着力于"应该成为什么样的老师"。教师应该遵守或养成的道德究竟属于何种性质?教师所应成为的"道德的人"究竟具有何种特性?教师以何种伦理思想引导学生道德的形成?面对多元文化、价值相对主义与虚无主义、民粹主义以及全球化对国家认同的冲击,教师如何应对来自学生的质疑并为教育学生所采用的道德立场进行辩护?教师职业道德培养对上述问题基本上并未涉及,以至于教师缺乏相应的思想工具以及应对质疑的教育能力。由此,我们不得不重新思考所倡导的基本的道德原则和规范、廓清所持有的道德立场以及如何重构教师的职业道德素养。

表3-1　1991—2013年教师职业道德素养要求框架

作者	书名	内容	出版信息
马骏、梁积荣、张国春	教师职业道德概论	第一章　教师职业道德的特点、作用和意义 第二章　教师职业道德的历史考察 第三章　社会主义师德的形成及其基本原则和主要规范 第四章　教师的教学道德(热爱科学,精通业务;认真备课,精心组织;注重效果,促进教学;改革探索,创新进取) 第五章　教师的言语道德(思想正确,以理服人;情真意切,以情感人;准确生动,引人入胜;礼貌文明,为人楷模) 第六章　教师的交际道德(热爱学生,平等待人;尊重家长,密切联系;团结同事,善于协作;社会交往,公正无私) 第七章　教师的个人生活道德(严于律己,宽以待人;勤劳俭朴,艰苦奋斗;精神充实,作风严谨;仪表端庄,以身示范) 第八章　教师职业道德的评价 第九章　教师职业道德的教育 第十章　教师职业道德的修养(认真学习,严格要求自己;"内省""克制",严于解剖自己;身体力行,刻苦磨炼自己;提高境界,做一个合格的人民教师)	山西教育出版社1996年版

作者	书名	内容	出版信息
余维武、朱丽	教师的职业道德素养	第一讲 教师职业与教师职业道德素养（包括教师职业的特点；教师职业道德素养的界定与核心、特点；当代社会对教师职业道德素养的要求） 第二讲 学科教学中的教师职业道德素养（严谨治学；锐意创新；诲人不倦） 第三讲 师生交往中的教师职业道德素养（仁爱关怀；民主尊重；公正平等；宽容理解） 第四讲 教师团体互动中的教师职业道德素养（相互尊重；团结协作；良性竞争） 第五讲 社会交往中的教师职业道德素养（自尊自爱；真诚相待；积极参与；对话沟通；平等合作；客观理性） 第六讲 职业道德智慧——教师职业道德素养的集中体现（教师职业道德智慧的内涵和形成条件、体现）	福建教育出版社2011年版
王荣德	教师职业伦理	第一章 教师职业伦理概述 第二章 教师职业伦理原则（育人性原则；献身性原则；典范性原则） 第三章 教师职业伦理规范（爱国守法；爱岗敬业；关爱学生；教书育人；为人师表；终身学习） 第四章 教师职业伦理范畴（教育责任；教育公正；教育良心；教育荣誉） 第五章 教师职业伦理价值（教育价值；社会价值；自我价值） 第六章 教师职业伦理修养（包括修养的意义、过程、方法和境界）	重庆大学出版社2013年版

　　如何进行道德立场辩护,也存在于学校组织管理、教育政策与教育制度的制定和运作之中。20 世纪 90 年代以来,伴随着我国计划经济转向市场经济,教育要适应并促进经济的发展,教育的经济功能受到重视,并进行了一系列教育改革以回应改革开放对人才的需要。如果说 20 世纪 80 年代强调的是教育的经济功能,20 世纪 90 年代教育则成为新的消费热点、新的经济增长点,也出现了"教育产业化"现象。学校组织管理也随之发生了一系列变化。这些

也促使人们重新思考教育如何"立德树人"与践行道德使命。

（二）教育建构道德立场的思路

教育作为一种有目的、有系统地培养人的社会实践活动，其正当性与合理性应有相应的道德立场给予支持与辩护。

从前述道德立场的建构思路来看，主要有两种（见表3-2）。一种是目的论或效果论的路向，即从行为目的或效果上的"善恶"或"好坏"出发，考虑行为在道德上的可接受性。功利主义和德性论都是目的论的，但二者对什么是终极目的或善存在不同认识。古典功利主义者将能否为最大多数人带来最大幸福作为道德的判断标准，甚至直接将善/幸福/快乐化约为金钱；现代功利主义者虽对快乐的质与量进行了区分，但共同体的善或至善仍未受到重视。而德性论在关注共同体善的基础上进一步关注与其相应的个体的品格或品质，并对道德主体提出了甚至比康德义务论还要严格的要求。另一种是非目的论或非效果论的路向，即从行为本身出发思考其正当性，这是义务论的典型思维方式，正义论也是这一思路。在这种思路看来，某种行为在道德上是不是可以接受的，不是由它所产生的结果的"好"或"坏"所决定的，而是由其是否"应该做"所决定的。道德意味着普遍准则、律令或义务，它出于人也规约人，是人自由意志的体现。

表3-2　四种道德立场的思路

理论	为了更好的生活，必须做什么	是否有义务	高尚行为与个体福利是否分离	善是否根据正当来阐释
德性论	做任何道德模范会做的事	没有	不是	不是
功利主义	做给最大多数人带来最大善的事	有	是	不是
义务论	必须尊重道德主体性，或者必须按照理性的命令行事	有	是	是

理论	为了更好的生活,必须做什么	是否有义务	高尚行为与个体福利是否分离	善是否根据正当来阐释
正义论	必须遵守那些愿意以相互同意的方式使他们联合的条款具有正当理由的人所接受的规则,遵守正义原则	有	是	是

效果论与非效果论这两种路向可为思考教育的道德立场提供借鉴。斯特赖克和索尔蒂斯在《教学伦理》一书中,就围绕"惩罚""学术自由""平等对待学生"等一些教学案例,运用后果论和非后果论的思维对教师专业实践中的做法或行为进行了分析和比较。

琼斯(Jones)老师未曾约见约翰尼(Johnnie)的父亲,但却通过几次电话。实际上,半小时前他们还通过电话,因为约翰尼在学校打架了,老师想和他的家长谈一谈约翰尼的行为表现。

约翰尼经常打架,但他并不是一个坏孩子。他不好故意刁难其他小孩,或故意引发冲突,他只是有点易激动。如果他觉得自己被嘲笑或被批评了,他就会猛冲过去大打出手。然而,他未曾对任何人造成伤害。事实上,在他小的时候,常常挨打。琼斯老师曾劝告他:少攻击,也就会少挨拳头。约翰尼对老师只是苦笑着说:"我习惯了。"然而,当约翰尼的父亲冲进老师办公室时,"我习惯了"这句话却有了完全不同的含义。"好斗"先生(Mr. Pugnacious)站在她的门口,人高马大,手里拿着皮带,气得浑身发抖。他大声咆哮着把他儿子交给他:"我来教训这个臭小子,竟敢在学校打架。"他吼道,"他在哪儿?"

琼斯老师小声回答说,打电话请他来,并不是要他来毒打约翰尼的。她只是想和他一起讨论一下约翰尼的问题。"讨论什么?""好斗"先生答道,"这个皮带就是我要说的。"弥漫在办公室的紧张气氛足以表明,"好斗"先生一点儿也不理智。

"但是打架并不是约翰尼挑起的,"琼斯老师断然说道,"他无缘无故遭到别的孩子的打。我打电话是让你接他回家的,以防他们放学后再去纠缠他。"

对于"好斗"先生,问题突然变了。他收起皮带,还是要见自己的儿子。在和老师一道前去约翰尼的教室前,他对琼斯老师说他将教他的儿子如何"像个男人一样地学会反击"。约翰尼"不是软柿子",谁都可以捏。

现在,琼斯老师不清楚自己为什么要给约翰尼的父亲称这次打架是别人先挑起的。实际上,这次打架完全是约翰尼的错。约翰尼走进教室的时候,脸上明显挂着不快。他看到教室的一角有几个同学在说笑,当他进来时他们突然大笑起来,约翰尼便冲了过去,一边乱打,一边乱叫,"我让你们笑话我"。被打的学生随即还手,只是还手太重了些,但是他们却不是这次打架的肇事者。如果他们平白无故地挨上了一顿拳脚,那老师也没有理由再责备他们了。

使琼斯老师深感不安的是,她不应该对"好斗"先生撒谎。她自认为是位诚实的人,也坚信撒谎总是错误的。实际上,在前一天,她可能说过,撒谎,不论何时,都是错误的。她之所以撒谎,无非是想让约翰尼少挨一顿拳脚。假如她向约翰尼的家长实话实说,结果又会怎么呢?他狂躁的脾气和行为很可能是约翰尼的问题之所在。对琼斯老师来说,她撒谎,对于每个人来说,都只能是好事。约翰尼可因此而逃避毒打,她也不必去面对一个暴躁和喜欢酗酒的家长。的确,撒谎,还真没有错。不这样,还能怎样做?但现在她又如何去帮助约翰尼呢?①

斯特赖克和索尔蒂斯就这一案例进行了追问,并尝试以后果论和非后果

---

① [美]斯特赖克、索尔蒂斯:《教学伦理》,洪成文等译,教育科学出版社 2013 年版,第13—14 页。

论的思路给予回应。他们的追问是：琼斯老师向"好斗"先生撒谎是对的吗？如果琼斯老师说出事情真相，"好斗"先生可能会暴打约翰尼。如果老师不交出约翰尼，他肯定会纠缠老师。琼斯老师的做法实际上避免了一些令人不快的后果，但是，避免坏的结果以产生好的结果就可称为好的行为吗？琼斯老师坚信诚实，打心底不愿撒谎，也希望别人以诚相待，难道她就不应该以诚相待约翰尼的家长吗？即使出于善意，撒谎就不是错的吗？

对于这些问题，如果琼斯老师以效果论的方式进行思考，就要衡量她的选择对于她自己、约翰尼以及"好斗"先生的影响，对她班上的其他学生以及全校的学生因为她的撒谎而可能产生的影响，对她自己的名声以及今后职业生涯的影响。通过衡量其中的得失，琼斯老师可对是否向"好斗"先生撒谎作出选择。事实上，琼斯老师可能仍然难以作出抉择，因为她会遇到这两个问题：一是对每一位相关人所带来的影响总值难以量化，同时对所有利益相关者可能产生的所有影响也无法量化；二是如果得出的结论是可以撒谎，从道德上讲就是令人厌恶的。

对于这些问题，如果琼斯老师以非效果论的方式进行思考，判断依据是"己所不欲，勿施于人"的黄金法则。如此，她就没有必要去决定什么样的行为会产生最好的后果，她只需决定行为是否符合道德法则，即她的行为是否能被推演为人类普遍的行为法则。即，她应该诚实，不欺骗"好斗"先生；她应该将"好斗"先生看作自由的、理性的、有责任的道德行动者；她必须将"好斗"先生看作目的，而不是为了避免约翰尼被暴打的"手段"。如此，琼斯就必须履行"不撒谎"这一道德义务。这一思路也存在不足：如果琼斯是约翰尼的话，是否希望老师撒谎以避免被爸爸暴打？在特殊的情境下，撒谎是否也可以成为普遍的行为规则？如果不将行为的后果与道德评价相关联，就很难判断一些道德原则是否可推演为被普遍接受的原则。如果将后果作为判断道德的依据，就会模糊与效果论之间的区别。此外，如果将不撒谎作为行为的普遍准则，但为了保护孩子免受伤害而撒谎，是否应该呢?

通过分析这一案例的两种思路及其所存在的问题,斯特赖克和索尔蒂斯认为:"两者似乎都能走得通,但又都不很理想。可否将两种方法加以整合?"①最后他们给出了这样的建议:第一,两种思路都不够充分。第二,每一种思路都在一定程度上弥补了另一种思路的不足。第三,将两种思路结合起来。首先,非效果论是效果论的假设前提。如在功利主义那里,在计算个体的平均快乐水平时,就要把每个人的快乐视为是平等的,就意味着要回到非效果论所持有的平等、公正等概念上来。其次,非效果论如果要很好地在实践中贯彻其主张,就不得不关切什么是对人们有利的,行为是如何影响他人福利的,只有如此才能决定哪种结果才最能体现尊重个体的人这一核心理念。

对道德立场思路的探讨并不局限于教学实践,人们可以就学校课程、组织管理、制度运行等方面,皆可使用目的论或效果论和非目的论或非效果论的思路进行道德思考,也许会得出与斯特赖克和索尔蒂斯同样的结论。毕竟对学校教育而言,"善"是其所欲也,"正当"亦是其所欲也。

---

① [美]斯特赖克、索尔蒂斯:《教学伦理》,洪成文等译,教育科学出版社 2013 年版,第22 页。

第四章　教育的道德维度

　　现代社会生产了大量的财富、物质和所谓的知识,还产生了结构
严密的各种制度,宣布了更多的权利和自由,提供了各种社会福利和
先进技术等等无数种利益和好处,可是为什么就是不能增进幸福?
财富、技术和享乐的疯狂发展很可能是幸福的错误替代物,它们把人
们的思想引向生活的细枝末节,而掩盖了最要命的根本问题,即人的
幸福和人类的命运。①

——赵汀阳

教育要培养受教育者学会做人、做事,要培养他们成为"大写的人",就需
要其自身是道德的。教育系统的德性不仅体现于教育者与受教育者身上,还
体现于教育价值选择、教育公正性、道德领导与教育目的实现等方面。

一、教育作为一种"实践活动"的特性

从社会功能来看,"育人"无疑是教育区别于其他社会实践的独特功能,

---

　　① 赵汀阳:《论可能生活——一种关于幸福和公正的理论》,中国人民大学出版社 2004 年
版,第 6 页。

而对"教育实践"的理解不同,"育人"路向及其实践就会不同。当下学校教育改革中存在的诸种问题,在一定程度上与对教育实践的定位有关。

从中文"实"与"践"的含义来看,"实"是会意字"實",从宀从貫。宀意指房屋。貫,财富。本义为财物粮食充足,富有。(《说文解字》)后引申出践行、实行的含义,如"实其言"。"践"是一个形声字,践,履也,本义为踩、践踏。(《说文解字》)后来,"践"逐渐转义为道德上的践履、实行之义,如《礼记·曲礼》中的"修身践言,谓之善行",《仪礼·士相见礼》中的"不足以践礼"。由此看出,"实"和"践"在古汉语中皆有道德上的实行、诺言的遵守和计划的实行等含义。这一含义与亚里士多德对"实践"的理解有一致之处,其中蕴含着对德性的追求。亚里士多德将人类活动分为理论、实践和制作①,理论是知的行动,制作是生产特定产品的行动,实践则是明智(或智慧)的、善的行动,主要包括道德实践和政治实践等。实践区别于理论和制作之处在于其具有内在目的,而理论和制作的目的都指向外在的善,是为了获得外在的结果或产品。换言之,实践概念在亚里士多德那里有两层含义:一是指理论和思辨活动,以及一切指向以自身为目的的本体活动;二是道德的实践,是以意志自由为前提的理性追求自身目的的活动,包括道德实践和政治活动。由此看出,古代实践无论在中西方都主要指道德实践。在此意义上,教育实践是一种道德实践、育德实践。

"在亚里士多德之后的很长时间内,西方哲人都把人的道德和政治活动以及思辨和理论活动看成是实践活动,而把生产劳动、制作和技术活动看成为实践活动服务的次要的活动,它本身并不是实践活动。"②康德继承了这一传统,他不但将生产劳动、制作和技术活动排除在实践活动之外,还把思辨和理论活动也排除在实践活动之外。他认为:"只有在理性的实践运用时,理性自由地追求自己的幸福时,在善良意志的引导下设定道德律的绝对命令,这种以自身为

---

① ［古希腊］亚里士多德:《形而上学》,苗力田译,中国人民大学出版社2003年版,第145页。

② 黄其洪、蒋志红:《论实践概念的三个层次》,《现代哲学》2009年第2期。

目的的道德活动以及建立在此基础上的政治和法律的活动才是实践活动。"①

西方国家虽有"自由教育"传统,然而在工具理性的宰制下,其教育亦存在"生产化"问题。对此,乔治·里茨尔在《社会的麦当劳化——对变化中的当代社会生活特征的研究》一书中进行了诠释。按照马克斯·韦伯的理论,主导资本主义发展的内在理路是"合理化",其根本目标是"效率",而且这种理路已体现在社会生活领域的方方面面,教育实践亦不例外。里茨尔认为,现代教育体制麦当劳化了,现代大学可称之为"麦氏大学"②,美国每一所大学的教育设置看起来都差不多③,教育堕落为制造产品的技术活动,教师变成了拥有产品蓝图的"技工",学生则变成了死寂的"原材料",焦点则是可以塑造出预先预定的有用的教育产品——"有用的人物"④,而非他们学习和教育经历的质量⑤,以教育体制的观点那些具有创造性、独立性的学生通常被看作是"紊乱、费神和浪费时间的"⑥,导致教育的非人性化、受教育者的"标准化"和"平均状态"⑦。

---

① 参见[德]康德:《实践理性批判》,邓晓芒译,人民出版社 2003 年版,第 2、5 页注释。这两个注释对于理解康德的实践理性与理论理性的二分,自由因果性与自然因果性的二分是很关键的。参见黄其洪、蒋志红:《论实践概念的三个层次》,《现代哲学》2009 年第 2 期。

② [美]乔治·里茨尔:《社会的麦当劳化——对变化中的当代社会生活特征的研究》,顾建光译,上海译文出版社 1999 年版,第 70 页。

③ [美]乔治·里茨尔:《社会的麦当劳化——对变化中的当代社会生活特征的研究》,顾建光译,上海译文出版社 1999 年版,第 141 页。

④ 李长伟:《作为实践的教育》,《教育理论与实践》2012 年第 28 期。

⑤ [美]乔治·里茨尔:《社会的麦当劳化——对变化中的当代社会生活特征的研究》,顾建光译,上海译文出版社 1999 年版,第 107 页。

⑥ [美]乔治·里茨尔:《社会的麦当劳化——对变化中的当代社会生活特征的研究》,顾建光译,上海译文出版社 1999 年版,第 172 页。

⑦ 福柯在《规训与惩罚》等一系列著作中,通过揭示医院、监狱、军队和学校等机构对人的规训,展现了其标准化运作。海德格尔在《存在与时间》一书中,通过诠释现代社会中人的共处同在使人处于常人的平均状态,进而导致每一种优越性都遭到压制。他指出:"常人实际上保持在下列种种平均状态之中:本分之事的平均状态,人们认可之事和不认可之事的平均状态,人们允许他成功之事的和不允许他成功之事的平均状态,等等。平均状态先行描绘了什么是可能而且容许去冒险尝试的东西,它看守着任何挤上前来的例外。任何优越状态都被不声不响地压住。"详见[德]海德格尔:《存在与时间》,陈嘉映、王庆节译,生活·读书·新知三联书店 1999 年版,第 148 页。

基于此,威廉·V.斯潘诺斯认为美国高等教育出现了危机①,布鲁姆指出美国高等教育忽略了人文传统②,施特劳斯呼吁进行自由教育。施特劳斯认为:"自由教育是大众文化的解毒剂,它针对的是大众文化的腐蚀性影响,及其固有的只生产'没有精神或远见的专家和没有心肝的纵欲者'的倾向。自由教育是一架阶梯,凭借这阶梯,我们可以努力从大众民主上升至原初意义上的民主。自由教育是在民主大众社会里面建立高贵气质的必要努力。自由教育呼唤着大众民主中那些有耳能听的成员,向他们呼唤人的卓越。"③

　　无独有偶,中国教育的实践传统也随着启蒙思潮的到来以及现代化进程遭到破坏。启蒙思潮既终结了西方的古典时代,也横扫了中国的学术。④ 现代教育较之古典教育,功利性凸显,教育的道德实践维度因之弱化,进而导致教育的工具化、生产化、技术化与异化,"从而湮没或消除了教育作为实践的独特品质","使得教育实践被降格、被扭曲"。⑤

　　教育危机折射的是人文危机,究其实是现代价值危机,尼采、舍勒、斯宾格勒、列维纳斯、胡塞尔、海德格尔等早已进行了诠释,并促使哲学转向实践,实现了实践哲学的复兴。在此境遇中,教育研究也转向了实践,教育实践的独特性受到了关注。那么,教育实践的独特品质是什么呢? 现代教育所存在的问题在一定程度上反向折射出教育实践所应具备的特性,康德、雅斯贝尔斯、彼得斯、怀特等思想者对教育的理解也可提供相应启示。

　　康德强调人的自由和尊严,他主张"人是目的不是手段","人是唯一必须

---

① ［美］威廉·V.斯潘诺斯:《教育的终结》,王成兵、亓校盛等译,江苏人民出版社2006年版,第1页。
② ［美］布鲁姆:《走向封闭的美国精神》,缪青等译,中国社会科学出版社1994年版。
③ ［美］施特劳斯:《什么是自由》,一行译,见刘小枫、陈少明主编:《古典传统与自由教育》,华夏出版社2005年版,第4—5页。
④ 参见刘小枫、陈少明主编:《古典传统与自由教育》,华夏出版社2005年版。
⑤ 金生鈜:《何为教育实践》,《华东师范大学学报(教育科学版)》2014年第2期。

受教育的被造物",①"人只有通过教育才能成为人"②。在他那里,教育就是一个促使"自然之人"向"自由之人"生成的"成""人"过程。雅斯贝尔斯对"训练"与"交往"、"教育"与"照料"、"控制"进行了区分,他指出:"所谓教育,不过是人对人的主体间灵肉交流活动(尤其是老一代对年轻一代),包括知识内容的传授、生命内涵的领悟、意志行为的规范,并通过文化传递功能,将文化遗产教给年轻一代,使他们自由地生成,并启迪其自由天性。因此,教育的原则,是通过现存世界的全部文化导向人的灵魂觉醒之本源和根基,而不是导向由原初派生出来的东西和平庸的知识。"③他认为,教育活动应关注"人的潜力如何最大限度地调动起来并加以实现,以及人的内部灵性与可能性如何充分生成,质言之,教育是人的灵魂的教育,而非理智知识和认识的堆积"④。

彼得斯从受过教育的人的表现来定义教育,"如果教育发生了,那么一定有某种东西在人的身体中起着作用而使人表现为受过教育的人"⑤。而且,那种东西一定是有价值的但不是技能,"我们通常不将掌握技能的人称作'受过教育的人',哪怕他掌握的技能受到高度的赞赏"⑥。他认为,一个受过教育的人应当掌握的知识必须满足更高的要求:所掌握的知识是充满活力的,是关注事物方式的特征的,是来自一种思想和意识形态的内部。"一个人不可能真正懂得怎么科学地思考,除非他不仅知道必须为假定找到证据,而且也知道什么可以算作证据,且计较证据能否发现。"⑦一个受过教育的人具有"认知洞察

① [德]伊曼纽尔·康德:《论教育学》,赵鹏、何兆武译,上海人民出版社 2005 年版,第 3 页。
② [德]伊曼纽尔·康德:《论教育学》,赵鹏、何兆武译,上海人民出版社 2005 年版,第 5 页。
③ [德]雅斯贝尔斯:《什么是教育》,邹进译,生活·读书·新知三联书店 1991 年版,第 3 页。
④ [德]雅斯贝尔斯:《什么是教育》,邹进译,生活·读书·新知三联书店 1991 年版,第 4 页。
⑤ [英]彼得斯:《伦理学与教育》,朱镜人译,商务印书馆 2019 年版,第 13—14 页。
⑥ [英]彼得斯:《伦理学与教育》,朱镜人译,商务印书馆 2019 年版,第 21 页。
⑦ [英]彼得斯:《伦理学与教育》,朱镜人译,商务印书馆 2019 年版,第 23 页。

力","'受过训练的'表明的是在有限技能或思想模式中的能力发展,而'受过教育的'则与信念的更加宽泛的体系相联系。一个具有'受过训练的心智'的人是一个有能力严谨地处理摆在他面前特殊问题的人,而具有'受过教育的心智'的人则能够从不同的方面和维度去认识这些问题"①。此外,一个受过教育的人,应是"全人"②,他接受教育的过程是"引出"的过程。换言之,彼得斯认为"教育"含有的内在标准为③:(1)"教育"必须将有价值的东西传递给它的传承者;(2)"教育"必须包含充满活力的知识、理解和认知洞察力;(3)"教育"至少要将学习者缺乏意愿和自愿的一些传统传递方法排除在外。

英国教育哲学家怀特(John White)也勾勒了受过教育的人的形象,从中折射出他对教育的理解。

受过教育的人从拓展的意义上考虑他的自身幸福,他把个人幸福推及他人,把幸福溶入一种道德高尚的生活之中。这不同于把拥有知识作为受过教育的人之主要特征的观点,它把美德(virtue)放到中心位置。受过教育的人是这样一种人,他倾向于某些行为方式而不倾向于另一些行为方式;他具有诸如审慎、关心个人利益等一般性的品质(也包括派生出的诸如勇气与克制等品质),如果从更广泛的角度来考察,还应该包括那些更具有道德意味的品德如:仁慈、公正、诚实、宽容、讲信用。这要求他是头脑清晰的,能够理清他面对的各种价值冲突,又是富有智慧的,能够对这些冲突进行思考和反省并从各个可能的相关因素的作用来解决这些冲突。真正受过教育的人往往崇尚人的自主性(autonomy),因而他自己就富有主见,并对其他人的独立思想持同情态度。他能使自己从狭隘的目的中超越出来,并运用想象力去理解其他人的思想。如果受过教育的人缺少幽默感,那是令人难以想象的,但在所谓的"受过教育"的人中我

---

① ［英］彼得斯:《伦理学与教育》,朱镜人译,商务印书馆 2019 年版,第 25 页。
② ［英］彼得斯:《伦理学与教育》,朱镜人译,商务印书馆 2019 年版,第 28 页。
③ ［英］彼得斯:《伦理学与教育》,朱镜人译,商务印书馆 2019 年版,第 41 页。

们却可以发现许多这种缺少幽默感的人。真正受过教育的人应该是一个最有活力的人,用自己的全部热情去追求他所选择的生活,并全力以赴地投入到他的生活规划(life-plan)及其包含的各项具体内容中去。①

从中西方古代对实践的理解以及从康德到怀特对教育的理解来看,皆强调了受过教育的人的道德与精神维度,彰显了教育实践的独特品质。这一品质在"现代性后果"凸显、人被工具理性"异化"的时代境遇中重回人们视野,如联合国教科文组织在《反思教育:向"全球共同利益"的理念转变?》中所呼吁的:

> 因为这是一个动荡的时代。世界日新月异,对于人权和尊严的渴求正在日益凸显,虽然不同社会之间的联系比以往任何时候都更加密切,但是偏执和冲突现象依然层出不穷。虽然新的权力中心正在形成,但不平等现象还在持续加剧,地球正承受着压力。虽然可持续、包容性发展的机会广阔,但是挑战也是十分严峻和复杂的。

> 世界在变,教育也必须作出改变。社会无处不在经历着深刻的变革,而这种变革呼唤着新的教育形式,培养今日和明日社会、经济所需要的能力。这意味着超越识字和算数,聚焦学习环境和新的学习方法,以促进正义、社会平等和全球团结。教育必须教导人们学会如何在承受压力的地球上共处。它必须重视文化素养,立足于尊重和尊严平等,有助于将可持续发展的社会、经济和环境方面结为一体。

> 这是人文主义教育观,是根本的共同利益……②

无论是思想者的期待还是对人文教育的呼吁,皆将"培养人"作为教育实践的独特性。既然教育是培养人的社会实践活动,教育实践的独特性应体现于如何"培养人"之中,体现于教育促使人性完善、个体幸福与公共福祉之中,

---

① [英]怀特:《再论教育目的》,李永宏等译,教育科学出版社1997年版,第138—139页。
② 联合国教科文组织编:《反思教育:向"全球共同利益"的理念转变?》,联合国教科文组织中文科译,教育科学出版社2017年版,"序言"第1—2页。

以及与之相应的教育目的的确立、教育内容与教育方式方法的选择、运用以及相应的组织与管理之中。这意味着,教育实践的独特性与人追求美好品质和美好生活密切相关,与教育的内在目的、善的追求及其运作有关。在此意义上,可将教育实践的特性聚焦于这三个方面:合目的,合理性,合道德。①

教育是一种有目的的实践,其终极目的在于完善人性,这一点可使教育区别于训练、控制等活动形式。教育作为社会系统的组成部分,无疑应该满足国家与社会的需要,但教育满足这些需要时应关注其最终目的旨向,皆是为了人性的完善、促进个体与人类的福祉。如果忽视、弱化、扭曲这一终极目的则意味着失却实践意识,背离教育的本真性。这就意味着,教育实践的目的性要求实践主体必须具有目的意识或目的感,具有对"内在目的""行动原则""正确方式"的认识和反思,避免教育的工具化、技术化。

教育实践的运作依赖于理性或实践理性(practical reason)。要实现教育实践目的,调整教育的工具性功能与本真性实现之间的冲突,需要教育体系中的各个层面、各个维度的实践主体都要用实践理性,分析自身所处的时代—社会境遇,对其目的、价值、方式与结果进行理性的慎思、判断、审定和选择,去分辨正确和错误、善与恶、正当与非正当、美与丑,避免盲目、教条、偏见、封闭、轻率、麻木、愚蠢与无责任心,使教育行为符合美好、良知和正义等价值,使受过教育的人展现出教育实践特性。

教育实践是道德的。"育人"这一教育的根本目的与任务要求教育本身必须是道德的,它一方面要求教育实践者的行为符合道德与道德上善的目的,另一方面要求教育实践的政策、措施、行动方式、方法手段等必须符合道德目的、道德原则,具有道德价值。换言之,教育实践的道德性要求教育主体必须受教育终极目的的引导和约束,经得起道德价值的衡量,必须对自己的教育行动具有一种清醒和敏感的道德反思,使自己的教育工作与教育的伦理标准相

---

① 金生鈜:《何为教育实践?》,《华东师范大学学报(教育科学版)》2014年第2期。

符合。① 教育实践合道德是教育的应有之义,是教育者的义务。如果教育行动不符合道德、失去了道德价值,其所发出的行动根本就不是教育实践。

二、理解教育的价值、善、应该与正当

教育与道德密切相关,为了更好地理解教育的道德性需对教育的价值、善、应该与正当等关键词进行区分。

(一) 教育的价值及其转变

价值不是某物独自具有的东西,而是某物对于他物(或人)来说才具有的东西。价值总是指什么东西对谁(或对什么东西)而言有价值,价值是一个具有广泛意义的社会范畴,也是一个关系范畴。定位什么东西有价值,通常指的是所谓的价值客体问题;对谁有价值或对什么东西有价值,则是所谓价值主体问题。就此而言,界定价值概念的前提是界定主体和客体,价值实则指客体满足主体的需要的关系。当客体能够满足主体需要的作用,对主体来说,便叫作好、利、正价值;客体阻碍满足主体需要的作用,对主体来说,被叫作坏、害、负价值;客体无关主体的需要,则所谓无价值。在经济学领域存在"价值悖论"和"边际效用论"。所谓"价值悖论"是指,使用价值极大的东西,往往具有极小的或没有交换价值,如水;反之,交换价值极大的东西,往往具有极小的或没有使用价值,如钻石。"价值悖论"现象可通过"边际效用论"来进行解释。根据边际效用价值论,人对物品的欲望会随着欲望的不断满足而递减。如此,水交换价值小,绝不是因其效用大,而是因其数量多;钻石交换价值大,绝不是因其效用和使用价值小,只是因其数量小。从"价值就是效用"的效用论定义出

---

① Carr Wilfred, *For Education: towards Critical Educational Inquiry*, Buckingham: Open University Press, 1995, p.15. 金生鈜:《何为教育实践》,《华东师范大学学报(教育科学版)》2014 年第 2 期。

发,不只是水、钻石等具有价值,善、应该和正当等都是一种特殊的价值。

从价值的定义来看,教育价值体现于满足教育主体的需要,教育主体主要包括:政治性主体,如政党、政府或政权机构;经济性主体,如国家、企业、家庭等教育投入主体;社会性主体,如一般社会公民和社会组织;文化性主体,如传统文化观念的传承者和文化的创新者;教育性主体,如教育组织、研究机构、教育者、被教育者。满足教育主体的教育价值分别表现为①:教育的政治性价值、教育的经济性价值、教育的文化性价值、教育的社会性价值和教育的教育性价值。教育的政治性价值表现为政治再生产以及推进政治的发展;教育的经济性价值表现为劳动力与科技的生产及其再生产,提高经济管理水平与自身投入产出的效益;教育的文化性价值主要表现为文化的传承、交流与创新;教育的社会性价值表现为促进个体的社会化与推动社会发展和社会改造;教育的教育性价值主要表现为促进人全面、可持续的发展。

教育在不同社会形态中存在着不同的主要价值取向,并随着时代—社会的发展变化而发生变化。在人类社会初期或古代,人类生存的环境极其恶劣,生产技术落后,社会变化缓慢,代代相传的生存经验弥足珍贵,凝聚族群、种族的伦理道德需要严格遵守,虽有雕版印刷技术但书籍印刷量有限,阅读能力并未普及,只有少数人能接受较为系统的教育。加之生产经验较为落后,通过模仿即可获得,教育内容主要为"记诵"经典文本,对教育价值的认识与追求主要定位于知识的接受与占有。即使到了近代,生产力有了较大发展,人们对教育价值的定位受惯性影响也没有多少改变,在"知识就是力量"的观念影响下,教育还是主要以追求知识为主。夸美纽斯主张"把一切事物教给一切人类"②,斯宾塞认为"科学知识最有价值",赫尔巴特的四阶段教学理论主要关注的是如何帮助学生掌握知识的认知过程。在古代社会,教育价值体现于社会性方面,主要承担文化与知识的再生产、维护统治秩序。

---

① 杨志成、柏维春:《教育价值分类研究》,《教育研究》2013年第10期。
② [捷]夸美纽斯:《大教学论》,傅任敢译,人民教育出版社1985年版,第1页。

人类进入现代社会之后,科学技术与生产力得到快速发展,以经济为主导的各种竞争日益加剧,知识不断更新,社会进入加速变化模式。在现代社会中生存,仅仅依靠先人积累的生产生活知识是远远不够的,教育仅仅传递—再生产知识也是不够的,教育必须"为发展而教"。"教育不仅要传授先人积累的各种各样的知识和规范,更重要的是要发展人类的智力和能力,培养人的创新意识和实践能力,以促进社会更快更好的发展,于是发展学生的智能水平成为教育的主流便应运而生了。"①如认知心理学代表人物布鲁纳在《教育过程》一书中指出:"如果帮助所有的学生发展智力,美国作为一个民主制国家可在技术和社会极为复杂的时代更好的生存下来。"②需要注意的是,在布鲁纳这里,个体的智力发展与美国的竞争力密切相关。20 世纪 50 年代末,苏联第一颗人造卫星上天,美国朝野为之震惊,促使美国教育改革,《教育过程》成为其理论指导。澳大利亚《墨尔本宣言》(2008 年)也体现了"为发展而教"的理念,宣言一再表达澳大利亚政府致力于建立一个世界一流教育体系的承诺和决心:"澳大利亚的未来依赖于教育的成就,澳大利亚的未来在于如何利用人们的才智、技能和创造力……而这一发展要求良好的社会和物质结构,灵活的、公平的劳动力市场以及一个世界领先的教育与创新体系。"③近些年来,我国教育改革的重点也着力于培养学生的创新精神和实践能力,以适应我国社会迅速发展的需要。换言之,随着印刷术的发明以及现代科学技术的发展,义务教育得到普及,高等教育大众化,传授知识的教育价值被促进发展的教育价值所超越。对个体来说,掌握知识仍是生存生活所必需的,但由于受边际效用的影响,促进学生掌握知识的教育价值相对弱化。

"为发展而教"虽然突出了教育在促进"个性"与"创造能力"形成方面的

---

① 夏晋祥、赵卫:《论人类教育价值追求的三次转换》,《教育研究与实验》2008 年第 4 期。

② Jerome S. Bruner, *The Process of Education*, Cambridge: Harvard University Press, 1999, p.10.

③ "Melbourne Declaration on Educational Goals for Yong Australians", http://www.curriculum. edu.au/verve/_resources/national_declaration_on_the_educational_goals_for_young_australians.pdf.

价值,体现出个体发展与国家需要的一致性,但教育的工具性价值仍比较突出,促进个体的发展是为了提高国家的竞争力,仍着力于"何以为生"而不是"为何而生",对自由心灵、自我创造、自我发展与自我实现仍关注较弱。

随着现代性后果的凸显以及信息时代、知识经济时代、工业 4.0、全球化 4.0 和 AI 时代的到来,教育只有不断地完善人性,只有人使自身得到全面、可持续的发展,人才能超越人工智能。在此境遇中,教育较之以往着力于传授知识并在此基础上促进受教育者的认知发展、学习运用理性能力,当下则强调人区别于人工智能的维度,自由意志、情感、具身认知、管理与组织以及创造能力之于人的重要性凸显出来,教育需要促进这些方面的发展。如此,则实现了教育的教育性价值或内在价值。

(二) 教育的善及其分类

根据《说文解字》:"善,吉也,从言从羊,此与义、美同义。"《牛津英语辞典》也认为善就是好:"善(good)……表示赞扬的最一般的形容词,它意指在很大或至少令人满意的程度上存在这样一些特性,这些特性或者本身值得赞美,或者对于某种目的来说有益。"结合既有研究,善可被分为:手段善/工具善(instrumental good)与内在善/目的善(intrinsic good)、客观善与至善(ultimately good))、具体善与基本善。

"工具善"、"内在善"和"至善"的区分源自亚里士多德,他指出:"善显然有双重含义,其一是事物自身就是善,其二是事物作为达到自身善的手段而是善。"①"内在善"也可以称之为"目的善"或"自身善",是指其自身而非其结果就是可欲的、能够满足需要、就是人们追求的目的的善,而不是因其与其他事物或事态的关系而被称为善的。反过来,当一个事物或一种事态不是因其固有的性质,而是因其为其他善所作出的贡献而被当作善时,我们就说它是工具

---

① [古希腊]亚里士多德:《尼各马可伦理学》,王旭凤、陈晓旭译,中国社会科学出版社 1990 年版,第 8 页。

性的善。① 内在善与工具善的区分往往是相对的,因为内在善往往同时可以是工具善;反之亦然。如掌握知识,既是内在善,也可以是使人求职谋生的手段,成为手段善。坚强的意志可以使人实现自己的创造潜能,也是达成自我实现的善的手段,因而是工具善。坚强的意志自身就是可欲的,因而也是内在善。

从价值论角度来看,内在善比工具善更为根本,内在善才是人们最终关注的。因为,如果世界上没有内在善,工具善就没有意义,工具善是实现内在善的手段。如金钱,它之所以对许多人来说是好东西,并不是因为那些作为其载体的纸片或金属片,而是因为用它可以购买人们认为有价值的东西。而且,挣钱也不是最终的目的,最终目的是更好地生活。由于工具善的意义只在于它们能够产生内在善,那么,什么才是事物或事态的终极善或内在善?有的宗教将其定位于心灵的冥思状态,有的认为是对上帝的膜拜和绝对服从,在儒家看来是"内圣外王"的身心境界,柏拉图主义者将其理解为一种独立于人类感知的实体,亚里士多德用福祉表达,在尼采那里则是艺术、审美上的成就。

关于工具善或手段善,芬兰哲学家冯·赖特(Georg Henrik von Wright)又进一步进行了阐述。他认为,从对目的的效用性来判断,虽然"好锤子"与"好医生"都能有效地满足人们的需要,但两者中的"好"是不同的。他将前者称为"工具善"(instrumental goodness),将后者称为"技术善"(technical goodness)。技术善与技术、能力、卓越有关,不是会跑的人都是赛跑运动员,不是会说话的人都是演讲者,不是会画画的人都是画家。技术善可通过三个方面表现出来:其专业技能可以通过工具善给以评估;在相关的活动竞赛中表现卓越;具有创造性。② 因此,技术善不同于工具善,不次于工具善。

此外,赖特还提出了功利性的善(utilitarian goodness)、具身善(medical

---

① 程炼:《伦理学导论》,北京大学出版社2008年版,第95页。
② Georg Henrik von Wright, *The Varieties of Goodness*, London: Routledge & Kegan Paul Ltd., Broadway House,1963,pp.31-37.

goodness）和享乐善（hedonic good）。他通过"药物之于疾病、雨水之于农作物、润滑剂之于汽车"与"度假、结婚的意愿之于人"这两者间的区别来阐述功利性善，他认为前者是工具性善，将后者称为功利性善，因为度假、结婚对人是有用、有利和有益的。具身善不但指身体器官好（the goodness of organs），如心脏好、肺好，还指心理能力（faculties of mind）。具身善与技术善密切相关，但又不同，前者是后者的基础或条件。可以说一个人观察，但不可以说一个人的眼睛善于看，但好的眼睛是善于观察的条件。享乐善与日常生活中的快乐大体一致，赖特将其分为三种形式：第一种是被动的快乐（passive pleasure），主要是感觉愉悦（the pleasures of the senses）；第二种是主动的快乐（active pleasure），又称积极生活的快乐（the pleasure of active life），意指一个人渴望做某事、享受做某事或喜欢做某事；第三种是满足的快乐（the pleasure of satisfaction or contentedness），它是我们在得到我们渴望的、需要的或想要的东西时所感受到的快乐，而不管我们所渴望的东西本身是否能给我们带来快乐。①

有关享乐主义，我国学者程炼也进行了探讨。享乐主义又分为心理享乐主义和伦理享乐主义，前者阐述了人们避苦就乐的事实，每个人的终极目的是将自己的快乐最大化，将自己的痛苦最小化。伦理享乐主义则把道德的或者正确的行为定义为将快乐最大化和将痛苦最小化的行为。伦理享乐主义又可分为两种形式②：个人版的伦理享乐主义——我总是应该去追求自己的最大快乐以及最大限度地减少自己的痛苦；普遍版的伦理享乐主义——每个人都应该追求自己的最大快乐并最大限度地减少自己的痛苦。价值享乐主义认为这两种享乐主义都没有谈到价值，它认为快乐是唯一一种内在善，痛苦是唯一一种内在恶。价值享乐主义蕴含着福祉享乐主义，福利程度只是快乐减去痛苦后的净值。如此，就有了定量的享乐主义，但许多享乐主义者并不认同这一

---

① Georg Henrik von Wright, *The Varieties of Goodness*, London：Routledge & Kegan Paul Ltd., Broadway House, 1963, pp.63-79.
② 程炼：《伦理学导论》，北京大学出版社2008年版，第97页。

点,他们认为听一小时莫扎特的音乐所体验的快乐与一头猪在污泥里打滚半天所体验的快乐不是同一种类的快乐,快乐有高级和低级之分,对应于精神快乐和肉体快乐,并认为高级快乐比低级快乐更值得追求。而福祉快乐主义则认为,在一个人的福祉中,净快乐的多寡是我们要考虑的全部因素,除此之外没有其他指标。

从价值论来看,决定一个人生活过得好的不只是快乐,热情与冷漠、忠诚与背叛、成功与失败、创造与平庸等,也会有影响。这就意味着,当一个人的心理状态中包含的正面价值的性质越多、有负面价值的性质越少,这个人的福祉就越好。这进一步引发人们对福祉的思考,伦理学家将其称之为趣向论(pref-erence theory)或者欲望论(desire theory),即一个人的福祉取决于他是否拥有他要的东西。① 趣向论在当代伦理学中有着很高的支持率,因为它有三个明显的优点:首先,它不诉诸任何神秘的价值观和形而上学,也不必预设某种特殊的善的观念;其次,它尊重差异,体现民主理念,与自由主义的思想框架相契合;最后,它至少部分地避免了机器体验论证之类的反驳,只要人们不愿意沉湎于体验机器所提供的经验,就可回避机器所提供的"虚拟"快乐。② 有些趣向论者认为实际趣向的满足是福利的标志,其存在的问题是:一个人的实际趣向可能由于种种原因是不合理的,建立于其上的福祉是不可靠的。因此,人们转向那些理想的趣向——只有理想欲望的满足才会增进福祉。

享乐主义有关快乐与痛苦的探讨既展现了快乐的主观性,也显示了福祉的客观性。有的享乐主义者认为客观善只有一条,即快乐;有的列出了更多条目,经常上榜的客观善有健康、知识、良好的人际关系、自由、创造性、对美的欣赏、成就、声望、自尊等。哲学家帕菲特(Derek Parfit)在列客观善的清单时,还将道德善、合理的行为、个人的能力的发展、有子女并做好父母放入其中。既然存在如此多种的善,一个更深刻的问题是:这些客观善建立在什么样的基

① 程炼:《伦理学导论》,北京大学出版社 2008 年版,第 103 页。
② 程炼:《伦理学导论》,北京大学出版社 2008 年版,第 104 页。

础上？对此,至善论给予了回答:一个人要想过得理想和完美,就需要实现种种客观善,因而对客观善的追求既是人性的要求,也体现了人性的本质特点。①

综合前述有关善的讨论,可将善定义为:事物所具有的能够满足需要、实现欲望、达成目的的效用性,是人们所赞许、所选择、所欲望、所追求的东西。②

无疑,教育也具有善的属性,教育价值与教育善也存在区别。在教育满足教育主体需要的意义上,教育价值与教育善是同义的,但教育善较之教育价值更突出了"效用性"维度。如此,关注教育善较之教育价值应更为深入于教育实践的内部及其运作。由于教育善不但要具有能够满足教育主体需要、实现其欲望、达成其目的的效用性,而且是人们所赞许、所选择、所欲望、所追求的东西,因此,教育善是教育正面的、积极的、客观的效用,与之相对的是教育的恶。鉴于教育的复杂性,如何对教育善进行分类并对其进行评价成为一个关键问题。

从达成各级各类教育主体目的的效用性来看,教育的善是工具性;从教育的最终目的是受教育者这一特殊教育主体的人性完满、全面发展来看,教育的善是内在性的、目的性的,具有至善性;从教育过程中为了实现教育的最终目的着力促进受教育者的素养来看,教育的善是技术性的,同时是内在性的;从教育善的可测量与对社会和个体发展的客观性来看,教育的善是客观的;从教育主体在教育实践过程中所体验感受到的快乐来看,教育善可分为高级的或低级的和趣向性的;从教育为实现教育目的而提供的条件来看,教育的善是具体的、基本的或功利性的;从教育实践的独特品质来看,教育的善是道德的。

（三）教育的应该与正当

教育作为一项立德树人的事业,人们无疑会关注其应该与正当维度以明

---

① 程炼:《伦理学导论》,北京大学出版社 2008 年版,第 107 页。
② 王海明:《新伦理学导论》,商务印书馆 2017 年版,第 30 页。

确教育的未来路向。

王海明教授认为,"应该"与"正当"都是一种特殊的"善":"应该是行为的善;正当是行为的道德善。"①行为的善(good)或善性(goodness)是行为所具有的能够达到目的、满足需要、实现欲望的效用性,行为的善或善性是所谓的"应该";正当则是行为达成道德目的的效用性,符合道德目的便是正当的、道德善,违背道德目的则是不正当的或道德恶。行为的善恶属于价值范畴,是价值的分类,是正价值与负价值的同义语;行为的正当与否属于道德价值范畴,是道德价值的分类,是正道德价值与负道德价值的同义语。②

由于道德善只是善的一种,"应该"或"应当"的外延比"正当"广阔得多,"应该"是"善"与"正当"的中介。将正当从善恶中分离出来,或对正当与善恶进行区分,一方面可以对道德善恶和非道德善恶进行区分,道德正当或道德善恶乃是行为对于创造道德的需要、欲望、目的的效用性,非道德正当或非道德善恶则是一切事物对于其他(即社会创造道德的需要、欲望、目的之外)需要、欲望、目的的效用性。道德善恶与非道德善恶可以一致也可以不一致:相符者即为非道德善;相违者即为非道德恶。例如,利己为他能够满足"我"的欲望、实现"我"的目的,因而对"我"来说是一种非道德善;同时,为己利他又有利于社会发展,符合道德目的,是正当的。③再如,自我牺牲虽有利于社会存在发展,符合道德目的,是一种道德善,是正当的;同时,却有害于牺牲者,牺牲了他的自我保存的欲望,是一种非道德恶。换言之,善是"一切事物"对于主体目的的效用性;应当与正当都仅仅是"行为"对于主体目的的效用性;正当是行为的道德善,是行为对于道德目的的效用性;善、应当与正当都是客体的某种效用性,都属于价值范畴。

---

① 王海明:《新伦理学导论》,商务印书馆 2017 年版,第 36 页。
② 王海明:《新伦理学导论》,商务印书馆 2017 年版,第 40 页。
③ 王海明:《新伦理学导论》,商务印书馆 2017 年版,第 41 页。

以此来看教育的应当与正当,教育应具有能够达到、满足教育主体需要的效用性,这是教育的善或善性,即教育的"应该",并通过教育教学实践的方方面面表现出来,如应该尊师爱生,应该进行教育教学改革以满足国家、社会以及学生可持续发展的需要,等等。教育正当则是其达成道德目的的效用性,这既表现于学校思想、品德与政治教育本身应是符合道德目的的,各科教育教学以及制度、管理、评价、教育中的各种人际关系建构以及校园文化等所蕴含的德性也应是符合道德目的的,更表现在所培养的受教育者的德性是满足社会道德需要并促进社会道德发展的。

(四) 教育的"是"与"应该"

教育是一项立足当下面向未来的事业,其实践活动具有规范性。在此意义上,如何从教育之"是"推出教育"应该"是需要解决的问题。

"是与应该之间的关系"是著名的"休谟难题",他指出:"在我所遇到的每一个道德学体系中,我一向注意到,作者在一个时期中是照平常的推理方式进行的,确定了上帝的存在,或是对人事作了一番议论;可是突然之间,我却大吃一惊地发现,我所遇到的不再是命题中通常的'是'与'不是'等连系词,而是没有一个命题不是由一个'应该'或一个'不应该'联系起来的。这个变化虽是不知不觉的,却是有极其重大的关系的。因为这个应该与不应该既然表示一种新的关系或肯定,所以就必需加以论述和说明;同时对于这种似乎完全不可思议的事情,即这个新关系如何能由完全不同的另外一些关系推出来的,也应当举出理由加以说明。不过作者们通常既然不是这样谨慎从事,所以我倒想向读者们建议要留神提防;而且我相信,这样一点点的注意就会推翻一切通俗的道德学体系……"①

对"是"与"应该"之间的关系,有诸多探讨。摩尔认为这是两种不同的属

_____

① ［英］休谟:《人性论》(下册),关文运译,商务印书馆1980年版,第509—510页。

性,诸如"黄色的"之类的是"自然"属性,"善"之类的是"非自然"属性。摩尔的后继者将这一难题转化为语言问题:不管任何系列的描述性陈述都不能够衍推出某一价值性陈述。塞尔诉诸"以言行事"的效力,认为从"是"当然能(必然地)推出"应当"。海德格尔则认为,"是"与"应当"根本不是什么逻辑的衍推关系,而是相互浸润、不可分离的:"应当"仅仅缠绕在"是"上,"是"本身就包含着"应当"。① 在他看来,人是活着的存在,生活总处于流动之中,人不是世界的冷静观察者,而是生活的参与者。因此,人类的认识不是与生活割裂的纯智性活动,其中渗透着对世界的理解。原始之知是有感之知,其中带着人们的情绪。事物的显现不只是作为被认识的对象,其本身包含着美、丑这些价值。当自然科学将事物化为赤裸裸的数值并将其视为本质,这是对事物自身丰富性的阉割。

我国学者王海明则通过比较事物的固有属性、关系属性以及事实属性,论证了可从"是"推出"应该"的方法。他认为,一切属性可经过两次划分而分为三类(见下图),即固有属性、事实关系属性和价值关系属性。固有属性是一事物完全不依赖他物和主体而存在的东西,是完全客观的和独立的,如质量、电磁波等;事实关系属性是客体的固有属性与主体的某种客观的器官(如眼睛)发生关系的产物,如红色、黄色;价值关系属性是与某种主观的东西(如欲望、愿望、目的等)发生关系的产物,是不能独立、更加不基本和更少客观性的东西,如应该、善等。

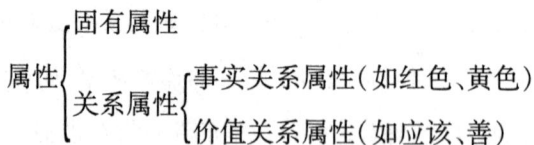

属性 { 固有属性 / 关系属性 { 事实关系属性(如红色、黄色) / 价值关系属性(如应该、善) }

以此来看,"是、事实、事实如何"是客体的固有属性或事实关系属性,"善、应该、应该如何"则是客体的价值关系属性。仅仅由"是、事实、事实如

---

① 李炳洲:《从"是"推出"应当"——以海德格尔的目光看》,《理论观察》2005 年第 6 期。

何"是不能产生"价值、善、应该如何"的,只有当"是、事实、事实如何"与主体的需要、欲望、目的发生关系时,才能从"是、事实、事实如何"产生和推导出"价值、善、应该如何"。其推导方法如下:

例1 善或价值的推导方法

教育可向学生传授知识(事实)

学生生存与发展需要掌握知识(主体需要)

教育可向学生传授生存与发展所需要的知识(事实与主体需要关系)

———————————————————————————

教育是具有正价值的善的实践(善或价值)

例2 应该的推导方法

教育可向学生传授知识(事实如何)

教育的目的是促进个体发展(主体目的如何)

向学生传授知识符合促进学生发展的目的(事实与主体目的关系如何)

———————————————————————————

教育应该向学生传授知识(应该如何)

例3 道德应该的推导方法

张老师体罚学生(事实如何)

教育的道德目的是帮助学生学会过有尊严的生活(主体目的如何)

张老师体罚学生不符合教育的道德目的(事实与主体目的关系如何)

———————————————————————————

张老师体罚学生是不应该的(应该如何)

王海明将价值推导方法和行为应该如何的推导方法进行了归结。

价值推导方法①：

前提 1：客体之事实如何

前提 2：主体需要、欲望、目的如何

两前提之关系：事实符合（或不符合）主体的需要、欲望、目的

结论：客体之应该、善、正价值（或不应该、恶、负价值）

行为应该如何的推导方法：

前提 1：行为事实如何

前提 2：道德目的如何

两前提之关系：行为事实符合（或不符合）道德目的

结论：行为应该如何（或不应该如何）

以此来看，在探讨教育时，基于教育事实可以推导出应该。

三、教育的道德构成要素及其价值取向②

道德不只适用于个体或群体，也适用于政治、市场、教育等社会系统。③就教育领域而言，不仅教育者与受教育者的行为需要进行道德规范，教育系统

---

① 王海明：《休谟难题：能否从"是"推出"应该"？》，《湖南师范大学社会科学学报》2007 年第 1 期。

② 本部分主要内容可参见闫旭蕾：《教育的道德构成要素及其价值取向》，《教育研究与实验》2022 年第 4 期。

③ 政治上获得正当性需要人们认同其道德基础及其实践，古代政治的正当性依赖于德政，现代政治的正当性需要公平与正义给予支撑。市场经济作为一种优化资源、促使财富增长与改善人们生活的途径，其良性运转亦需要相应的道德秩序。简言之，在道德与政治、市场的关系中，道德是观照、衡量、维护政治正当性与市场良性运作的精神内核。

自身亦需要进行道德规范。然而,人们通常更关注前者而忽视后者。鉴于此,本书尝试围绕后者进行思考。由于道德的形成离不开时代—社会的需要,道德正当性主要来自人们对其所内含的价值以及由此建构的道德规范的认可。例如,在我国古代社会,儒家先哲创造了以血缘为基础的道德秩序,以适应具有差序格局特征的农耕社会;以洛克、卢梭为代表的西方近现代思想者强调权利的价值,并将其作为基础构建现代道德秩序,疏导可能存在的利益冲突。在此意义上,道德价值构成了道德规范的核心内容,并与道德目的、道德行为一起成为道德规范的构成要素。因为,人们之所以珍视某种道德价值,主要是其对于道德目的是有效用的;之所以倡导某种道德行为,主要是其践行道德价值追求。基于此,对教育道德的探讨将围绕教育的道德目的、道德价值及其实践标准展开。

（一）促进幸福:教育最终的道德目的

人类建构道德的目的是要解决如何在一起生活以及应当如何生活的问题,幸福是人类以道德的方式追求的终极目的[①],因为人类主要关心的东西是幸福[②],生活的目的就是寻求幸福[③],“有尊严的幸福生活”第一次被写进我国政府工作报告中。在此意义上,帮助学生正确理解幸福、祛除教育中错误的幸福观以促进学生幸福成长、学会过幸福而有尊严的生活,应成为教育最终的道德目的。

1.理解幸福

关于幸福是什么,可谓仁者见仁、智者见智、众说纷纭,究其根本原因在于

---

① 张彭松:《超越“手段王国”的幸福伦理》,《伦理学研究》2016 年第 1 期。

② 张彭松:《超越“手段王国”的幸福伦理》,《伦理学研究》2016 年第 1 期。J. William, *The Varieties of Religious Experience: a Study in Human Nature*, New York: Taylor & Francise – Library, 2004, p.66.

③ ［美］内尔·诺丁斯:《幸福与教育》,龙宝新译,教育科学出版社 2014 年版,第 2 页。

幸福具有主观性①,人们对幸福的种类及其精神境界、获得幸福的条件等方面认识不同。例如,古希腊昔兰尼学派创始人阿里斯底波(Aristippus)把追求感官快乐作为最大幸福,伊壁鸠鲁把"身体的无痛苦和灵魂的无纷扰"作为幸福的两个标准②,亚里士多德认为"幸福就是灵魂的一种合乎德性的现实活动"③。总括既有观点,幸福可分为:物质性幸福、社会性幸福与精神性幸福,创造性幸福与非创造性幸福,过程幸福与结果幸福。物质性幸福的主要表现是食欲等基本需要得到满足,最高表现是生活富裕和躯体健康;社会性幸福的主要表现是自由、归属和爱、权力和自尊得到满足,最高表现是达官显贵和爱情美满;精神幸福主要包括认知和审美需要得到满足,最高表现是自我实现、自我创造之实现。④ 依据马斯洛的需要层次来看幸福种类,物质幸福是低级幸福,社会幸福是中级幸福,精神幸福是高级幸福。依据亚里士多德的幸福观来看,感官快乐以及金钱、朋友、子女、好的出身、美貌等都是构成幸福的要素,或称其为普通幸福、次等幸福,真正的幸福则是灵魂的现实活动,即理性的思辨。但无论哪种幸福,都可能有创造性或没有创造性;无论哪种幸福,都可以在追求它的过程中或实现时而获得。依据赵汀阳教授的观点,幸福区别于快乐、欲望、利益,幸福源于每个人的创造性行动。

学生不仅需要了解幸福的种类,而且需要掌握获得幸福应遵循的规律及其条件。王海明先生提出了幸福等级律、实现律和德福一致律,具体内容为:"幸福越高级,对于生存的价值便越小而对于发展的价值便越大,其体验便越淡泊而持久;幸福越低级,对于生存的价值便越大而对于发展的价值便越小,

---

① 心理学家米哈里·契克森米哈赖认为,我们快乐与否,取决于内心是否和谐,而与别人的看法、我们所拥有的一切,以及我们控制外界的能力没有直接关系。(详见[美]米哈里·契克森米哈赖:《当下的幸福:我们并非不快乐》,张定绮译,中信出版社 2011 年版)

② 罗国杰、宋希仁:《西方伦理思想史》(上卷),中国人民大学出版社 1985 年版,第229 页。

③ [古希腊]亚里士多德:《尼各马可伦理学》,苗力田译,中国社会科学出版社 1990 年版,第 14 页。

④ 王海明:《新伦理学原理》,商务印书馆 2017 年版,第 526 页。

其体验便越强烈而短暂。这是幸福等级律。"①他认为:"欲望、天资、努力、机遇和美德是幸福实现的充足且必要的五大要素。欲望是幸福实现的动力要素和负相关要素:欲望越大,幸福便越难实现;天资、努力、机遇、美德是幸福实现的非动力要素和正相关要素:天资越高、努力越大、机遇越好、品德越优,幸福便越易实现;欲望要素与天资、努力、机遇、美德四要素一致,幸福便会完美实现。这是幸福实现律。"②而且,每个人就其行为总和来说,德福一致而呈正相关变化的次数,必定多于德福背离而呈负相关变化的次数:德福必定大体一致。缺德而一生幸福或者有德而一生不幸的事实仅仅表明:缺德者的其他条件(天资、努力、机遇)好,而有德者其他条件差;但绝不意味着他们的德福大体背离。这是德福一致律。③

了解幸福的种类以及获得幸福所遵循的规律与条件,可有助于学生认识自己追求的是何种幸福、怎么才能获得更有意义的幸福以及道德修养与获得幸福之间的密切关联。

2.反思现代教育中的幸福观

教育作为一种培养人的社会实践,其最终道德目的亦应促进人的幸福,帮助受教育者幸福成长、学会过幸福而有尊严的生活。然而,从教育现实情况来看,对幸福的追求存在诸多误区:多着力于外在的、工具性的幸福,却忽视、漠视内在的精神性幸福。从幸福等级律来看,过于关注中低级幸福会影响学生的全面健康发展:为了明天的幸福,却以今天的幸福为代价;为了未来的物质富足,却不得不忍受今天的精神贫乏;为了明天在竞争中胜出,却不得不承受今天的奴役。这种关于未来的幸福假设不但大大影响了学生当下的生存状态,而且束缚了他们的发展。因为现在是个体唯一能真正拥有和经历的,一旦

① 王海明:《新伦理学原理》,商务印书馆2017年版,第517页。
② 王海明:《新伦理学原理》,商务印书馆2017年版,第517页。
③ 王海明:《新伦理学原理》,商务印书馆2017年版,第517页。

学校与家长将学生的现在作为实现未来的工具，就意味着教育为了增进人未来的幸福却因此在一定程度上导致了现在的不幸福。①

换言之，现代教育中的幸福观存在的问题主要表现为精神贫困、道德疏离，这也是现代性后果症候之一。对此，斯宾格勒（Oswald Spengler）、施特劳斯（Leo Strauss）与费夫尔（Ralph Fevre）等思想者进行了论述。一百多年前，斯宾格勒惊呼"西方的没落"。在施特劳斯看来，"西方的没落"并非指政治—经济实力衰退或昌盛景象不再，而是指西方文明的灵魂沦落：有德性的智识丧失了声誉，人们不是用智识去区分明智与愚蠢、正确与错误、美好与丑恶、高贵与低贱，反倒纷呈才智，以混淆甚至抹杀德性差异为尚。② 智识的转向或对灵魂的漠视与现代社会转型密切相关。随着科学技术的发展、市场经济的兴起与发展，"自利"甚至贪婪等"恶德"在经济学中获得了正当性③；政治弱化了教化功能而更着力于经济增长，个人权利成为现代政治哲学的道德基础；理性能力代替美德成为道德素养的核心，如何构建道德规则而不是道德规范成为道德哲学的关注点。换言之，在现代方案中，政治着力于个体的自我保存与发展，社会的有效性在于促进经济的增长与繁荣，财富成为衡量个体自我实现的标尺。

与其相应，现代教育作为实现社会再生产的主要方式，旨在提高个体与国家的竞争力，工具理性渗透其中并在一定程度上助长了精神贫乏。如布鲁姆（Allan Bloom）对美国教育的批判，它"败坏了民主，空乏了当代学生的心灵"④。北京大学心理治疗师徐凯文指出，"空心病"作为一种时代病已存在于大学生之中。而当下，道德仍未被作为学生核心素养中的关键能力（key

---

① ［美］达林·麦马翁：《幸福的历史》，施忠连译，上海三联书店2011年版，第217页。
② 刘小枫：《西方民主与文明危机》，华夏出版社2018年版，第2页。
③ ［荷］伯纳德·曼德维尔：《蜜蜂的寓言——私人的恶德，公众的利益》，肖聿译，中国社会科学出版社2002年版。
④ ［美］布鲁姆：《走向封闭的美国精神》，缪青等译，中国社会科学出版社1994年版，第1页。

competency)。如在核心素养概念的提出者 OECD 及其 PISA 项目中,就没有道德的位置,个人品质和价值本身仅被作为能力发展的条件而不是关键能力的组成部分,显示出了对道德的轻视。①

教育功利化一方面影响了学生的全面发展,引发了教育焦虑,催生了超负荷教育;另一方面导向了物质性的、外在性的、单一性的幸福追求。这样的幸福是不自由的,不是真正的幸福。因为,一味地追求成功与物质易于成为“成功暴政”的牺牲品和自己欲望的奴隶,导致人的异化。而且,从已有研究来看,物质财富的增加所带来的幸福感仅仅是对人口中最贫困的部分而言的,对中产及以上阶级而言,财富与幸福并未形成直接关联。②

3. 教育应促进学生蓬勃幸福地发展

为摒弃教育中幸福的异化,消解接受教育过程中伴随的无助、无力、压抑与过度焦虑,应关注学生的幸福特征及其存在样态,帮助学生学会过幸福人生,这是学校教育的责任,亦应是教育最终的道德目的。

受教育者的幸福不同于其他社会群体,学生幸福的形成、获得与接受教育的过程一体两面,主要表现为社会性与精神性、内在性和过程性,最终旨向为蓬勃发展、学会过有尊严的幸福人生。蓬勃是万物生长的特征,也是学生应有的存在样态,亦应是教育幸福的整体表征。蓬勃内含积极情绪但又与之不同,它展现的是生命昂扬的状态。通常情况下,人们将积极情绪或满意度作为衡量幸福的标准,塞利格曼(Martin Seligman)却认为这种观念存在不足,因为它削弱了幸福的精神内涵尤其是有关终极意义的追求,幸福应是一种由积极情绪(positive emotion)、投入(engagement)、人际关系(relationship)、意义和目的

---

① 高德胜:《追求更有道德意蕴的核心素养》,《西北师大学报(社会科学版)》2021 年第 1 期。

② [英]乔格蒙·鲍曼:《生活在碎片之中——论后现代的道德》,郁建兴等译,学林出版社 2002 年版,第 29 页。

（meaning and purpose）、成就（accomplishment）五元素（简称"PERMA"）构成的蓬勃状态，而不是由单一元素定义的，就像"天气"一样。天气本身不是一种真正的东西，而是由温度、湿度、风速、气压等若干元素组成的状态，每个元素都可被操作，也都是真实的、可测量的。① 像测量天气一样，可将PERMA作为指标测量个体的蓬勃程度，进而判断其幸福状态。

PERMA之所以可作为测量蓬勃的指标，是因为其中的每一个元素都像生命之帆可助力其成长与发展，而且各元素之间又是互应的。感恩、爱、奉献、自信、满足、善良、安全感、包容等积极情绪，能产生更全面的注意力、更多的创造性以及更全面的思维；发现自己的天赋、兴趣、才智、品格等方面的优势，并创造性地加以运用，就会有真实感、自我认同感、自我价值感，就会感到快乐、欢乐、激情、热情，甚至忘我、狂喜，肯定自己行为的意义和价值，形成良好的人际关系；进而使个体对自己的未来持乐观态度，也更易于消解可能存在的无力无助，在身处逆境时更具有复原力，进而有助于成就的取得。PERMA及其蓬勃理念，突破了幸福获得的单维性、物质性、外在性，强调了各元素之间的互应性、整体性、过程性、发展性、可持续性，塞利格曼将其称之为幸福2.0理论。②

幸福2.0理论为重新理解幸福、祛除教育幸福异化、促进学生蓬勃成长提供了可能思路。学生获得幸福不必等到未来，可通过提升教育中PERMA的蓬勃程度而使他们感受幸福、体验幸福、获得幸福并学会过幸福生活。而要做到这一点则意味着突破既有教育幸福观，区分幸福的条件及其内涵，强调"蓬勃"（flourish）之于受教育者生命、生活、人生的意义，让德性照亮被工具理性遮蔽的存在，将知识学习或接受教育的过程与获得幸福结合起来。

（二）完善人性：教育最终的道德价值

道德价值是指个人或实体的实践活动对于他人与社会所具有的道德上的

---

① ［美］塞利格曼：《持续的幸福》，赵昱鲲译，浙江人民出版社2012年版，第14页。
② ［美］塞利格曼：《持续的幸福》，赵昱鲲译，浙江人民出版社2012年版，第23页。

意义,即实现道德目的的效用。在此意义上,教育最终的道德价值则体现为促进人性完善。

1. 基于人性建构道德

人性与道德之间的关系是建构道德哲学的前提,也是建构伦理学大厦的基石。人性观不同,建基于其上的道德不同,而且人性观及其相应的道德建构会随着时代的发展变化而发展变化。

关于什么是人性,众说纷纭、"各美其美"。有人将人性理解为"善"(孟子),有人将人性理解为"恶"(荀子),有人将人性理解为欲望与激情(狄德罗 Denis Diderot、休谟 David Hume 等),有人将人性诉诸理性(康德),有人将人性定义为自私性恶(霍布斯 Thomas Hobbes、洛克),有人将人性定为情感性善(沙夫慈伯利 Lord Shaftesbury、哈奇逊 Francis Hutchinson),有人将人性看成自爱心和怜悯心(卢梭),有人将人性看成趋乐避苦(爱尔维修 Claude Helvetius),等等①。其中,争论最大的在于人性是情感的还是理性的,即"肉体与灵魂""感性与理性"何者为主导性因素。

感性主义人性论认为,人性就是人的动物性,趋乐避苦、自我保护、自私利己,所以人应该遵循感性的引导,以快乐作为善恶评价的标准和伦理学的出发点。这一观点的代表人物有伊壁鸠鲁、洛克、沙夫慈伯利、哈奇逊、休谟、边沁等。伊壁鸠鲁主张趋乐避苦;洛克从自然感觉主义出发,将善恶看作引起情感的根源,"善"可引发或增加人的快乐,"恶"则会产生痛苦或减少快乐;沙夫慈伯利认为道德来源于情感,善恶由情感所驱动;哈奇逊指出,道德善恶是情感问题,与理性无关;休谟认为,道德的源泉不是理性而是情感,决定道德善恶的是人的同情心,不是利己心也不是利他心;边沁主张追求最大多数人的最大幸福。此外,生物进化论伦理学和空想社会主义伦理思想等,都主张人的生物本

---

① 王振林:《西方道德哲学的寻根理路》,《人文杂志》2002 年第 3 期。

性对道德的决定性作用。①

理性主义与感性主义相反,强调理智贬低情感,认为理性是人的本质规定性,是道德的真正根源,柏拉图、笛卡尔、康德等是其代表人物。柏拉图继承了苏格拉底"美德即知识"这一观念,并通过知识定义"善""美德";笛卡尔认为,道德意味着理性控制情感;康德认为,人可以通过理论理性为自然立法,通过实践理性为自己立法,道德意味着对普遍法则的遵守,道德善恶只受理性法则决定。

马克思与巴特勒(Joseph Butler)跳出了前述人性思路。马克思认为:"人的本质不是单个人所固有的抽象物,在其现实性上,它是一切社会关系的总和。"②巴特勒把人性看成一个综合的、系统的结构,他将人性分为三个层次:第一层是人性中的最低层次,是与动物共有的自然本性,如感觉、嗜欲、情欲等欲望;第二层是人不同于其他动物的特性,主要表现为自爱、仁爱;第三层是反省或良心,也是人性的最高原则,其作用是保障人的行为合乎人性。③ 我国学者曾钊新教授对人性进行了综合性定义,他认为人性是"人们以感情为纽带联结成的社会关系"。"它是寄生在感情上,具有社会内容的那部分共同欲望和渴求。它以动情为特征,以欲望和渴求为内容。没有感情,人性无从寄寓,自然也就没有人性。欲望与渴求又是受社会经济生活所制约的,没有它,感情则是凭空的、虚无的。人性、人道和人情,是本质一致的概念。"④在这个定义中,人性是人的欲求,人性是自然欲望和社会关系的统一,讲人性就是讲人道。

前述各种观点告诉人们,人性是沟通人与道德之间的桥梁,是道德的"基石"。与其他学者对人性与道德之间的关系理解不同,李建华教授指出,人性

---

① 李建华:《论人性与道德——一种道德学的分析》,《道德与文明》2020年第1期。
② 《马克思恩格斯文集》第1卷,人民出版社2009年版,第505页。
③ 宋希仁:《西方伦理思想史》,中国人民大学出版社2004年版,第225—227页。
④ 曾钊新:《人性论》,中南工业大学出版社1988年版,第2页。

决定道德是间接的而非直接的,要经过利益这个环节,利益是人性的现实化。① 在此意义上,他认为,人性是道德的"第一土壤",利益是道德的"第二土壤"。他的观点告诉人们:人的欲望、基本需要是大体一致的,这本身并不构成道德问题,需要的实现过程才涉及利益的现实化、道德的产生、品格的高低。例如,人饿了需要吃东西,这是共同的人性,但吃什么、如何吃、吃多少,就有了利益的分界、人格的高下与善恶的区分。② 利益决定道德,对道德的评价是利益的必然产物。如爱尔维修所指出的:"利益支配着我们对于各种行为所下的判断,使我们根据这些行为对公众有利、有害或者无所谓,把它们看成道德的、罪恶的或可以容许的;这个利益也同样支配着我们对于各种观念所下的判断。"③对此,恩格斯曾有精辟的论述:"……我们断定,一切以往的道德论归根到底都是当时的社会经济状况的产物。而社会直到现在是在阶级对立中运动的,所以道德始终是阶级的道德;它或者为统治阶级的统治和利益辩护,或者当被压迫阶级变得足够强大时,代表被压迫者对这个统治的反抗和他们的未来利益。"④

爱尔维修和马克思主义的观点揭示了道德的基础是人类现实生活利益,利益的博弈实则是善恶道德评价标准的博弈。当利益也是道德的基础时,不仅仅意味着人性通过利益环节来决定道德,也意味着道德并不与善画等号,某种道德的性质可能是"善"的,也可能是"恶"的。而且,人性也只有基于处理利益关系的道德原则与标准反观时才有善与恶的性质,这也就意味着可通过道德改变或调节人性。

① 李建华:《论人性与道德——一种道德学的分析》,《道德与文明》2020年第1期。
② 李建华:《论人性与道德——一种道德学的分析》,《道德与文明》2020年第1期。
③ 北京大学哲学系外国哲学史教研室编译:《十八世纪法国哲学》,商务印书馆1963年版,第456—457页。
④ 《马克思恩格斯文集》第9卷,人民出版社2009年版,第99—100页。

2. 道德成就人性

人性是道德的基石,道德可以改变或调节人性,这是人性与道德关系的两个方面。人类从动物世界而来,动物性是人类无法祛除的底色。然而,人类与其他动物不同,人类是一种特殊的动物,是一种不断对自身加工逐渐向善的动物,是一种通过文明将自身区别于其他动物的动物。在文明化的过程中,人类需要对自己的自然本能有意地抑制。为此,人类发明了道德、法律等各种各样的社会规范来规约自己的行为,以超越动物性,避免退回到野蛮状态。例如,儒家先哲们发明了"仁学"伦理以及"修身齐家治国平天下"的修身思路,基督教则通过"原罪—救赎"的方式抑恶向善,进而形成了中西方不同的道德传统以及人性定位。

人类发展与社会演变的过程,也是不断通过发明道德观念锤炼人性的过程,如希腊人关于个人的观念,基督徒关于灵魂的观念,西方近代关于人权的观念。① 每种观念的背后都蕴含着对某种主要价值的认可,每次道德观念的大转型则意味着价值秩序以及人性的重构,并随着社会形态的更迭越来越尊重人,旨在使人更加有尊严地生活,人权与自由的发明则是其典型表现。"在1689 年和 1776 年之间的一段时间里,一度常常被看作是一个特定民族的权利——例如,生来自由的英国人——被转变为人权,普遍的天赋人权,法国人称之为'人权'或'人类的权利'。"②1776 年杰斐逊(Thomas Jefferson)在《独立宣言》中写道:"我们认为这些真理是不言而喻的,即人人生而平等,他们由上帝赋予了某种不可剥夺的权利,其中包括生命、自由和追求幸福的权利。"1789 年法国大革命通过了《人权和公民权宣言》,将"人类与生俱来的、不可剥夺的和神圣的权利"作为一个政府和所有政府的基础。1948 年,联合国发布的《世界人权宣言》第一条就是:"所有人的尊严和权利方面生而自由平等。"

---

① [美]林·亨特:《人权的发明》,沈占春译,商务印书馆 2011 年版,第 7 页。
② [美]林·亨特:《人权的发明》,沈占春译,商务印书馆 2011 年版,第 8 页。

林·亨特(Lynn Hunt)认为,在整个 18 世纪,英语和法语中的"人权""人类的权利""人的权利"等,都未直接用于政治范畴,它们涉及的是神与人的区别,而在天平的另一端则是动物与人的区别,而非如言论自由和参政权等与政治相关的权利。如法语中最早用"人的权利"之一的文学批评家尼古拉·朗格莱—迪弗莱努瓦,曾讥讽"那些在 6 世纪时无法模仿的修士们是那么彻底地放弃所有的'人的权利',他们像动物一样地吃草,赤裸着身体到处跑"①。

　　人权的发明对于建构人性具有重大意义,它被视为自由的原动力,具有识别善与恶的功能,它视个体为具有进行独立道德判断能力的人。如布莱克斯通(William Blackstone)所表达的,人权与"被认为已经赋予了辨别善与恶的判断力的自由意志者"的个人是共存的。② 在康德那里,自由就是一种自然禀赋,就是一种自律意义上的道德自由,人的理性独立于一切外在规定而给自己立法,善就是自己的行为准则符合道德法则,道德的品格属于"人把自己造就成什么"的东西。③

　　能够平等地享有道德判断的自由在人类历史上是一种观念的发明,它涉及人的两种特性:理性的能力和自主地为自己作出决定的自由。而且这两种特性逐渐被西方现代人内化,使人性、社会道德秩序与个体心灵展现出不同于古代的样态,个体的意志自由被强调,对个体的独立性以及超越血缘关系、宗教信仰、民族的道德规则越来越认同,越来越注重人们之间的距离,身体变得神圣了,隐私也得到尊重。如林·亨特所指出的:"个体的意志自由取决于日益增加的人体的独立与神圣:你的身体是属于你的,而我的身体就是我自己的,在相互的身体之间我们都应该尊重它们之间的界限。心灵的共鸣取决于像我们同样感觉和思考的其他人的认同,以某种基本的方式,我们内心的情感

① ［美］林·亨特:《人权的发明》,沈占春译,商务印书馆 2011 年版,第 9 页。
② ［美］林·亨特:《人权的发明》,沈占春译,商务印书馆 2011 年版,第 13 页。
③ 袁辉:《无用论抑或决定论——康德道德教育理论中的个人教育与社会启蒙教育》,《教育研究》2020 年第 9 期。

是十分相似的。为了达到自主,一个人必须在他或她的独立中合法地不受他人的支配并得到保护;但是为了拥有与那种身体的独立相一致的权利,一个人的个性必须以某种更充满感情的表现形式被欣赏。人权既取决于自制力又取决于所有其余人平等而冷静的认同。"①

对道德自由与道德权利的关注,要求个体尊重他人,并与他人平等相处;具备成熟的理性,成为独立自主、自律的人,避免盲目服从。这使个体形成了较之以往不同的与世界新关系,最突出的表现是扩大了个体自主决定的范围,摆脱了对个人自由的限制。然而,资源的稀缺使自由、权利的行使变得复杂,由此进一步塑造了现代人性。激烈的生存竞争一方面使个体不得不变得更加坚强、独立,着力开发自己的潜能与创造力;另一方面更加强调规则意识、法治秩序和社会正义,以维护个体权利。

如果说人类早期通过强调协作而使人类从动物界脱颖而出,进入文明社会之后,人们通过发明文化规范和制度构成集体道德。道德作为"人造物",旨在引导人们"如何生活在一起""应该怎样生活",使人由实然的人性转向应然的人性,使人更具人的尊严,有能力过理想的美好生活。如莱茵霍尔德·尼布尔(Reinhold Niebuhr)所祈祷的:"请赐我从容,以接受我不能改变的;请赐我勇气,以改变我所能改变的;请赐我智慧,以理解不同于我的。"②道德运作及其社会形态变迁的过程是人类不断锤炼自己人性的过程,也是人性的生物性与社会性、稳定性与生成性、实然与应然相统一的过程。在这个过程中,道德一方面调整、抑制不合理的欲望,促进需求的合理满足;另一方面随着社会变迁与价值秩序重构,其旨向越来越有助于人性完善。与此同时,人类不断对道德建构与实践保持一种警觉意识,以避免道德异化。

---

① [美]林·亨特:《人权的发明》,沈占春译,商务印书馆 2011 年版,第 14 页。
② 赵敦:《动物(性)——传统与现代之间的人性根由》,北京大学出版社 2013 年版,第1 页。

3. 教育完善人性

教育作为一种立德树人的社会实践活动，通过发挥其道德使命以完善人性是其道德价值的最终体现。在这一过程中，教育不得不面对人的“动物性”或“生物性”，并因此形成了不同的路向。

“人”永远都首先是“人—动物”这一事实，使得人性不在别处，就在承载着人的身体（动物体）中。在一般意义上，动物性意味着野蛮、凭借本能生存，由于动物与动物“相食”而生存，因而动物性又意味着直接性、内在性。[①] 巴塔耶指出，吃者与被吃者都属于同类，在“相食”中并不会发生任何“超越”（transcendence），既没有主人的支配，也没有奴隶的受役，自然就没有“人的发生”。在此意义上，教育是一种教人祛除“相食”、超越动物性、趋善避恶的社会实践活动，并形成了外塑与内生两种不同思路，如荀子的性恶论与化性起伪说、孟子的性善论与尽心观。在动物与人的区别上，亚里士多德有着不同的观点，也因此形成了不同的教育观。

亚里士多德虽然也认为动物是根据欲望来行动的，但他并未简单地将欲望等于“恶”，而是认为欲望存在于动物和人的所有行动之中，根据欲望和认知进行自愿的行动是人与动物所共有的。只不过，动物和儿童不能进行慎思和选择，他们的行动不是负责任的行动；那些与品格、终生之善相关的判断与评价只对这样一些成年人来说才是恰当的，他们已经形成了一种品格，已经选择了一种生活，并能够对其终极的目标和价值进行慎思。亚里士多德有关动物行动的论述展现了教育的这样一种路向：“教育过程并不开始于仅仅受到因果影响而被操纵的被造物，而是开始于一种按照认知和欲望对其世界有选择性地进行回应的被造物，而且，这样一个被造物的运动是根据它自己对事物

---

① 赵倞：《动物（性）——传统与现代之间的人性根由》，北京大学出版社 2013 年版，第 177 页。

的看法,以及在那些看法下它对事物的欲望来说明的。"①由此看出,亚里士多德关于动物与人都具有共同的自愿行动的说明,显示出他并不是在否定的意义上评价动物性,而是对某些伦理态度和伦理实践的动物性基础的说明,正是通过对动物行动的理解凸显出慎思选择的伦理意义与教育的道德价值。教育要培养的是能够对周遭世界进行解释、对其中的事物有欲望并通过行动来合理地满足自身欲望的人,而不是残忍地压制他们的欲望。即培养个体能对价值进行慎思,能理智地做出选择与判断,有能力按照自己的选择过一种好的生活。亚里士多德将意向性和选择性置于关注的中心。

亚里士多德有关动物行动的论述让人们意识到:欲望与知觉在行动中具有激发作用,拒绝将动物的行动视为不用头脑的机械事情,人类存在也是爱和欲望的产物,欲望不是一种完全原始的东西,它涉及有选择性地关注世界中的对象,还涉及同样具有选择性地回应那些关注。如果只是将道德定位于理性选择与判断,即便一个人聪明乃至具有沉思的智慧,也不会有(比如说)文雅、勇气和爱这样的东西,缺少这些,他的生活也不会是好的生活。"因为没有感觉的存在物就不是人类……若有这样一个人,对他说,没有什么东西是快乐,也没有什么东西不同于另一个东西,那么他就说不上是人。"②因此,在亚里士多德那里,本能欲望的活动在最好的人类生活中具有内在价值。

如果说亚里士多德让人们意识到动物性如何成为道德品格发展的基础,尼采的身体观则是对将人性定义为理性的颠覆。他指出,"从前灵魂蔑视肉体,这种蔑视在当时被认为是最高尚的事:灵魂要肉体枯瘦、丑陋并且饿死。它以为这样便可以逃避肉体,同时也逃避了大地。"尼采认为,那种通过抛弃一切感官的、肉体的事物,通过抛弃他动物的过去,只关注精神而向更高一级

---

① [美]玛莎·C.纳斯鲍姆:《善的脆弱性——古希腊悲剧与哲学中的运气与伦理》,徐向东、陆萌译,译林出版社 2019 年版,第 440 页。

② [美]玛莎·C.纳斯鲍姆:《善的脆弱性——古希腊悲剧与哲学中的运气与伦理》,徐向东、陆萌译,译林出版社 2019 年版,第 479 页。

发展,是错误的。① 因为它否认了肉体,也剥夺了自己的来源及极端的对立者。如果说灵魂将肉体视为不洁的、贫乏的,缺乏精神,从肉体的角度来看,抛开肉体的灵魂也是贫乏的、空洞的,是不实在的、苍白的和虚幻的。只有灵魂与肉体同在,灵魂才能够越来越丰富,肉体才成为身体,进而成为身心统一体。做到这一点就意味着要"超越""人",从对自我生命力、生命意志的肯定中产生超出人类的事情。"超人不是那种超级人,超人就不是人,不是个体,而是一种活动的名称、一种个体的积极性的名称。这种活动有着超越出去和回归自我的一般性结构。"②尼采重构了"灵"与"肉"、人与动物的新模式,使人重新理解自我、走向自我、成为真正的人。这也就意味着,一个整体的、真正的人就是灵肉一体的人。

尼采基于灵肉分离、精神宰制肉体所存在的问题,将身体作为旗帜,召唤生命意志。德里达则通过与动物(猫)的目光接触而感受自己的"被动性",进而促发对动物可能受苦的思考,将人与动物带入同一平面。阿甘本提出"后历史的人性","人本身将与他的动物本性相和解"③。在他看来,人唯有蜕除了自己原有的本能欲望的神秘,才会从与自然的关系中解放出来。"他是自由的,自由到可以随时死去,他卸下了自然加在他身上的神秘,挣脱了生命的锁链;这份神秘不是消融了,而是被退还给了自然;剪断了与自然母亲之间的脐带,人由此获得新生。"④海德格尔常说,人性从动物性中"开敞"。人并不是从与禽兽相区别的"几希"中去做超人,恰恰是为了成为人,必须步入人与动物的"中间"之地先行化为"非人"才能成为人。

---

① [德]A.彼珀:《动物与超人之间的绳索:〈查拉斯图拉如是说〉第一卷义疏》,李洁译,华夏出版社 2006 年版,第 58 页。

② [德]A.彼珀:《动物与超人之间的绳索:〈查拉斯图拉如是说〉第一卷义疏》,李洁译,华夏出版社 2006 年版,第 57 页。

③ 赵倞:《动物(性)——传统与现代之间的人性根由》,北京大学出版社 2013 年版,第 183—185 页。

④ 赵倞:《动物(性)——传统与现代之间的人性根由》,北京大学出版社 2013 年版,第 188 页。

新的人—动物观启示教育:对人性的理解要从存在意义的角度展开,而不是从超越存在的意义上定位;完善人性并不意味着否定人的欲望、肉身与动物性,而是要让个体了解人性的各个维度,进而通透地了解自己,洞察自身所处境遇以及自己所行之路,从而能依照自己的真实天性前行;把由欲望出发而想要的转化为值得向往的,把实际欲求的东西转化为合理期盼的,合理地满足自己的欲望,过有德性的生活;进而使受教育者成为自己行动的主体——自我教育者——既是自己行动的创造者和发起者,又是对自己行动的管理者。

(三) 增进每个学生的利益总量:衡量教育道德的最终标准

为了受教育者在学校以及未来能过上幸福的生活,为了完善他们的人性,教育是否满足学生的需要、是否增进他们的利益以及在什么程度上满足他们的需要与增进他们的利益成为评价教育道德性的指标。因为,增进受教育者的利益是教育可及性的表现,是教育完善人性的现实化,是教育价值实现的基础和环节。

1. 增进每个受教育者的利益总量何以成为衡量教育道德的根本标准

当道德规范之间发生冲突时,需要依据道德原则做出选择,道德标准则是为解决各种道德规范之间的冲突而提出的。例如,一个人看见一位被歹徒追杀的无辜少女藏身于某处,当凶手问及是否看见少女时,他的选择便面临着两种道德规范的冲突:如果告知少女藏身之所,就会违背救人的道德原则;如果欺骗凶手以救人,就违背了诚实这一道德规范。应该怎么办? 显然应该欺骗凶手以救人,救人相对于牺牲诚实更为重要,这一选择显示出牺牲较不重要的道德规范而遵守更为重要的道德原则。以此来看,当道德原则之间出现冲突时,应牺牲比较根本的道德原则而遵守更为根本的道德原则,并最终应该服从最为根本的道德原则,即道德第一原则或道德终极标准。① 那么,道德第一原则或最根本的标准是什么? 要回答这一问题,首先需要厘清道德目的是什么,因为道德原则是为道德目的服务的。

从人类社会的历史来看,道德目的可分为特殊目的与普遍目的。在不同的社会境遇中,人们由于特殊的道德目的而形成了具有地方性的、特殊的道德规范。例如,许多原始部族由于食品不足以养活不断增加的人口,就制定和奉行了某些行为规则以避免所有人饿死。这些特殊道德规范的特殊目的在一定时期内有一定的合理性,但却无法普遍推广,而且为了避免所有人饿死这一道德目的也不可能作为道德的终极标准。随着社会的不断变迁、道德圈的不断扩大以及权利的发明,道德目的具有了普遍性,进而要求道德规范亦具有普遍性。而且,为了更好地生活,人类不但需要建构普遍的底线道德与引导美善生活的美德规范,而且需要形成处理各种道德规范、道德原则冲突的最终的道德标准。如穆勒(John Mill)所指出的:"有一个基本的原则或法则,作为全部道德的基础……这一个原则是在各种原则之间发生利益冲突时进行判决的尺度。"②

从现代社会的治理来看,功利主义的"最大多数人的最大利益"原则是西方政治道德基础的主导理念,相对于古代等级社会,维护最大多数人的最大利益比维护少数人的利益更为人本、人道。但是,由于这一思想隐含着牺牲少数人的利益以维护多数人利益的风险或不义,也可能存在少数人的利益总和大于多数人的利益总和的情况,坚持"最大多数人的最大利益"原则的局限性就暴露出来了。借鉴正义原则、帕累托最优原则,结合启蒙愿景以及现代社会的核心价值追求,道德最终的普遍目的或终极目的应是增进每个人的利益总量,其推理逻辑为:凡是增进全社会和每个人利益总量的行为,都是应该的、道德

---

①　王海明:《新伦理学原理》,商务印书馆2017年版,第187页。

②　P. Louis, *Ethical Theory: Classical and Contemporary Readings*, second edition, USA: Wadsworth Publishing Company, 1995, p. 172.

的;凡是减少社会和每个人利益总量的都是不应该、不道德的。此外,当不发生利益冲突或发生利益冲突而可以两全的情况下,无害一人地增加利益总量;当发生利益冲突而不能两全的情况下,采用"最大利益净余额"和"最大多数人的最大利益"标准。"最大利益净余额"意味着"两害相权取其轻""两利相权取其重";"最大多数人的最大利益"意味着在发生利益冲突不能两全时,只有牺牲最少数人的利益以保全最大多数人的利益才最接近"保全或增加每个人的利益"。

结合前述观点来看,教育作为促进个体与社会发展的社会实践活动,衡量其道德的最终的或最根本的标准应是增进每个受教者的利益总量,并体现于教育政策、制度、管理以及课程、教学等各个层面与维度。由于教育不同于经济等社会实践活动,它通过培养人、促进学生的发展来实现最终目的。因此,衡量教育道德最终目的的标准应体现于学生发展的指标上。

2. 重构教育正义以增进每个受教育者的利益总量

当增进每个受教育者的利益总量体现于学生发展时,凸显的是教育的本真价值,同时要求教育进行正义转型或重构。

从对学生的发展要求与教育正义的追求来看,在物质匮乏、人对人依赖的古代社会,其正义主要表现为在社会等级中各司其职以维护共同体的善,如柏拉图《理想国》中的正义观以及儒家的"正""义"思想。在这种情况下,教育主要通过发挥伦理教化功能、培养受教育者的美德服务于政治,并不存在现代意义上的公平或正义问题。因为,如果教育服务于已确立的等级制及其主流意识形态而轻视、忽视或遮蔽其他方面的事情,讨论一种教育诸物品的正义分配是没什么意义的。[①] 在人对物依赖的现代社会,正义主要表现为应得正义、对权利尤其是私人财产的保护。与其相应,教育正义体现在获得受教育权以

---

① [美]沃尔泽:《正义诸领域》,褚松燕译,译林出版社 2009 年版,第 232 页。

及相应的政策、制度与资源配置,其着力点在于扩大教育规模、提高教育效率以满足市场经济对人力资本的需要。随着工具理性以及效率至上对社会诸领域的殖民并导致人的异化,"必须推翻使人成为被侮辱、被奴役、被遗弃和被蔑视的东西的一切关系"①,这一点被人们普遍认识。而且,随着物质财富的增加以及科学技术的加速发展,经济不再是评价社会运行效果与人民生活质量的唯一标准,分配正义被能力正义超越,人的发展与自我实现越来越受到关注。因此,对教育有了更高要求,以扩大规模为特征的外延式发展转向以重视质量为核心的内涵式发展。在此意义上,教育亦需要由基本的分配正义走向以"人"为中心的能力正义,为每个学习者提供适合的、有质量的教育。

能力正义首先是由阿马蒂亚·森(Amartya Sen)提出的。森认为:一种系统的正义观不仅要回答"什么是利益的公平分配",同时要回答"什么是人们的真实利益","如何发展"与"发展为了什么"。森虽然承认功利主义可使效用最大化具有合理性、罗尔斯(John Rawls)正义论分配两原则具有正当性,但这两种理论都忽视了从自由的视角来看待贫困、不平等和社会运作业绩。在森看来,基本善(包括权利、资源、机会、收入和财富、自尊的基础等)的分配,只是可获得自由的手段而不是个体所拥有的实际自由的程度;②生活质量应该不是根据财富而是根据自由来衡量。森强调以人为中心,其最高的价值标准是自由。③ 自由是发展的首要目的,也是发展的手段或条件。自由并非仅仅是程序,主要指向的是人们所拥有的、享受有理由珍视的那种生活的"可行能力"。森认为:"不能把人们看作仅仅是发展过程所带来的利益的接受者。

---

① 《马克思恩格斯选集》第1卷,人民出版社2012年版,第10页。
② [印]阿马蒂亚·森:《再论不平等》,王利文、于占杰译,中国人民大学出版社2016年版,第93页。
③ [印]阿马蒂亚·森:《以自由看待发展》,任赜、于真译,中国人民大学出版社2002年版,第3页。

负责的成年人必须承担自己的福利；应该由他们来决定如何使用他们的可行能力。"①换言之,森认为罗尔斯关注的仅仅是"基本善",终究还是落入了"商品拜物教"这一陷阱。财富是达到目的的手段,自由才是目的。只有当拥有的财富能够使人获得更多的人生选择和行动计划,才意味着得到了更多的实质自由。②

可行能力不同于舒尔茨(Thodore Schults)提出的人力资本。森认为,人力资本关注的是主体在扩大或提高生产可能性方面的作用,而可行能力则聚焦于人们去过自己珍视的生活,以及去扩展真实选择的能力,也即实质自由。③换言之,人力资本主导下的教育投资关注的是提高人在商品生产中的效率,这也是市场社会中个体接受教育与获得收入的依据。然而,教育的功能并不限于此,一个人还可以从教育中获得非生产性能力,比如阅读、交流、辩论、以更知情的方式做出选择和获得别人的认真对待。④ 森认为,发展涉及教育、卫生保健、经济繁荣等各个方面,而人力资本概念只集中注意到了整个人类生活画面的一部分,发展人类可行能力可超越人力资本概念,使人们在具有更高的生产力的同时享受一种有价值的生活。

之所以强调可行能力,与森对正义、自由与责任的理解密不可分。他认为:"正义思想的最重要的意义,在于用来识别明显的非正义——对此是可能理性地达成一致意见的——而不是用来推导出现成的公式,说明世界应该如

---

① ［印］阿马蒂亚·森:《再论不平等》,王利文、于占杰译,中国人民大学出版社 2016 年版,第 288 页。

② 叶晓璐:《纳斯鲍姆可行能力理论研究——兼与阿马蒂亚·森的比较》,《复旦学报(社会科学版)》2019 年第 4 期。

③ ［印］阿马蒂亚·森:《以自由看待发展》,任赜、于真译,中国人民大学出版社 2002 年版,第 292 页。

④ ［印］阿马蒂亚·森:《以自由看待发展》,任赜、于真译,中国人民大学出版社 2002 年版,第 292—293 页。

何精确地管理。"①在森看来,把照看一个人利益的负担加诸另一个人,会在很多重要方面造成问题;如果用社会责任取代个人责任的任何正面行动,也会不可避免地在不同程度上产生负面作用;人们自己必须承担起发展和改变他们生活于其中的世界的责任。②"'照管'个人的选择,与为个人创造更多的选择和实质性决策的机会,从而使个人能够在此基础上负责地行动,这两者之间是有区别的。"③相对于功利主义追求总量、罗尔斯关注分配正义,森更关注正义与发展之间的关系,他突破了发展与经济之间的关联,将自由的选择作为发展的一个重要指标,并将能力与实质自由关联起来。

纳斯鲍姆(Martha Nussbaum)认为,森虽然强调了可行能力的重要性,但因缺乏具体的列表而模糊不清。因此,她提出了内在能力、混合能力与核心能力。内在可行能力是一个人的特征,例如性格特征、智力和情感能力、身体健康状态、感知和活动能力,这种能力可通过训练、教育培养而形成,也可能受周遭世界的影响而变化。内在的可行能力在与外界的互动中形成了混合能力。人可以形成多种能力,为了过有尊严的生活,纳斯鲍姆认为在最低限度的意义上,十种核心能力是必须具备的。④

为了帮助学生学会过幸福而有尊严的生活,以能力进路重构教育正义,既肯定了分配正义之于学生发展的必要性、工具性,又关注了学生利益的实质性。没有教育分配正义,教育机会平等难以满足,会制约自由发展的起点,但也没有任何一种教育制度能够做到"一视同仁"——在满足教育机会平等的基础上也满足结果平等。因为,一旦进入学校,在需要、兴趣、动机、知识基础、

---

① [印]阿马蒂亚·森:《以自由看待发展》,任赜、于真译,中国人民大学出版社 2002 年版,第 87 页。

② [印]阿马蒂亚·森:《以自由看待发展》,任赜、于真译,中国人民大学出版社 2002 年版,第 284—285 页。

③ [印]阿马蒂亚·森:《以自由看待发展》,任赜、于真译,中国人民大学出版社 2002 年版,第 285 页。

④ 王国豫、荆珊:《从诗性正义到能力正义——努斯鲍姆正义理论探究》,《伦理学研究》2016 年第 1 期。

理解力等方面存在差异与多样的学生,就必然开始把自己与其他人区别开来,真正的教育应该是因材施教而不是削足适履。因此,教育能力正义可超越内含物质决定论的分配正义①,激发教育内部的活力,释放每一个人的潜力,真正关注每一个人的发展能力,真正实现增进每个学生的利益总量。

3. 将能力的形成作为衡量教育增进受教育者利益总量的主要指标

当教育正义采用能力进路时,这一定位一方面可与诸种教育目标叙事(如"德智体美劳全面发展""形成核心素养""完善人性")相融合,成为重叠共识;另一方面,因其对生活质量、幸福追求和教育本真价值的可实现性关照而为教育政策与实践提供更合理的指导。

能力意味着人认识自身、世界以及改造自身、世界的程度,意味着实际上能够做什么或能够成为什么样的人。能力不仅是受教育者素质结构的一个维度或要素,也是各种教育目标的可实现性表征。无论教育知识的内化、情感与态度、个性倾向性(包括需要、动机、兴趣、理想、信念和世界观等)的表达程度,还是全面发展与核心素养的水平、完善人性的展现,幸福的获得、生活与生命质量的提高以及自我与正义的实现,在一定程度上都与能力一体两面。也是在此意义上,能力成为衡量教育增进学生利益总量的根本指标。同时需要注意的是,作为衡量教育道德指标的能力是集群性的、混合的、复数的,也是伦理道德的。能力的集群性意指它是一种集合天赋、兴趣、爱好、需要、意志、知识、练习、经验等多方面因素而成的实践结果,并因个性特征不同而具有内在性(内在可行能力),在周遭世界互动中表现出综合性或混合性(综合能力或混合能力),以及在此基础上形成的适合不同社会领域的专业性能力(生产性能力)。

---

① 程天君:《以人为核心评估域:新教育公平理论的基石——兼论新时期教育公平的转型》《华东师大学报(教育科学版)》2019 年第 1 期。

　　这里需要指明的是,当能力与教育正义、完善人性、学会过幸福生活一体两面时,能力的伦理道德维度是不可忽视的。换言之,能力既是衡量教育正义、教育道德的根本性指标,也是衡量受教育者是否具备过有尊严幸福生活的基本条件。

第五章 道德上受过教育的人①

在战争中,现实把掩盖着它的语词与影像全都撕碎,以便在它的赤裸与严酷中凸显自身。严酷的现实(这听起来就像同义反复!),严酷的事实教训:在存在闪现的一刹那,幻象的帷幕燃烧起来了,作为纯粹存在之纯粹经验的战争爆发了……暴力主要并不在于损害和毁灭人;它更在于中断他们的连续性,使人们扮演着那种他们在其中不再能够认出自己的角色;使他们背叛:不仅背叛诺言,而且背叛他们自己的实质;使他们完成那些要把行为的一切可能性都摧毁的行为……②

战争的明见性就保持在一种本质上伪善的文明中……从这个伪善中不仅要识别出人的偶然的卑劣缺陷,而且要识别出一个同时既属于哲学家又属于先知的世界的深层分裂。③

——伊曼努尔·列维纳斯

---

① 本章主要观点可参见闫旭蕾:《道德上受过教育的人》,《教育研究与实验》2020 年第 6 期。

② [法]伊曼纽尔·列维纳斯:《总体与无限:论外在性》,朱刚译,北京大学出版社 2016 年版,"前言"第 1 页。

③ [法]伊曼纽尔·列维纳斯:《总体与无限:论外在性》,朱刚译,北京大学出版社 2016 年版,"前言"第 5 页。

古今中外的思想者在探讨人类社会、城邦与国家的政治大善时,皆与个体道德的小善及其养成结合起来。我国古代先儒强调"修身、齐家、治国、平天下",柏拉图与亚里士多德着力于美德与城邦至善之间的内在关联,并将理想的实现寄托于教育。不仅古代思想者如此,洛克、卢梭、康德、杜威等现代思想者亦是如此,育德成为古代教育的主旨、现代教育的灵魂。教育不但要促使个体形成与社会发展相适应的道德品质,而且还要使其成为道德上受过教育的人;教育不但要培养受教育者的道德,而且自身也应该是道德的。然而,从既有研究来看,人们多着力于培养受教育者的道德,却未对"道德的人"与"道德上受过教育的人"、"道德教育"与"道德的教育"之间的区别进行充分探究,制约了德育的致思路径。

一、"道德的人"与"道德上受过教育的人"

"道德的人"(moral person)与"道德上受过教育的人"(the morally educated person)不同。前者突出的是个体德性的状态,其行为"符合"道德规范,满足了人们某种程度上的道德期待;后者强调系统的教育或教育在个体道德形成中的作用及其所育之德的独特性。"道德的人"可能是教育的结果,没有接受系统的学校教育的人也可能是"道德的"。反之,接受了系统的学校教育的人也可能是不道德的。这里之所以提出"道德上受过教育的人",意在强调适应与促进社会发展所需要的道德从来都不是先在的、自然形成的,而是被构造、制造出来的一种存在样态。在口语文化与游牧文化、农耕文化中,个体道德的形成主要通过传统习俗、家庭与社会濡染而养成,教育培育个体道德的特殊功能并未成为问题。伴随着人类进入现代社会,个体的生存与生活境遇较之古代发生了根本性转变,如何在道德上培养社会所需要的新人这一问题才愈加显现出来。

伴随着现代化进程,对于西方人来说,其所生活的"社会"既不是古代由

"公民同伴"组成的城邦,也不是滕尼斯带着怀旧情感构造出来的美好"共同体",而似乎是一个由熙熙攘攘的"陌生人"组成的、拥挤且有些冷漠的世界。对生活在改革开放中、处在现代化新阶段中的多数中国人来说,从"乡土社会"中走出来进入城市谋生,从生产队、人民公社与国有企业中走出来又再嵌入企事业单位中,他们的出发点虽不同,却与西方现代人遭遇了相似的现代性。"陌生人社会"与"熟人社会"的不同之处主要表现为:市场经济和社会分工置换了小农经济,机械化生产代替了手工制作,社会运作充满了程序性、反思性和非人格化特征①。伴随着现代社会这一人类历史上的又一次大转型,无论是儒家伦理道德传统、社会主义的集体主义道德模式,还是西方的基督教伦理,都无法为现代市场社会提供一个牢固的道德基础;传统习俗、家庭与社会的濡化已不能满足现代社会所需要的道德教育,德育需要重构。鉴于此,西方近现代思想者在建构其政治理论和经济理论时提出了与之相应的德育理念,如洛克的绅士教育、卢梭的公民教育、亚当·斯密的道德情操论和道德教育。

---

① 李猛认为现代社会有三个特征:(1)程序性。在现代社会中,许多互动过程的进行是借助某种程式化和类型化的做法。这一点突出地体现在科层制和现代市场交易中。"抽象社会"的这一特点还进一步体现在诸如"程序正义"这样的制度安排中,也就是说,价值理性(如公正、平等)的实现经常要依循程序的方式才能获得保证。(2)反思性。在现代社会中,与程序性相关的一个特点是反思性,或者说是观念性和超然性。在抽象社会中,许多具体的互动和认同(identity)过程往往需要借助各种超越具体情境的框架,特别是各种以书面形式存在的话语体系。尽管在传统社会中,互动与认同也经常需要借助超情境的因素,但这些因素往往可以还原为行动者对具体情境的经验。但在现代社会中,这种还原过程几乎是不可能的,互动与认同所涉及的绝大多数抽象框架(既包括观念、知识,也包括技术和做法),很难还原为具体情境中的个人经验。用卢曼的话说,在现代社会中,不能再在社会互动(social interaction)的层面再现"社会"(society),随着社会的演化,在互动与社会之间出现了分化。而且,现代社会的"反思性"还进一步体现在各种超情境框架的重要组成部分就是针对自身的再生产机制和言说机制(例如各自有关方法的方法、程序的程序或者理论的理论),因此,反思性不仅仅是现代社会的心态特征(反省),也是制度或社会机制的特征。(3)非人格化。在现代社会中,绝大多数互动过程涉及的机制、知识或观念,都与个人的具体特征或人际的具体关系无关。而且更进一步说,这些机制赖以运作的基础正是对人格关系的克服。这与传统社会中的互动主要建立在个人特征和人际关系的基础上形成了鲜明的对照。详见李猛:《论抽象社会》,《社会学研究》1999年第1期。

　　洛克认为,每个绅士应在"德行、智慧、教养和学问"四方面教育他们的孩子,其中三个方面关乎德育(智慧除了纳入德育范畴外,部分亦可纳入智育范畴)。在洛克那里,"良好的德行"主要包括两条:以理性克制欲望,培养个体必需的、良好的性格习惯。洛克的绅士德育其实是当时新兴资本家所需要具备的道德品质,是市场社会、自由资本主义经济所需要的性格特征,里面充满了"世俗性",旨在帮助个体更好地"入世",这与前现代社会对个体的道德要求截然不同,因为其通常与宗教信仰或其他超世俗的终极实在有关。

　　与洛克不同,卢梭的德育理念更具有"革命性"。他不只强调培育"高贵的野蛮人",而且还在着力于契约社会所需要的公民教育,为他所倡导的美德共和国奠定微观基础。卢梭认为:"没有自由,祖国就不能生存,没有德性就没有自由,而没有公民则德性也不能存在。如果你能形塑公民,你们将拥有一切。"①在卢梭那里,只有通过培养成熟的公民才能使公意产生。因为,只有具有健全判断能力的公民们在互不沟通的情况下独立地对各种相关信息进行考量,并形成自己对公意的不同理解,才能从投票中产生公意,进而通过自由协议建构国家或"一个道德的共同体"。为培养公民,卢梭将教育分为家庭教育和公共教育两部分。家庭教育的内容主要集中在《爱弥儿》和《新爱洛漪丝》中,公共教育的内容主要散落在《论政治经济》《社会契约论》《关于波兰政体的思考》《致达朗贝尔的信》等作品中。家庭教育针对的是个体(individual),以人的自然为依据,旨在引发人的内在良知。在《爱弥儿》前三卷,卢梭将爱弥儿放在乡下,避免"偏见、权威、需要、先例以及压在我们身上的一切社会制度"扼杀其天性,保护其自然自由,并沿着意志与感觉、知觉与现象、理智与情感等次序进行阶段性教育,形成个人德性——单纯、诚实和端庄。在后两卷中,卢梭通过爱的教育,通过游历各民族和国家,让爱弥儿把握它们之间的差异,洞察各自的优点与不足,认识政治自由。在附录中,卢梭将爱弥儿置于极

---

　　①　[法]卢梭:《论政治经济》,崇明译,载刘小枫编:《政治制度论》,华夏出版社2013年版,第162页。

端处境之中,使其旅行中乘坐的商船被海盗劫持,爱弥儿失去了人身自由,成了别人的奴隶。在极端困境中,爱弥儿依靠自己的理智来调节欲望和激情,使享有道德自由成为可能,自己做自己的主人。通过经受现实生活中的极端考验,爱弥儿将作为人的道德自由与作为公民的政治自由化为真正的内在自由。

洛克、卢梭的德育思想告诉我们,个体在道德上受过相应的教育才能满足相应的社会道德秩序的需要。也是在同样的思路取向上,约翰逊(Conrad D. Johnson)就"多元社会中道德上受过教育的人"进行了论述。他指出,按照普通法则中对"理性人"的要求,只有为数不多的人才能达到。① 为了在多元社会中达成必要的共识、形成一致的社会秩序,他认为需要在道德上培养人的抽象思维能力。为此,他区分了道德思考和判断(moral thinking and judgment)的两个层次:一是非常具体的规则和戒律(fairly specific rules and precepts),不同族群在这方面可能存在巨大差异;二是更为基本的、抽象的、普遍的原则和目标,如罗尔斯的正义原则。约翰逊认为,这两个层次对于道德生活都是必不可少的,第二个层次是批判性反省第一层次的依据。一个道德上受过教育的人既要有按照具体要求去做事情的内在动机,又知道如何运用更宏观的、更抽象的道德原则对具体规则进行推理。为了平衡和整合这两个道德层次,约翰逊认为:"道德上受过教育的人在必要时,会就第一层次的道德要求提出具有批判性和反思性的问题;如果不需要,他们也不会对理论或抽象原则进行推敲或考量。"②

---

① "他是一个有着理想的、标准的、满足好公民应该具有的恰当品质的人……他是那种总是看着他要去的地方的人。比如,当他接近活板门或码头边缘时,他既不仰望星空,也不陷入沉思;在跳跃之前,他会仔细地观察眼前情况……他既不在公共汽车移动时上车,也不在火车开动时下车……在爱抚狗狗之前,他会先了解狗狗的过往和习性……他从不咒骂、赌博或发脾气;除了适度,他什么也不用,甚至在他鞭打他的孩子的时候,他也只是按照中庸之道进行思考。" Conrad D. Johnson, "The Morally Educated Person in a Pluralistic Society", *Educational Theory*, Vol. 31, No.3&4, (Summer/Fall 1981), pp. 237-250.

② Conrad D. Johnson, "The Morally Educated Person in a Pluralistic Society", *Educational Theory*, Vol.31, No.3&4, (Summer/Fall 1981), pp. 237-250.

结合洛克、卢梭以及约翰逊的思想可以看出,他们强调受教育者道德与社会发展的适应性,或者说是在"应然"的层面强调受教育者的道德素养。无疑,教育在道德上培育个体时发挥"维护"与"促进"两种功能。前者着力于"再生产",后者强调"重构"与"更新"。即教育一方面促使受教育者形成某种社会秩序再生产所需要的道德素养;另一方面又要促使其形成新的道德素养,以应对社会变化、转型或不确定性的生存境遇而导致的道德问题、道德困境。从教育现实情况来看,学校通常多着力于第一方面,第二方面相对较弱。因为,"学校组织作为一种社会机构,它的根本目的是再生产主流社会文化所需要的惯习。其他文化由于不符合统治集团所规定的成功和成就标准,因而被排除了出去。学校组织总是试图为学生提供一种机会,以引诱学生形成适合于统治集团所需要的惯习"①。然而,社会变化的脚步不可阻挡,"再生产"模式的局限性以及个体如何在道德上接受教育的问题就凸显出来。因此,教育在培育个体的德性时应保持一种警觉,反思个体在道德上所接受教育的合理性,追问何谓道德上受过教育的人。

二、"道德上受过教育"何以成为问题

(一)来自"受过教育的人"的道德问题

卡尔·雅斯贝斯(Karl Jaspers)在《时代的精神状况》(1933年)中指出:"一百多年来,人类状况的问题愈益紧迫起来。每一代人都曾经从自己的角度尽力解决这个问题。但是,以往,仅仅是少数人焦虑地思考我们的精神世界所面临的危险,而现在,大战以后,这种危险的严重性已是人人都看清楚了。"②现

---

① 张新平:《教育组织范式论》,江苏教育出版社2001年版,第331页。
② [德]卡尔·雅斯贝斯:《时代的精神状况》,王德峰译,上海译文出版社2005年版,第1页。

代人的精神世界问题与现代社会的诞生相伴而生,并随着其深化逐渐凸显出来。其主要根源在于,现代科学、技术、哲学、艺术与经济一起碾去了神学外壳、隔断了人与超验之间的纽带之后,当"经济冲动"催生出的消费主义、享乐主义剥去了世上万物的神圣色彩之后,世俗的、大众的文化难以为人们提供终极意义,导致现代人精神迷乱、信仰虚无。对此,丹尼尔·贝尔一针见血地指出,"现代主义的真正问题是信仰问题"①。这一问题在教育领域亦未能幸免,并从"艾希曼们"、美国"藤校"的"优秀的绵羊"、中国"精致的利己主义者"以及犬儒主义者身上体现出来。

阿道夫·艾希曼(Adolf Eichmann)是执行犹太人大屠杀"最终方案"的主要负责人,把600万犹太人移送到集中营。作为纳粹高官,艾希曼的能力不可谓不强。然而,其令人困扰与深思之处在于:他的内心既不充满仇恨也不癫狂,也没有无尽的嗜血欲。但可怕的是,在执行大屠杀的过程中,他竟然不受良心的谴责与折磨。他为何如此? 阿伦特通过旁听对艾希曼的审判得出的结论是:艾希曼的恶不是根本的恶、绝对的恶,而是"平庸的恶"或"恶的平庸"(the banality of evil)。这一观点阿伦特在《思考与道德考虑》一文中进行了清楚表达:"几年前,当我在记录耶路撒冷的艾希曼审讯时,我谈到'平庸的恶',它指的不是理论或学说,而是非常实在的事情,大规模犯下的罪行现象,它们无法追溯到作恶者的邪恶、病态或意识形态信念等特殊性上,作恶者仅有的个人特点或许是一种超乎寻常的浅薄。不管做出的行为多么残暴,作恶者既不残暴也不是恶魔,人们在他身上、在他审讯期间和警察盘问期间的表现上,只能找到完全消极的东西:不是愚蠢,而是令人匪夷所思地、非常真实地丧失思考能力。"②

---

① [美]丹尼尔·贝尔:《资本主义文化矛盾》,赵一凡等译,生活·读书·新知三联书店1992年版,第15页。

② Hannah Arendt, "Thinking and Moral Consideration:A Lecture", *Social Research*, Vol.38, No3 (Fall 1971), p.417. [美]理查德·J.伯恩斯坦:《根本恶》,王钦、朱康译,译林出版社2015年版,第267页。

在阿伦特看来,艾希曼在道德和智识上是空洞的,内心是虚无的,这些使他丧失了对自我意识与行为责任的判断能力,成为恶的无意识服从者,成为没有个性的死亡执行官,成为最恶劣的罪犯。艾希曼的行为动机也显示了这一点,他不盲目地反犹,也不仇恨犹太人,甚至也不是基于深层的意识形态信念,而只是进行最世俗和微不足道的考量:提升自己的职务,取悦上级,向其证明自己可以又快又好地工作。在此意义上,他的动机是平庸的也是"人性的,太人性的"(human-all-too-human)。恶的平庸性在德国纳粹身上普遍存在,正是这种最世俗、最平庸的考虑,使"艾希曼们"犯下了骇人的罪行,也导致了"总体性道德崩溃"。

艾希曼身上体现的是"不思考""不能反思""逃避思考"或"自发性的彻底缺失",这一点是"恶的平庸"的特征。更令人震惊的是,这种恶无须根植于任何意识形态,它作为一种"现代性后果"已不受限制地扩散到全球。就如经常有人说,每个人心里都有一个艾希曼,每个人都只是系统中的一个"机器零件"。其间,负责任的行为与不负责任的行为之间的区别模糊了,来自权威的利益"诱惑"与"自由选择"共谋导致道德错位,"人类"或"人性"、人的尊严在恶的平庸中被失去了意义。

"不思"、"平庸"与"缺乏深度"不仅体现在"艾希曼们"身上,在当代美国"藤校"中"优秀的绵羊"那里也存在,只不过呈现的方式不同。这些名校学生成绩优异、多才多艺,他们知道如何讨好自己的老师和教练,懂得如何跟自己父母的朋友调侃,他们彬彬有礼、口若悬河、八面玲珑。然而,他们却不能从容地去发展一段深刻的感情,不能与自己建立深层的关系,人生的目的和内心的热爱从未被给予尊重,从未被思考和探索过,他们不擅长关注与他们有内在联系的事物,因为对"成功"持续不断的追求使他们"无暇""无力"去做这些。在未入名校前,他们为获取入学资格而奋斗;进入名校后,他们要参加各种课外活动,积累证书,为自己的简历加分,陷入新一轮的竞争。他们不再为了学习而学习,那些纯粹的追寻者、思考者以及学术怪才成了"另类",如一位耶鲁学生所说,"耶鲁并不能够善待探索者"。① 结果,在接受过名校教育后,他们不是更有个性和创造性,却变得更具"同质性"。因为害怕失败,他们很难做出与众不同的选择,他们追求相同的东西,做相同的事情。毕业之后,他们继续为取得名誉或利益而奋斗,否则就将会是一个"失败者"。

面对名校学子的内心问题,德雷谢维奇认为这是令人难以接受的。"我们现在的教育系统培育出了高智商、有成就的二十几岁年轻人,但却没有教育他们领悟生命的追求,他们甚至不知道如何去寻找生命的意义。他们按部就班地生活,缺乏生活的想象力,在内心深处,他们也缺乏勇气和自由来创造自己的道路。"②而且这些问题并非美国专属,美国高校的录取标准和条件已经影响了全世界。在这些地方及其国家,即便大多数学生未能出国留学,但他们的成长之路及其精英心理状态却是相似的。在中国,钱理群教授将其称为"绝对的、精致的利己主义者"。所谓"绝对",是指一己利益成为他们言行唯一的绝对的直接驱动力,为他人做事,全部是一种投资。所谓"精致"是指他们有很高的智商、很高的教养,所做的一切都合理合法、无可挑剔,他们惊人地世故、老到、老成,故意做出忠诚姿态,很懂得配合、表演,很懂得利用体制的力量来达成自己的目的。钱理群教授指出,"绝对的、精致的利己主义者"的问题的要害在于,他们"没有信仰,没有超越一己私利的大关怀,大悲悯,责任感和承担意识",只将"个人的私欲作为唯一的追求、目标",其实是将自己套在"名缰利锁"之中,是自我的庸俗化。

在不断追求成功的过程中,长时间的紧张、焦虑使有些学生的精神与心理出现了问题,北京大学精神科主治医师徐凯文将其称之为"空心病"或"价值观缺陷所致心理障碍"。③"空心病"看起来像是抑郁症,情绪低落、兴趣减退、

---

① [美]德雷谢维奇:《优秀的绵羊》,林杰译,九州出版社2016年版,第10页。
② [美]德雷谢维奇:《优秀的绵羊》,林杰译,九州出版社2016年版,第21页。
③ 徐凯文:《买椟还珠的时代与"空心病"》,2016年11月28日,https://mp.weixin.qq.com/s/wk_gbg_EHa_itGbrMNiKCw。

快感缺乏,但如果按抑郁症进行治疗,药物将会失效甚至无效,传统的心理治疗效果不佳。患者通常人际关系良好,取得了非常优异的成绩,但他们却有强烈的孤独感和无意义感,他们有强烈的自杀意念,而且自杀意念可能从初中、高中时已出现。"空心病"令人深思之处在于,患者往往是非常优秀的学生或孩子,他们似乎很多时间都是为了获得成就感而努力地生活、学习和工作。但当那些追求的东西得到的时候,他们的内心还是空荡荡的,于是就有了强烈的无意义感。追求成绩、获得成就感似乎是一种瘾,他们在不断追逐成绩的过程中确认自我,同时因为过分专注于成绩而失去了自我,与自己以及周遭的世界和人失去了真正的联系。

如果说"优秀的绵羊""空心人"在追求成功之路上伴随着寻找人生意义、丧失自我的痛苦,"精致的利己主义者"还有所"追求","犬儒主义者"则一方面对权威保持一种不反抗的清醒和一种不认同的接受,另一方面又是盲目地追求私人利益的虚无主义者。怀疑是他们的生存策略,即便自我的本真性对他们而言也失去了意义。他们回避一切精神形式,他们似乎无所不知,但又什么都不相信。他们对周围的一切似乎都感兴趣,但没有任何事情能让他们欢欣鼓舞,他们将幸福目标化约为安全和舒适。

总括艾希曼、"优秀的绵羊"、"精致的利己主义者"以及犬儒主义者身上所存在的精神问题,其主要表现如下:

1. 盲从—不思。阿伦特认为,艾希曼的恶与他"不思考""不能反思""逃避思考"或"自发性的彻底缺失"密切相关。德雷谢维奇笔下的"优秀的绵羊"可以高分完成学业,却不懂得独立思考。① 在钱理群教授看来,"精致的利己主义者"也是缺乏独立思考能力的。不思与盲从一体两面。艾希曼因服从权威而不思,"优秀的绵羊"因受制于"三驾马车"而不思,精致的利己主义者因急功近利而不思,犬儒主义者否认思的意义。当个体盲从权威时,个体就变成

---

① ［美］德雷谢维奇:《优秀的绵羊》,林杰译,九州出版社 2016 年版,第 8 页。

了权威的代理行动者而易于放弃自己的责任。当个体盲目追求"三驾马车"时，手段置换了目的，就会削弱人性。

2. 世俗—空洞。当职位、"三驾马车"等成为个体的追逐对象时，当这些外在目标似乎成为生活—生命中最重要的事情时，当个体将自己的努力、意志、智慧与情感也聚焦于这些目标时，心灵就弱化了对超越与神圣的关注，甚至也不再从自身出发，而成为达到目的的手段。当追逐外在目标成为一种惯性，当畏惧失败的焦虑与恐惧绑架了心灵，当自我物化获得了认同，就意味着生活的手段置换了生命的目的，生命的丰富性被化约，心灵被抽空，个体无力与神圣的精神世界进行对话，无力领悟生命深层的意义与价值。

3. 冷漠—疏离。米格拉姆实验揭示了"艾希曼们"的心理特征：盲从、"不思"易使个体漠视他人的痛苦，诱发好人为恶；对外在权威的服从代替了个体的选择与判断，行为因遵从权威具有了合法性，进而疏离了自我与周遭的世界。当个体不思时，其思想并未在世界中扎根、深耕，个体的行为或心灵也因之缺乏根基。对个体利益的追逐也易于导致对周遭世界的冷漠与自我存在的疏离。如托克维尔早已指出的："每个人都只顾自己的事情，其他所有人的命运都和他无关。对于他来说，他的孩子和好友就构成了全人类。至于他和其他公民的交往，他可能混在这些人之间，但对他们视若无睹；虽然他触碰这些人，但对他们毫无感觉；他的世界只有他自己，他只为自己而存在。在这种情况之下，他的脑海里就算还有家庭的观念，也肯定已经不再有社会的观念。"①

无疑，这些道德问题所引发的后果是引人深思的。"艾希曼们"被工具理性洗脑后丧失了主体性，不思考、良知沉睡，致使动机平庸者成为大屠杀者、办公室犯罪者，昭示了工具理性所带来的灾难以及部分人性的丧失。"优秀的绵羊"和精致的"利己主义者"们的精神面貌则昭示着手段置换目的后所存在的问题——精神不健全，"空心病"是其极端表现。当然，这些问题只是受过

---

① ［美］理查德·桑内特：《公共人的衰落》，李继宏译，上海译文出版社2014年版，扉页。

教育的人道德症候的某些表征,现实状况更为复杂,表现形式也更为多样,如消费主义、享乐主义、颓废主义等,它们与"空心病"在精神世界建构方面存在着家族相似,心灵缺乏"根基"。这些问题究其实是现代性的产物,其背后的问题是人的欲望与贪婪,是自我中心主义的产物。这个"自我",或是人类,或是民族,或是国家,或是阶层,或是个体。无论何种层面的中心主义,已标示出一种危险的、可能造成人类与自我毁灭的盲目性,同时已向人们发出了这样的警示:自我主义无疑将使年轻一代的心灵荒芜。①

（二）过有尊严生活的需要

如继续追究部分受教育者出现"空心"现象的原因,其背后则是启蒙理性的物化意识以及现代人的世俗追求。按照现代性方案的原初设想,人在获得永恒真理的同时实现普遍的人类解放,人从神与自然的奴役中解放出来。人被构造为至高无上的主体,这意味着每一生命个体的"理性的解放",意味着对"个性"的承认,意味着权利的保护与自由的行使,意味着人是目的而不是手段。然而还需要注意的是,启蒙理性是在人与自然、主体与客体、自我与他者之间建构了二元对立的关系,理性是征服他者以保全自我利益的工具。换言之,启蒙运动在建构人类解放的同时蕴含着新的物化意识。启蒙思想者试图通过自由市场经济、科学技术和民主政治打造大众的幸福,这不同于古代哲人设想的通过人内在灵魂的德性力量铸造人的幸福。因此,现代人在身体、内驱力、灵魂和精神等方面发生了本质性转变,其精神气质和心理结构被重置。

关于现代心灵秩序所发生的转变,在曼德维尔、亚当·斯密那里表现为自利获得了正当性,他们进行了"欲望的道德重建",并认为商业可以改善人的行为、促进政治体制进步;马克思将其描述为"一切等级的和固定的东西都烟

---

① ［日］池田大作、［英］汤因比:《汤因比与池田大作对话录》,荀春生、朱继征、陈国梁译,国际文化出版公司1999年版,第52页。

消云散了,一切神圣的东西都被亵渎了"①;波德莱尔认为,没有了固定、永恒、神圣的东西,剩下的只有"现在""当下""瞬间";舍勒认为,工商精神气质战胜并取代了超越性价值取向的精神气质。伴随着现代社会的发展,韦伯所揭示的具有禁欲色彩的新教伦理,让位于维尔纳·松巴特(Werner Sombart)所揭示的"贪婪摄取性(acquisitiveness)。

换言之,现代秩序在社会和个体层面构成了两重性。前者以理性为原则,后者以感觉为主导;前者表现为社会性形式化制度规范的建构,后者则呈现为个体感性和欲望的伸张;②打通二者的是工具理性、世俗追求和货币等价物。即二者皆着力于生存而不是生命,关注物或财富的增长而不是精神追求。

无疑,物的追求与增长会影响人对周遭世界、社会和自身态度。其正面影响表现为:现代经济发展使自由、平等、民主与法治成为现代社会的核心价值,形塑了公民的道德能力,尤其是交互视角、公共理性的形成;经济的独立性使人具有了将自己提升到最高思想境界的物质力量,促使个体成为自主、自治与自我负责的个体,个体成为自我的主人。然而,随着交易关系对人们生活诸领域的侵入,财富成为标明个人地位与卓越的标准,金钱成为现代人生活最直接的目标,人们对金钱的渴望成了一种持续的精神状态。如阿尔弗雷德·马歇尔和约翰·斯图亚特·穆勒所指出的:"经过一定的时间,新财富常常会失去它的很大一部分光泽。部分原因在于习以为常的结果。""人们不只是想要财富,而是要比别人富裕。"③

着力于生存而不是生命,关注对物的占有而不是精神追求,这是现代社会运作的后果。如阿伦特所论述的:"近代以来的资本主义社会本质上是古希腊意义上的私人领域的扩大,它使经济这类'仅仅为了活着'的活动占领了人

---

① 《马克思恩格斯选集》第1卷,人民出版社2012年版,第403页。

② 李佑新:《走出现代型道德困境》,人民出版社2006年版,第22、24页。

③ [美]本杰明·M.弗里德曼:《经济增长的道德意义》,李天有译,中国人民大学出版社2013年版,第84页。

类生活的中心,并将人类的所有活动拉入到维生的维度。"①在现代资本主义社会,由于社会生产力和社会分工的深化,人的社会关系主要以商品和市场("物")为中介,人"对物依赖"代替了"对人的依赖",人的自我认同依赖于自身的"有用性"或"市场价值"。一旦"物"或货币成为自我关系结构与社会结构之间的中介,加之职业、身份、居所及其背景的不稳定性,对物的占有度而不是个体在代际、族群或宗教的神圣体系中的坐标位置成为人确定自我的标准,那么,"物"之于个体的意义已不局限于生存维度,而成为塑造个体性情、安置心灵秩序的价值基础。然而,对物的占有、财富与经济的增长并未给人们带来所期待的幸福,却使人陷入"新的奴役"。这种奴役一方面来自人在征服自然、向自然攫取资源时遭到的反噬,如康拉德·洛伦茨所列举的文明人类的八大罪孽②;一方面人在追逐物的过程中所带来的自身异化等一系列问题。

现代人所遭受的"新奴役"是人造的、系统性的、制度化的、充满理性主义的世界对个体所进行的"铁笼"般的身心宰制,是人类中心主义、利益至上的后果。其核心在于将人们的生活态度与生命价值变成可设计的、可计算的、可测量的与可物化的,人的价值通过商品的一般等价物(货币或金钱)来衡量。在这种"新奴役"下,人不再信赖自己的精神追求,也不再从精神追求出发,精神被用作达到目的的手段,人真正的自由意志被扭曲甚至被摧毁。韦伯曾经

---

① 蔡昱、龚刚:《从畏死的恐惧看人的境况——三论节制欲望的共产主义和人类文明再启蒙》,《学术界》2019 年第 6 期。

② 洛伦茨列举的文明人类的八种罪孽:(1)因为在"地球这个宇宙飞船"上生存空间缺乏,致使人口过剩给不受管束的侵犯行为以原动力;(2)对环境的破坏竟达到了只能听任污染而不能恢复其原貌的地步;(3)不受管束和无限制的增长导致人类正走向种族自灭;(4)药物及技术的使用已经使得所有自然的善失去了其本性,造成了感情上的骚动不安和知觉上的麻木疲惫;(5)由于对生育以及其他遗传学的研究结果的无知、盲目和漫不经心,导致了遗传蜕变;(6)仅仅因为传统的重要性及其功能、作用没能立即显示出来,就破除传统或将传统价值予以抛弃;(7)对广告、洗脑宣传以及科学知识具有可灌输性与易感受性;(8)核武器的增多(这种增多本可以通过裁减核军备而轻易地加以消除)。洛伦茨宣称,"人口过剩、商业竞争、周围自然环境的破坏,以及精神错乱(这导源于我们对周围事物的感受能力的减弱)","所有这一切"加在一起便彻底剥夺了人们区分正确与错误的能力。见[奥]康拉德·洛伦茨:《文明人类的八大罪孽》,徐筱春译,安徽文艺出版社 2000 年版,第 242—243 页。

指出:"我们这个时代,因为他独有的理性化和理智化,最主要的是因为世界已被除魅,它的命运便是,那些终极的、最高贵的价值,已从公共生活中销声匿迹。"①

雅斯贝尔斯认为:"人是精神,人之作为人的状况乃是一种精神状况。"②当人的精神状况出现问题时,人自身就出现了问题。为了过有尊严的生活,人需要将自身从对自然的奴役反噬中解放出来,需要从自我的异化中解放出来,需要从"空心""虚无""恐惧""消费主义""快乐的沉溺"中解放出来,需要从唯生的生存路向中解放出来,让人在实现自我、与周遭世界的和谐共处中获得尊严。"主体的黄昏""人之死"是现代性的后果,如果要过有尊严的生活,需要反思现代道德建构以及现代道德教育,需要重构道德教育的路向,需要重新定位道德上受过教育的人的形象。

三、道德上受过教育的人之特征

鉴于现代人身上存在"盲从—不思""世俗—空洞""冷漠—疏离",鉴于教育的"空心化",为了祛除人的异化生存状态,道德上受过教育的人应"以思阻恶","成为负责的主体","维护人性的尊严"。这样的探索思路一方面是对前述既有问题的回应,另一方面也是对相关研究梳理后的选择。

(一) 以思阻恶

如前所述,当不思成为现代人精神问题的表征时,"能思"就成为道德上受过教育的人的首要特征。继之而来的问题是何谓思? 思什么? 怎么思? 思

---

① [德]马克斯·韦伯:《学术与政治》,冯克利译,生活·读书·新知三联书店1998年版,第48页。

② [德]卡尔·雅斯贝斯:《时代的精神状况》,王德峰译,上海译文出版社2005年版,第3页。

如何阻止人为恶？从苏格拉底到康德、黑格尔、谢林、阿伦特等,他们都给出了不同的答案。

1."恶"之诸观点

通过"思"祛恶、过有意义的生活是苏格拉底的哲学生活实践。他认为,如果一个人知道对错而仍作恶是不可能的,不经反思的生活是不值得过的。他在《高尔吉亚》篇中曾提出三个非常自相矛盾甚至让人难以相信的论断:遭受不义要比行不义好;犯罪被惩罚要比逍遥法外好;为所欲为而不受惩罚的暴君是不幸福的。对此苏格拉底给出的理由是:不义者、罪犯和暴君因其行为要遭受不和谐的作为"一"的我,就像一个人被迫与自己的敌人生活在一起,并被迫与他进行日复一日的交流,没有人想要那样的生活。也是在此意义上,人不单单是理性的动物,还是思考着的动物,在思考中人性的品质被证实了。之后,柏拉图、亚里士多德就理想城邦进行了设计并基于此对个体道德提出不同的要求,并认为理性是达致善的必要条件。

再之后,康德创造了"根本恶"这一概念,超越了传统伦理道德对恶的理解,并提供了祛恶的可能路径。① 在基督教中,人类因祖先偷吃禁果而有原罪,人性中的恶是普遍存在的,人需要赎罪才能获得救赎。康德对恶的探究不是在宗教意义上展开的,他认为人"真正的恶在于,当偏好怂恿我们去行恶时我们却不愿意反抗,这种意向才是真正的敌人"②。人性中这种不愿意反抗恶行的理性倾向才是真正的恶,是德性的真正敌人,这种"向恶的倾向"被康德称之为"根本恶"。在康德那里,一个人作恶与否,意力是唯一的根源,善恶都与人的意愿准则有关。"意力"与"意志"不同。"意力"是指人自由选择的能力,"意志"是自由的法则,是意志的规范性方面。两者的关系在于,意志是意

① ［美］理查德·伯恩斯坦:《根本恶》,王钦、朱康译,译林出版社 2015 年版,第 12 页。
② 高明:《论康德"根本恶"之思想 —— 兼论汉娜·阿伦特对根本恶学说的发展》,《温州大学学报·社会科学版》2012 年第 6 期。

力中强烈而无所不在的诱因的根源,如果意力将足够强烈的诱因纳入其选择的准则,意志就"能够决定意力",因为"它是实践理性本身"。① 换言之,在康德那里,恶的根源不是人的自然倾向,一切罪、恶行与德性都起源于(自由的)意力。"……在善或恶这两种状况之间,无论人是什么或将成为什么,都必须由人本身来造就,或者必须是他本身已经造就的。任何一种状况都必须是他(意力)的结果;因为若不然,他就不能为这一状况负责,从而可能在道德上既不是善的也不是恶的。如果说人被创造为善的,这可能无非是说:他被创造为向善(for good)的,人的原初禀赋(predisposition)是善的;因此,他并非在实际上已经是善的了,恰恰相反,他成为善的还是恶的,这取决于他自己,这取决于他是否将原初禀赋所包含的诱因纳入他自己的准则(这一行为必须完全听任于他的自由选择权)。"② 故,在康德那里,无论是谁,只要把道德法则纳入他的准则,并将其置于优先地位,他在道德上就是善的;反之,他优先考虑的是其他非道德的诱因(包括同情),他在道德上就是恶的。康德虽然论述了"根本恶"的普遍性,但却拒绝人是"邪恶的存在"。因为,如若人本质上是邪恶的,那么就不会存在道德性了。因此,祛恶的路径在于促使理性战胜偏好、意志反抗恶行,将尊重法则或义务的思想变成一个人品行(conduct)的充分动因。如他在《实践理性批判》中举的例子:一旦浪荡者得知他获得激情满足的代价是绞架时,他就很快准备放弃这种满足。

康德之后,黑格尔、谢林、弗洛伊德、列维纳斯、阿伦特等人也探讨了恶,并分别就"思"或理性与"恶"之间的关联进行了论述。

黑格尔认为,将人的自然天性定为善或恶是虚假的。同样,说人性既是善的又是恶的,也是一个浅薄的说法。他断定,没有认识或知识,就没有善或恶;

---

① [美]理查德·伯恩斯坦:《根本恶》,王钦、朱康译,译林出版社 2015 年版,第 14—15 页。

② [美]理查德·伯恩斯坦:《根本恶》,王钦、朱康译,译林出版社 2015 年版,第 16—17 页。

那些遵循欲望和本能、滞留在欲望领域的人,以自然的直接性作为其法则的人,是恶的。因为,"作恶意味着我与普遍者(理性、法则及精神的规定)隔绝开来,我以这样一种方式把我自己独特化"①。如此,道德恶就是将自我对立于普遍之物,它是精神实现的一个必要环节、一个不会留下疤痕的伤口。在黑格尔那里,人是一种排他性的、有限性(依存性)的存在,通过反思"有限只是真正的自我运动的无限总体性的一个环节"可理解无限,无限内在于有限之中。这也就意味着,祛道德恶需要具有从有限到无限的"更高立场",一种"真正辩证的"转变。即,放弃个我的独特性和主观性,成为一个能够进行普遍思考的精神的存在。在此意义上黑格尔与康德有相似之处,道德恶就是个体对自我主义(康德称之为"自爱")的恣意维护,其对立面是普遍之物,祛恶则是通过理性走向普遍。

谢林也认为自我意志是人类身上恶的根源,"自由是致善和致恶的可能"②。所不同的是,谢林关于人的自由的论述在核心上是一种关于恶的形而上学,③他是在宇宙的和形而上学的体系中探讨自由与恶的。如齐泽克对谢林的评价:

> ……善恶都是根据与实存的统一方式;就恶而言,这种统一是虚假的,被颠倒的——怎么会?想想今天的生态危机就够了:其可能性是人类的分裂本性所开启的——即人同时是有生命的有机体(且因此是自然的一部分)和精神实体(因此占据比自然更高的位置)。如果人只是两方面中的一面,危机就不会发生:作为自然的一部分,人可以是与环境共处的有机物,捕食其他动植物的野兽,但正因如此,人也就是自然循环中的一部分,也就无法威胁自然;而作为一个精神性的存在者,人对于自然抱有

---

①　[美]理查德·伯恩斯坦:《根本恶》,王钦、朱康译,译林出版社 2015 年版,第 75 页。

②　[德]马丁·海德格尔:《谢林论人类自由的本质》,薛华译,辽宁教育出版社 1999 年版,第 147 页。

③　[德]马丁·海德格尔:《谢林论人类自由的本质》,薛华译,辽宁教育出版社 1999 年版,第 148 页。

一种在沉思中加以理解的关系,毋须为了物质剥夺的目的而积极介入自然。致使人的实存这样爆裂的是这两个特点的结合:在人为了自身目的支配自然、推动自然的努力中,"规范的"动物性的唯我主义(在敌对环境中从事实存斗争的自然—生命机体的态度)被"自我阐明",被如其所是地论断,被提升为精神权力,从而愈演愈烈,被普遍化为一种争取绝对支配的品性,它不再服务于实存目的,它本身就变成了目的。这是真正的恶的"倒错":在此,"规范的"动物性的唯我主义被"精神化"了,它把自身表达在词语的媒介中——我们处理的不再是模糊的冲动,而是最终"发现自身"的意志。①

谢林的探讨表明,人打破了根据与实存的统一,从动物性的唯我主义到精神性的意志的转变,导致恶的产生;恶与自由之间存在无可摆脱的关联,自由是善与恶的权力。② 谢林对恶的理解是富有洞见的,他既拒绝将恶解释为匮乏,也不主张通过理性的扬弃将恶消弭于更高的统一体中,而着力揭示自由与恶的联结及其现实表现。在今天看来,这些表现可包括人类中心主义、个人主义、极权主义和恐怖主义,它们以自身特殊的意志强加于他者。如果说恶与自由密切关联,如何祛除恶? 对此,谢林一方面怀疑任何一种哲学的或理性主义的理性,充分认识到理性的脆弱,另一方面他又寄希望于秩序井然的规则。

谢林有关恶与自由、黑暗力量、无意识之间的阐述在尼采、弗洛伊德那里得到更为深入细致的研究。在尼采那里,好坏与善恶对峙,恶是由憎恨体现出来的。贵族阶级的价值方程式是"好=高贵=有力=美丽=幸福=上帝宠儿",而相对的所有以教士为代表的低下、卑贱、平庸和粗俗的人因与贵族的距离而对其充满仇恨,并因首先创造性地掌握了价值转化的权利实现了价值颠倒。尤其在犹太—基督教那里,无能的教士作为世界历史上最伟大的仇恨者声称

① [美]理查德·J.伯恩斯坦:《根本恶》,王钦、朱康译,译林出版社2015年版,第112—113页。
② [美]理查德·J.伯恩斯坦:《根本恶》,王钦、朱康译,译林出版社2015年版,第114页。

"只有苦难者才是好人,只有贫穷者、无能者、卑贱者才是好人,只有忍受折磨者、遭受贫困者、病患者、丑陋者才是唯一善良的、唯一虔诚的,只有他们才能享受天国的幸福"。① 换言之,在尼采那里,善恶是对贵族式的好坏区分的反应,教士阶层用"恶"命名和谴责任何被贵族认为是好的事物。对于教士阶层所创造的价值颠倒,尼采意识到,一方面它是阻挡通往自杀性虚无主义的道德,以及奴隶道德可能导致"末人"的出现;另一方面它使现代道德基础弥漫着一种危险而阴毒的憎恨,进而表现于个体的、社会的、政治的和文化的各种形式之中,并产生了毒性恶化般的危险后果。

基于善恶所存在的问题,尼采以超越一种天真的贵族式的高贵伦理超越善恶,其中的"超越"不是超验而是一种内在超越。因为教士阶层道德的胜利是对人心加工的胜利,是憎恨骑士贵族精神的胜利,其根本特征在于内化奴隶道德的核心价值——"负罪、良心、义务的神圣"等,忏悔、良心谴责"在人的发展过程中扮演了建设性的角色"。② 因此,要超越教士阶层的奴隶道德也应从内心开始。按照尼采文本的逻辑,人要实现超越首先要认识自己,因为"我们没有自知之明,我们是认识者,但并不认识我们自身。这里的原因很清楚:我们从未追寻过我们自己,因此,怎么可能发生我们有一天忽然认识自己的事呢?"③"要认识你自己"不是尼采的发明,自苏格拉底起许多哲学家都表述过这一点,但尼采是第一个斩钉截铁地认为:"我们必定是没有自知之明,我们不理解自己,我们肯定把自己都看错了。'每个人都是最不懂自己的人'。"④然而,人要认识自己、理解自己、明了自己何以把自己看错了,这是非常困难

① 〔美〕理查德·伯恩斯坦:《根本恶》,王钦、朱康译,译林出版社2015年版,第130页。
② 〔美〕理查德·伯恩斯坦:《根本恶》,王钦、朱康译,译林出版社2015年版,第145—147页。
③ 〔德〕尼采:《道德的谱系·善恶的彼岸》,谢地坤、宋祖良、程志民译,漓江出版社2000年版,第3页。
④ 〔德〕尼采:《道德的谱系·善恶的彼岸》,谢地坤、宋祖良、程志民译,漓江出版社2000年版,第3页。

的，因为"人往往把自己很好地保护起来，提防自己，提防刺探和围困，他往往除了他的外围工事以外不再能觉察到自己"①。又或者，人已习惯而不再觉察到来自它们的伤害。而且，人的精神世界是由词和概念编织起来的，人们在运用词与概念时已内化了其中蕴含的善恶。如要反思、颠覆教士道德对人的奴役，就要追问何谓善恶，就要追问人在什么样的条件下形成了善与恶的价值判断，就要反思这些价值判断的价值又是什么，以及它们如何阻碍了人类的繁荣，如何成为生命的困苦、贫弱、退化的标志。而要做到这一点，就意味着要反思、质疑与重构自己的终极语汇。对此，尼采并未通过诉诸理性基础或形而上学根基来进行道德批判，而提供了"重述"策略。通过富有想象力的再描述，包括讲故事、生动的范例、创造性的虚构等，冲破种种"常规"，打破陈规陋习以展开新的可能性，进而重构善恶，将意志转变为肯定性的、创造性的意志。

简言之，尼采通过对"善恶"起源及其危险性的思考，探索超越善恶的可能性——"只有通过辩证地穿透并超越善恶道德才能实现；只有通过真诚地认识到被拯救的意志是一种自我矛盾的意志、一种虚无意志，才能够实现；并且，最终要将这一意志转变为创造性的、肯定生命的意志"②。然而，只有少数天赋卓越和健康的个体才能实现这种超越，因为真正高贵的典型的人是不断"自我征服的人"，是渴望在灵魂内部重新扩大距离并"形成更高、更罕见、更远、更广阔的状态"的人。③

2. 人为何作恶

前述哲人虽然探讨了道德恶及其祛除路径，但对人为何选择作恶尚未有深入解释。对此，弗洛伊德作出了贡献，被称为有着"道德家的心智"④。他通

---

① [德]尼采：《人性的，太人性的》，杨恒达译，中国人民大学出版社 2005 年版，第 268 页。
② [美]理查德·伯恩斯坦：《根本恶》，王钦、朱康译，译林出版社 2015 年版，第 156 页。
③ [德]尼采：《论道德的谱系·善恶的彼岸》，谢地坤、宋祖良、程志民译，漓江出版社 2000 年版，第 277 页。
④ [美]理查德·伯恩斯坦：《根本恶》，王钦、朱康译，译林出版社 2015 年版，第 163 页。

过探讨"图腾与禁忌""文明与野蛮""本我、自我与超我"等之间的关系,认为道德律和道德良心的来源要追溯到作为禁忌之基础的精神矛盾,道德良心诞生于超我和自我之间的紧张关系。弗洛伊德认为,远古的父亲是一个无限恶的存在,他占领部族中的所有女性并放逐年轻的男子(包括他自己的儿子)。兄弟们不堪忍受暴君般的父亲,为了获得权利和性满足,他们将父亲杀死并在图腾餐上把他吃了。弗洛伊德认为这一事件成为社会组织、道德、政治和宗教的起源。谋杀事件发生后,兄弟团体憎恨父亲的情感得到了满足,但对父亲的爱戴和敬重之情却让他们产生罪感与悔恨;为了避免重蹈父亲的覆辙,兄弟们为保证彼此的生命而宣称不再使用对付父亲的方式来对付他们中的任何一个人,父权制群落被兄弟制氏族所取代,对父亲的罪感成为宗教,悔恨之情附在其上,并由此产生了禁忌良心(taboo conscience)。

> 良心是一种内在知觉,它将对运行于我们内部的一种独特愿望予以回绝。然而需要强调的是,这种拒绝并不需要诉诸其他任何事物的支持,它"完全是自我确证"(certain of itself)的。这一点在内疚意识中体现得更加清楚,这种内疚意识是指我们对于那为了实现一种特殊的欲望而做出某种行为后产生的内部谴责的知觉。对此提出的任何理由都似乎是多余的:因为任何有良心的人在内心里都必然会觉得这种谴责是合理的,都必然会觉得应对那已经实施的行为进行自责。在野蛮人对待禁忌的态度中,我们也能发现与此相同的特征。那是一种由良心发出的命令;对它的任何违背都会产生一种可怕的罪感,其产生是必然的,但其起源却是未知的。①

在弗洛伊德那里,良心产生于欲望与罪感、悔恨的矛盾之中,并以超我攻击本我的形式出现。换言之,基于弑父而形成的图腾禁忌逐渐发展成为文明社会的宗教信仰、道德规范,它们以超我的形式被个体内化,成为自我的内部

---

① [美]理查德·伯恩斯坦:《根本恶》,王钦、朱康译,译林出版社 2015 年版,第 170 页。

权威来控制、弱化或消除个体的攻击欲望。内部权威就像被征服的城市里驻扎的军队一样监视自我，自我因惧怕权威的攻击而克制本能。需要注意的是，弗洛伊德虽然认为良心在一定程度上可以阻碍恶的发生，但却不可以根除恶，因为诱惑不可以根除。因此，人们无法遏制或充分理性地控制恶，而不得不学着忍受恶，以及忍受本能诱惑与良心之间这种深层的、不可根除的矛盾情感。也因此，弗洛伊德拒绝这样的观念——在教育影响和文明环境下用好的倾向替代他们。

然而，奥斯维辛集中营中所发生的恶超越了从苏格拉底到弗洛伊德对恶的定义，显示出与传统伦理、道德的决裂。它是一场通过系统动员、运作与执行的大屠杀，是一场环环相扣、有条不紊的大屠杀，是一场运用高科技、犹太领袖参与协作的大屠杀，它的发生使之前的道德标准彻底崩塌。因为，大屠杀不是出于自私或自爱，不是自由意志的选择，而是集体之恶、社会系统性之恶；不是邪恶之徒之恶，而是众多"平常人"之恶。如阿伦特所说："西方传统一直有这种先入之见：人所能做的罪大恶极之事出自'自私'之恶。但是，我们知道，最大恶或根本恶与这种人性可理解的作恶动机不再有任何关系。"①大屠杀之后，恶被列维纳斯、约纳斯和阿伦特重新诠释。列维纳斯认为，人们永远也不能充分了解或理解大屠杀之恶，它超越并断裂了人们的理解范畴。为此，他不从"思"而从"责任"的角度提供祛恶的可能，关于这一点后面会进行阐述。约纳斯完善了列维纳斯的有关恶与责任的洞察，他也着力关注人的责任。

相较于列维纳斯、约纳斯，阿伦特更着力揭示大屠杀何以可能，她试图理解这一不可理解之事，试图理解极权统治的"逻辑"中体现出来的恶，并试图探讨思维活动"是否就是避免人作恶，或者在实际上'决定'我们与罪恶行为作斗争的条件？"②大屠杀是阿伦特终身研究的主题，她一次又一次地回到这

---

① ［美］理查德·伯恩斯坦：《根本恶》，王钦、朱康译，译林出版社 2015 年版，第 253 页。

② ［美］汉娜·阿伦特：《精神生活·思维》，姜志辉译，江苏教育出版社 2006 年版，第 3—4 页。

个问题,直到生命终结。大屠杀令阿伦特震惊之处在于,它使传统伦理道德坍塌,消除了人类良知的自发性,改变了人性,既有恶的理论无力解释它。集中营作为一种现代性大屠杀,是在科学的条件下将人变为一种纯粹的事物,转变成连动物都不如的东西,它不仅消灭了犹太人的身体、人格尊严,也消灭了纳粹党卫军作为人的自发性、个体性,使他们丧失了对恶的识别能力,将对无辜者的屠杀当作最"正常"不过的事情接受下来,他们所犯下的罪行超越了既有法律而成为一种新类型,他们的恶也超越了传统之恶而成为一种新类型,阿伦特将其称之为"平庸之恶"。

平庸之恶与传统之恶或康德所提出的"根本恶"的不同之处在于,后者包含了恶的意图、动机,具有内在深度,而前者却缺少这些因素的充足支持,因为参与大屠杀的"艾希曼们"并未出于人的理由而杀死其他人,他们只不过是大屠杀系统中的部件。"平庸之恶"源于极权主义制度,在权力归属于一人、恐惧作为行动原则的制度运作中,在工具理性的精密安排下,人的自由、个性丧失殆尽,留下的只有所谓上帝般的超人意志。极权主义极端蔑视人之为人的尊严,它不是把人性视为终极目的,而是当作可根据罪恶的私意被任意加以改造的工具,导致人性的真正改变进而失去了反思能力,最终完全蜕化为服从罪恶制度的附庸。① 那些平常值得尊重的人们毫不困难地接受了纳粹的法则——杀人是出于种族考虑的道德义务,也毫不费力地适应了大屠杀这一体系,并犯下了骇人之罪行。面对平庸之恶,阿伦特在生命的最后十年里不断进行探索,探讨发挥思考活动的作用已使人们放弃恶、反对恶的可能性。

3. 思何以阻恶

在求索过程中,阿伦特认识到康德关于"求知"与"思考"、"理性"与"知性"区分的重要性。"思"或思维(thinking)不同于求知或知识的确证,推理和

---

① 高明:《论康德"根本恶"之思想 —— 兼论汉娜·阿伦特对根本恶学说的发展》,《温州大学学报·社会科学版》2012 年第 6 期。

论辩是外在于"思"的;"思"不是追求真理、寻求知识,而是追问意义;"思"也不是考虑(deliberation),考虑通常被认为会得到一个有形的结果,而"思"不会产生确定的成果,甚至也不能教会人们什么。阿伦特认为,自苏格拉底和柏拉图以来,"思"通常被认为是一个人和自己进行对话。如果人放弃了这种自我对话,便不能做出道德判断;如果人人不愿思考,便会使大规模犯罪成为可能。"思"的外在表现不是知识,而是分辨是非、美丑的能力。

关于如何进行"思",阿伦特认为苏格拉底具有代表性,尤其是关于他的三个隐喻:"牛虻"、"助产士"和"电鳐"。苏格拉底希望像"牛虻"一样唤醒城邦的公民去思考、去审查事物,使城邦处于不断深思和反省之中。在他看来,没有经过思考的人生是不值得过的。他希望自己能像助产士一样,帮助他人产生思想,清除那些未经审查的"意见"或偏见。他认为自己像电鳐,总是不断使自己处于瘫痪状态,用自己的困惑麻痹碰到的任何人。① 苏格拉底所扮演的三种角色向人们展现了思的方式及其影响:通过追问何谓"道德""正义""幸福"等问题,促使人们深思、反省甚至消解那些已经被语言(作为思考活动的中介)凝固在思想中的东西,促使人们重新审查甚至取消已接受的所有教条和规则的意义。

苏格拉底将对意义的追寻称为"厄洛斯",是一种爱,一种爱智慧的需要。人之所以爱恋着智慧并进行哲思,是因为缺乏智慧,希望通过爱与它建立一种关系。既然这种追寻是一种爱与渴望,思的对象就是值得爱的事物——美、智慧、正义等。因此,当人们进行思时,丑与恶就会被审视、逐出。就思考经验来看,由于人们经常被其他人所做的和所信奉的裹挟而去,思考常常是社会与个体生活中的边缘之事。然而,一旦个体遭遇非常态事件,思考、判断、良知的重要性就显现出来,它们可能阻止恶的发生。

由上看出,从苏格拉底到阿伦特,他们对"思"能否阻恶进行了不同思考。

---

① [美]汉娜·阿伦特:《反抗"平庸之恶"》,陈联营译,上海人民出版社 2015 年版,第176—177 页。

苏格拉底相信"思"能阻恶,因为人们畏惧内心的不和谐,"思"意味着实践一种"爱智"的哲学生活方式。亚里士多德赋予实践德性以重要性,认为通过"明智""中庸"可抵"善"。康德、黑格尔指出善恶皆是意力的选择,虽然人为何选择恶是不可解释的,但通过理性克服自爱走向普遍是除恶的可能路径,"思"意味着一种通向普遍准则的能力。谢林、尼采与弗洛伊德揭示了恶与黑暗力量、憎恨、本能之间的关系,其中隐含着恶虽不可祛除但可以通过良知予以阻止的可能。阿伦特在揭示平庸之恶与不思的内在关联后,寄希望于"思"以阻恶,其"思"意味着提醒人们要从"不思"中觉醒、解除"不思"之蔽进而"能思"。然而,思考、思维、良知并非生而有之,否则苏格拉底就不需要扮演"牛虻"、"助产士"和"电鳐"。在制度性作恶的胁迫下,个体拒绝依附所需要的不仅仅是勇气,更需要一种审视制度、省思自我的"思"的能力。

不但大屠杀这一极端的恶促使人们"思",现代性后果的其他方面也促使人们去"思"。现代性使自利追求获得了正当性、权利至上具有了合法性,个体主义成为意识形态;它促使经济与社会秩序加速变化,改造了人生存的环境,甚至改造了人性本身;它催生了互联网并促使物质、消费、娱乐更为紧密地结合在一起,不但更强烈地煽动、点燃与诱导欲望,而且使其成为经济增长、国家竞争力增强的驱动力;它以自由主义与新自由主义为载体在实现效率最大化的同时征用着自由,使人们心甘情愿地奉献自己、供人剥削并幻想着是在自我实现①。在这样的境况下,个体若要超越物质主义的胁迫,从享乐主义、消费主义、物质主义与势利社会中抽身而出,不仅需要省思现代性后果及其价值序列的正当性,还需要具有追求生命的意义和价值、使自己内心充满存在感的能力。即,一个独立的德性实践者应具备的能力,用麦金太尔的观点来表达则是:"脱离欲望的直接性的能力、想象其他具有现实性的未来的能力、识别不

---

① ［德］韩炳哲:《他者的消失》,吴琼译,中信出版社 2019 年版,第 23 页。

同种类的好并做出真正实践判断的能力。"①而这些依靠习俗是无法形成的，它应是教育的结果，是道德上受过教育的主要表征。

（二）成为负责的主体

面对 20 世纪前所未有的恶以及现代性后果问题，哲学最紧迫的任务就是探索伦理和责任的意义。因为，大屠杀太让人震惊了，它通过实行"最终解决"/"消灭他者"打破了伦理与存在之间的关系，使良知、信仰、团结、苦难都失去了意义。然而，消灭者在消灭他者的同时引发了自我毁灭的动向。暴力的辩证法告诉人们：为他者负责其实就是在为自己负责。如珍妮·霍尔泽的名言所说，"保护我免受我所欲之害"（Protect me from what I want）。② 除了大屠杀，环境污染、人口爆炸、核威胁、恐怖主义等现代性后果，促使人不得不反思现代道德，"责任伦理"随之凸显出来。在新的时代—社会境遇中，个体要负的责任较之以往不同，因而应具有不同于以往的素养要件。因为负责不只是一种结果，是一个践行道德的过程、一种道德实践的方式，还是一个持续不断地通过修身、自我的技术建构负责任的自我的过程。

1. 为共同体负责

在传统社会，人的责任主要是个体对所在共同体或社会结构的责任。如在古代中国，个体是在"修身—齐家—治国—平天下"的框架下定位自己的人生目标，在君臣、父子、夫妇、弟兄、朋友等关系中尽责、实现自我；在古希腊，作为公民的个体通过参与公共生活以实现城邦的福祉、体现自我的德性（卓越）；在基督教中，个体则以自我救赎、荣耀上帝为天职。古代社会中的个体相较于现代人，特别关注人的德性，并将其视为人之为人的特征。"修身养性

---

① ［美］阿拉斯泰尔·麦金太尔：《依赖性的理性动物——人类为什么需要德性》，刘玮译，译林出版社 2013 年版，第 79 页。

② ［德］韩炳哲：《他者的消失》，吴琼译，中信出版社 2019 年版，第 22 页。

以成仁"是中国古代儒家思想的中心主题,"成""人"是中国古人修行的着力点。对古希腊人来说,"关注自己"是构成城邦生活也是社会及个人行为乃至于生活的艺术的重要准则,实则为"照看自己",专注于"智慧、真理以及灵魂的完善"。"关注自己"不仅是一种原则,还是一种持续不断的实践活动。如伊壁鸠鲁所说,一个人专注于他自己的灵魂,绝不会嫌早,也绝不会嫌迟。无论一个人是正当盛年,还是垂垂老矣,都应当浸没在哲学的沉思中。这是人一生都应致力的修为。① 基督教信徒更是围绕自我弃绝以获救赎而生活,获救是其自我关注的方式。古人之所以特别关注自身的德性,抑制欲望,追求卓越与神性,与性的反社会性以及人的居间性有关。

人之所以从动物中脱颖而出并成为万物之灵,是人在演化过程中不断加工自己身心的结果。人类对自我的加工不仅表现于直立行走、手的解放、工具的使用与制造,以及语言、理性、人际交往和社会组织能力的发展,还表现于性的管理及其道德秩序的建构。因为,"性在演化中是一种反社会的力量……当性繁殖被引入,群体成员就有了基因上的差异……引起的必然结果是利益的冲突……而这些冲突的结果是在利他主义和劳动力分工的程度上引起紧张和严格的限制"②。在一定程度上可以说,人类社会结构及其道德秩序是围绕着性的管理而建构的。弗洛伊德发现,即便是澳洲土著人,他们也是"尽其最大的努力,严厉而残酷地防范着乱伦的性行为。事实上我们几乎可以说:他们整个社会结构就是为了这个目的而设立,不然至少与之有密切的关系"③。

禁欲是建构道德圈与道德秩序的纽结,是个体认识自我、塑造自我、超越自我与认同自我的实践方式。通过禁欲,人一方面压抑自身本能与欲望,另一方面又彰显了自我的意志,实现了自我管理与共同体的治理。如罗马帝国时

---

① [法]米歇尔·福柯:《自我技术:福柯文选Ⅲ》,汪民安编,北京大学出版社 2016 年版,第 59 页。

② [美]唐娜·哈拉维:《类人猿·赛博格和女人——自然的重塑》,陈静、吴义诚译,河南大学出版社 2012 年版,第 72 页。

③ [奥]弗洛伊德:《图腾与禁忌》,文良文化译,中央编译出版社 2015 年版,第 3 页。

代的希腊作家普鲁塔克所说:"你必须持续不断地以这种方式学习这些原则,不管你的欲望和恐惧在何时觉醒,并且像狗一样咆哮,逻各斯会像主人一样说话,主人只要一出声,他的狗就会安静下来。"①禁欲对于古希腊人意味着自由,意味着没有成为欲望的奴隶。在古希腊,自由既是政治性的又是伦理的,对于城邦中的公民至关重要。因为,奴隶没有伦理,只不过是会说话的工具。禁欲之于儒家伦理道德也具有重要意义,男女授受不亲、男女之大防是构建伦理纲常的前提。否则,伦常混乱、家国失序。个体通过禁欲修身,走向齐家治国平天下,积小成以成大成,进而实现家和、国泰、民安。禁欲也是基督教等宗教的核心,教徒通过压抑性甚至弃绝自我以及对尘世的依恋来皈依上帝,践行博爱、平等,实现自我的精神升华。

禁欲是人努力压制自身的动物性朝向神性的中介,也是人对自身认识之后的选择。无论是孟子关于"人异于禽兽者几希"的判断,亚里士多德对"人是政治动物"的定位,还是女娲与上帝造人的神话,人已将自身置于天地、动物性与神性之间。人的这种居间性使人一方面希望远离动物性,但又不得不面对演化尽头的那只"猴子"。为了使人的行为与进化根源根绝开来,人一方面从外部为身体包裹上层层的文化外衣;另一方面通过"灵魂术"去协调灵肉冲突,如儒家的"戒惧慎独"功夫、西方古代的"自我技术"。

《中庸》有言:"道也者,不可须臾离也,可离非道也。是故君子戒慎乎其所不睹,恐惧乎其所不闻。莫见乎隐,莫显乎微,故君子慎其独也。"为了做到"戒惧慎独",儒者形成了三种"修身"进路②:第一种为经学进路,即以"身—事"为着力点来统摄意念和心来修身。其中"事"为关键点,主要表现为言行举止,并通过"礼"来进行。"礼"不仅是为政的大道,也是贤者、不肖者修身的

---

① [法]米歇尔·福柯:《自我技术:福柯文选Ⅲ》,汪民安编,北京大学出版社2016年版,第256—257页。

② 赖区平:《论儒家修身工夫的三种进路——从〈中庸〉戒、惧、慎独三义说起》,《哲学研究》2019年第11期。

准则。第二种为理学进路，以意念为焦点而统摄事、本体来修身。该理论的提倡者为朱子，强调"存天理灭人欲"，强调"敬（正心）—诚意（克己）—致知"三位一体。第三种为心学进路，以本体（心）为焦点而统摄事、意念来修身，强调"在本体上用功"，致良知、戒惧于本体、先天正心，其典型思想形态是阳明心学。

西方在古代和中世纪也发展出一系列修身功夫，福柯将其称之为"关注自己""照看自己"的自我技术。它"使个体能够通过自己的力量，或者他人的帮助，进行一系列对他们自身的身体及灵魂、思想、行为、存在方式的操控，以此达成自我的转变，以求获得某种幸福、纯洁、智慧、完美或不朽的状态"[1]。福柯认为，关于自我技术有三种模式：第一种是古希腊时期的以"认识你自己"为核心的模式。德尔菲神庙刻有"认识你自己"以劝诫那些向神请教的人：不要把自己的力量估计得过大，也不要与神的力量较量。[2] "认识你自己"在哲学思想中的诠释是柏拉图围绕苏格拉底展开的，苏格拉底是一个以促进其他人关心自己、照顾自己、不要忘了自己为志业的人。在《申辩篇》中，他对众法官说："（你们）为获得财富、声名及荣誉而处心积虑，对此你们不以为耻"，你们不用"智慧、真理以及灵魂的完善"来关注自己。[3] 苏格拉底的生死之交亚西比德也强调必须为灵魂操心，照顾身体并不是在关心自己，关注灵魂才是照看自己的最主要活动。[4] 这一模式着力于摆脱世俗现象、明了自己的无知，从而回到自身的本质、真理和存在，考察自身与他人、城邦的关系，采用的修身技术主要包括节制训练、良心和思想检查等。第二种模式是基督教模

---

① ［法］米歇尔·福柯：《自我技术：福柯文选Ⅲ》，汪民安编，北京大学出版社 2016 年版，第 54 页。

② ［法］米歇尔·福柯：《主体解释学》，佘碧平译，上海人民出版社 2019 年版，第 7 页。

③ ［法］米歇尔·福柯：《自我技术：福柯文选Ⅲ》，汪民安编，北京大学出版社 2016 年版，第 57 页。

④ ［法］米歇尔·福柯：《自我技术：福柯文选Ⅲ》，汪民安编，北京大学出版社 2016 年版，第 66 页。

式(指的是 3—4 世纪的早期基督教),以"自我否弃"为核心。教徒通过认识自己心里正在发生的事情、承认过错、揭示欲望、自我惩罚,与自己、过去、世界彻底割裂,将上帝的形象烙在思想上,以实现灵魂净化、获得救赎。第三种模式是希腊化模式(以斯多葛派为代表),以"自我关注"为核心。人的一生都要"关注自己",要成为自己心灵的医生,要聆听真理与自我,以内化真理,采用的修炼方式包括"默想"(meditation)、性欲克制、肉体苦行、净化仪式、步行与书写(自我审察)等。

2. 为自己负责

随着社会进入近现代,责任的重心由对外在于人的共同体或宗教信仰转向人类与个体自身,遵循道德法则置换了为传统社会结构负责。从抽象的、类层面的"人"来看,人权不再神授,人为自己立法,一个出于责任的行为不取决于它所要实现的目的,而取决于它所被规定的准则或规则,责任是尊重道德法则的必然行为。道德法则具有普遍性、必然性,不受个人主观欲望、利益、偏好和兴趣的影响。①从具体的个人层面来看,自利获得了合法性,欲望成为促进经济与自我追求的动力,个人是自己的主人,自己为自己负责。个体为自己负责意味着自己把自己的重量加载于自己身上,自己把自己绑在自己身上,只要个体存在,就要承受这种重量,在这样的情况下,个体如何独立自主、为自己负责?

首先,要成熟地运用理性。人凭借自然科学发展使神权祛魅、为自己立法,重新定位了自身在宇宙中的地位,人不需要禁欲就可到达真理的彼岸。"我思故我在"。真理不再来自内心,也不再来自教义、信仰,真理来自科学。自我要走向真理需要的不是修身,而是成为认识主体。如笛卡尔所指出的,要达到完美德性的智慧需要具备两个条件:"理性"和"自由意志",理性为自由

---

① 郑富兴:《从习俗伦理责任到道德责任——西方责任伦理思想的现代性变迁》,《伦理学研究》2011 年第 3 期。

意志的选择规定了方向。较之笛卡尔,康德不但强调理性之于普遍准则形成的重要性,而且还强调运用理性的勇气。"启蒙运动就是人类脱离自己所加之于自己的不成熟状态。不成熟状态就是不经别人的引导,就对自己的理智无能为力。当其原因不在于缺乏理智,而在于不经别人的引导就缺乏勇气与决心去加以运用时,那么这种不成熟状态就是自己所加之于自己的了。Sapere aude! 要有勇气运用你自己的理智! 这就是启蒙运动的口号。"[1]从笛卡尔、康德那里可知,成为现代道德主体就要主动地发挥和运用自己的理性,就要宗教祛魅、破除偏见和外在权威对人的控制,就要摆脱被束缚、被奴役的"不成熟状态",使自身成为"自我立法"真正的理性主体。

其次,要自主自律。按照思想者设想的"现代性方案",通过"主体性"建构,一方面把人类召唤为大写的主体——"类主体",通过主体性的发挥解放自身;另一方面,承认主体的"个体性",倡导每一生命个体的"理性的解放",要求个体自主自律。个体只有自主才能自律,只有自律才能自由,只有个体自主自律才能使主体间相互承认成为可能,使自尊和相互尊重的社会生活成为可能,使"人是目的"而不是手段的道德实践成为可能,使基于契约精神的现代社会的运作成为可能。也就是说,道德本身不是自足的,缺少个体的自主自律不会形成现代道德,而自主自律的个体也不是自发形成的,杜威、皮亚杰、科尔伯格等人的相关研究折射了这一点。杜威认为个体必须形成自愿的性格与兴趣代替权威,皮亚杰强调基于合作使儿童成为智力上和道德上自主且尊重他人自主权的人,柯尔伯格着力于受教育者学习过公正的社会生活。

最后,具备自我更新能力。人之所以能为自己立法、宗教祛魅、自主自律,与"日心说"、科学技术的发展密切相关,并成为道德进步的动力。如迈克尔·舍默在《道德之弧》中所论述的:"过去几个世纪道德进步的绝大部分是世俗和非宗教力量的结果,而且在涌现于理性时代和启蒙运动的这些世俗力

---

① [德]康德:《历史理性批判文集》,何兆武译,商务印书馆1996年版,第22页。

量中,最重要的是科学与理性。"①这些进步已体现于生活的很多方面:民主兴起,神权政制和独裁政制衰落;人们较为广泛地享有不受压制地进行商品贸易的自由;生存、财产、婚姻、生育、选举、言论、信仰、自治和追求幸福的权利得到维护;世界范围内的财富在激增,贫困在减少;更多的地方、更多的人较之以往更加健康、更加长寿;司法较之以往更加克制与平等;人们彼此间比起以往也更加和善、文明而较少暴力;等等。科学通向道德的路径在于:它使人们不再相信荒谬之事;它成为人们理解包括道德在内的世界如何运作的终极方法;它的实验方法和推理分析不仅使人们在思考社会问题时更为客观、理性、价值中立,而且使直截了当地主张某种道德信条不再被接受,主张者必须证明它们奠基于理性论证和经验证据的基础之上,否则将可能被无视或拒绝。

基于科学与现代道德之间的关联,个体只有具备自我更新能力才能适应与促进现代社会的发展。英格尔斯在《人的现代化》一书中指出,现代人需要具备这些特征②:(1)现代人准备和乐于接受他未经历过的新的生活经验、新的思想观念、新的行为方式;(2)准备接受社会的改革和变化;(3)思路广阔,头脑开放,尊重并愿意考虑各方面的不同意见和看法;(4)注重现在与未来,守时惜时;(5)强烈的个人效能感,对人和社会的能力充满信心,办事讲求效率;(6)计划;(7)知识;(8)可依赖性和信任感;(9)重视专门技术,有愿意根据技术水平高低来领取不同报酬的心理基础;(10)乐于让自己和自己的后代选择离开传统受尊敬的职业,对教育的内容和传统智慧敢于挑战;(11)相互了解、尊重和自尊;(12)了解生产及过程。

简言之,现代道德基于理性从宗教中解放出来,逐渐清除了对神圣宗教戒律的颂扬和自我牺牲精神,个体的人在其中具有绝对价值,将人的尊严不可剥

---

① [美]迈克尔·舍默:《道德之弧——科学和理性如何将人类引向真理、公正与自由》,刘伟龙译,新华出版社2016年版,第3页。

② [美]英格尔斯:《人的现代化——心理·思想·态度·行为》,殷陆君编译,四川人民出版社1985年版,第22—38页。

夺的理念和对自己的责任奉为至尊,"道德的第一要务便是捍卫和争取个人的主体权利"①。个人的责任源自个人的权利,"只有在自己能够承担对自己的责任的时候,才能尽对他人的义务"。与此相应,自立自主成为道德要求的核心,道德约束文化让位于对自我的整体"管理",遵循道德准则逐渐转化为行为选项、形成更好的生存能力。现代社会道德逐渐弱化了对他者的责任,主体只对自己负责,甚至不再承认自己对别的事情负责。如德里达所指出的:"当路径已经明晰可辨,知识扫清了前方道路上的障碍,决断已经做出,似乎不需要做什么了;无须负任何责任,凭着自己的良心,人只是应有或贯彻某一计划……行动于是成为一种知识或技术诀窍的简单应用。这使得伦理学与政治学沦为一种技术,而不再是实践理性或决策,有限的责任开始变得没有责任了。"②

3. 为他者负责

在二元对立的思维框架下,只对自己负责意味着关注自身或自我(我或我们)的利益,易于忽视、漠视甚至消解对他者的责任,进而导致一系列现代性后果。人类中心主义逐渐耗竭自然资源,生态环境的破坏已反噬人的身体健康与生存尊严;"普世主义"以伊拉克战争、"颜色革命"等暴力形式企图"按照自己的面貌为自己创造出一个世界",却不得不面对其造成的恶果——欧洲"难民"和"恐怖主义";以追求"合理性""高效率"为主旨的社会实践,在创造更多财富的同时使"独立、自主的、理性的"道德主体"物化"与"异化"。现代性后果促使人们反思主体"被设计"的思路以及为他者所应负有的责任。

从反思路径来看,思想者展现了自我、人类与主体的非理性、非自足性、非中心性,解构了现代道德的个体主义基础。以弗洛伊德为代表的心理学家揭

---

① [法]吉尔·利波维茨基:《责任的落寞——新民主时期的无痛伦理观》,倪复生、方仁杰译,中国人民大学出版社 2007 年版,第 3 页。
② [荷]格特·比斯塔:《超越人本主义教育:与他者共存》,杨超、冯娜译,北京师范大学出版社 2020 年版,第 32 页。

示了:如若心灵是一"冰山",意识只是浮出水面的一小部分,潜意识作为更大部分则位于水下。以此来看,理性主体是虚幻的,自律主体是软弱的或根本不存在。霍克海默、阿多诺、海德格尔和哈贝马斯等通过批判人类中心主义,揭示了其对人与自然、人与人关系等所带来的负面效应。维特根斯坦、伽达默尔、福柯和德里达等通过对主体性观念的语言哲学批判,揭示了主体的非中心和非自足性。既有研究暴露了主体性观念的无根性与独断性;展现了主体并非人与社会的规范性源泉、知识的根据,相反,它是知识话语权的产物,"个体"被意识形态传唤为"主体"①。意识形态只有借助于主体的范畴和它所发挥的功能才能实现其目标,如聪明的君主用思想之链使被统治者的灵魂成为其自身肉体的监狱。因此,当每个人自以为是自主、自足和自因的"主体"的时候,实质上他不过是意识形态的"臣民"。

既有研究还揭示了"普遍主体"背后所蕴含的控制欲望与特殊利益。主体性中蕴含着二元对立的等级模式:理性与非理性、进步与落后、主体与客体、人性与非人性、善与恶等。前者代表"生命、道路和真理"的"神圣家族""人间正道",后者代表"束缚"与"压迫";前者是为社会生活的现实和未来设定规范和道路的"主体",后者是接受和服从规范的"客体";以"解放"为宗旨的要义在于通过前者征服与主宰后者,并随着前者的不断普遍化、一体化、总体化及其普世化,与后者相伴的差异性、他者性、他异性及其多样性不断消退。其所暴露的最根本的问题是:主体是被另一些"主体""传唤"出来的,他/她或他

① 阿尔都塞指出,"意识形态把个人传唤为主体"。传唤是以蕴含着意识形态承认的各种仪式进行的,如握手、叫你名字、知道你"有"自己的名字,哪怕我不知道这个名字是什么,也意味着你被承认为一个独一无二的主体,等等。通过传唤,在个人中间"招募"主体(它招募所有的个人),或把个人"改造"成主体(它改造所有的个人)。"招募"过程就像大街上的这样一幕:警察呼唤一个人——"嗨,叫你呢!"那个被呼唤的个人就会转过身来。就这样,仅仅做了一个一百八十度的转身,他就变成了一个主体。为什么呢? 就因为他已经承认那个呼唤"正"是冲着他的,"被呼唤的正是他"(而不是别人)。阿尔都塞认为:"意识形态的存在和把个人呼唤或传唤为主体完全是一回事。"而且,个人从来都是主体,甚至在出生前都已是主体,因为未出生的个体已被当作主体看待并被寄予相应的期望,个体就在"期望"的模子中成长。详见[德]阿尔都塞:《哲学与政治:阿尔都塞读本》,陈越编译,吉林人民出版社2003年版,第363—366页。

们/她们臣服于更高的权威,其主体性的发挥受限于"被期望"的模子。因而,主体"除了可以自由接受臣服的地位之外,被剥夺了一切自由……个人被传唤为(自由的)主体,为的是能够自由地服从需要主体(其实是权威)的诚命,也就是说,为的是能够(自由地)接受这种臣服的地位,也就是说,为的是能够'全靠自己'做出臣服的表示和行为"①。

换言之,既有研究揭示了主体所存在的"被动性",如奥斯维辛集中营的犹太人,他们被带向了极点并崩溃为客体性的主体性;同时揭示出那些作为被动客体的他者的"主动性",如雾霾的影响力。本能可以被压抑,但不可以被消除,并且以深层的潜意识的形式在作动;自然虽然不会言说,但它却以无声的语言向人类发出反抗;欧洲难民危机折射出"解放神话"的失败;"双子大厦"遗址是他者反抗的表征;现代性大屠杀昭示了纳粹式爱国主义的"伪善"。"非理性""自然""弱者""被伤害者"等作为"他者",以不可消除的姿态凸显出主体的虚幻性、脆弱性、对他者的依赖性,以及主体客体化为他者的可能性,也让人们意识到反思"道德的欺骗极其重要"②,进而凸显出重构主体与他者伦理关系的必要性。主体只有为他者负责才能实现自身愿景,齐格蒙特·鲍曼有关环境的例子诠释了这一点。

因为我们的行为影响到其他人,我们利用不断加强的技术所做的一切对人们的影响比过去任何时候都要大,受影响的人也比过去任何时候都要多,所以我们的行为在道德方面的重要性达到了前所未有的高度。但我们拥有的对其加以吸收和控制的道德工具仍和"家庭小作坊"时代一样贫乏。道德责任感促使我们关注孩子们的衣食。他们将有可能不得不生活在一个能源耗尽、水资源枯竭、酷热难当的地球上,这是我们现在

① [德]阿尔都塞:《哲学与政治:阿尔都塞读本》,陈越编译,吉林人民出版社2003年版,第372页。
② [法]伊曼纽尔·列维纳斯:《总体与无限:论外在性》,朱刚译,北京大学出版社2016年版,第1页。

的集体冷漠所造成的直接或间接的后果。然而，我们想到这一令人惊骇的场景时，道德责任感却不能给予我们多少实际可行的建议。过去和现在一直指导着我们的道德规范效力强大，但影响的范围狭小。现在它需要大大扩展自己影响的范围。①

鲍曼有关环境的例子让人们意识到，自由主义伦理道德无力解决当下的环境问题，"需要一种全新的、完全是首创的道德规范来指导我们与环境的关系"，需要发明一种新主体——为他者的主体。

他者优先并不否认自我权利，也不强调为他者牺牲自我利益，而是基于伦理道德的原始发生、发展与个体生长、生存环境以及自由主义伦理的局限性而重构的一种责任取向。从伦理道德的原始发生来看，早期人类像其他动物一样，以族群而不是以孤立个体的形式生存下来。"他们悠然自得而不拘束，是分享而不是交换，是一致赞同而不是个人利益与整体利益的对立，是产生于安全感的信任而不是对威胁的恐惧。"②进入文明社会之后，个体嵌入家人、部族、城邦（国家）或某种伟大的宇宙之链中，后者的利益优先于前者，本能被要求服从秩序。从个体的成长与生存、生活境遇来看，人们更多地处于"给予—接受"而不是"权利—义务"的关系中。或者说，"交易性关系"不足以涵盖我与他者之间的伦理关系，由自愿承担的同情和情感引发的"给予—接受关系"对个体的"生""存"更为根本。个体能存活于世并得到发展首先依赖于父母、家庭中的其他长者、老师和师傅的给予；那些因不同方式生病、受伤、因年龄增长而失去正常生活能力的人，以及那些因贫弱、遭遇有重大和迫切需要的人，也依赖于其他人的给予。即便是"交易性关系"，也必须内嵌于不加计算的"给予—接受"关系之中才能得以维系。尽管人们如亚当·斯密所指出的那样，不能期望从屠夫、啤酒商、面包师傅的乐善好施中得到自己的晚餐，而是从

① ［英］R.W.费夫尔：《西方文化的终结》，丁万江、曾艳译，江苏人民出版社2004年版，第277—278页。

② ［法］莫斯科维奇：《反自然的社会》，黄玉兰译，天津人民出版社2002年版，第14页。

他们对利益的考虑中得到,但如若一个老顾客在走进屠夫的店铺发现屠夫心脏病突发,随后立即离开到其竞争者的店铺买肉的话,显然就极其严重地损害了他与屠夫之间包括经济关系在内的整个关系,尽管他没有做任何违反市场规范的事。马克斯·韦伯也曾经指出,早期资本主义的繁荣与清教伦理的遗产有密切关联。

为他人负责其实是在为自己负责,因为每个人都有一个柔弱无助的童年,都可能是那个有迫切需要的人,都需要非计算性的给予。否则,每个人将无法得到保护和免于受到忽视、愚蠢、贪婪和恶意的对待。而且,给予的多少及其质量直接影响前者的生存状态、生命质量,前者的回报也直接影响着后者的代际循环付出,以及社会公益实践。这意味着给予者需要承担对他者的"无限"的、"无条件"的负责,因为接受者常常是突然出现的,所接受的东西也常常是无法用金钱精确计算的。为他者负责其实是在为自己负责,因为在"给予—接受"的网络里,每个人通常既是接受者也是给予者。如果亚当·斯密的"看不见的手"使经济资源优化、效率提高,"给予—接受"的良性循环可使道德资源优化、人们的幸福指数提高。同时需要关注的是,现代性后果已启示人们:权利作为现代发明,不能仅限于人类而应扩展至外部,扩展至自然界。

为他者负责所需要与之相应的德性,麦金太尔将其称为承认依赖性的德性(virtues of acknowledged dependence),即正义的慷慨。他强调维护正义应"从对他人的关心和关爱出发行动"[①],主张"生命是最高的善"。

(三) 维护人的尊严

如前所述,人的异化使人失去了尊严,"思"与"为他者负责"在一定程度上也是维护人的尊严的方式,但其所主要针对的是"不思"与"个体主义"所存在的问题。这里想超越这两个维度,强调通过维护人性的角度思考维护尊严的可能。

---

① ［美］阿拉斯泰尔·麦金太尔:《依赖性的理性动物——人类为什么需要德性》,刘玮译,译林出版社 2013 年版,第 100 页。

1. 超越动物性的能力

进入文明社会以来,人类致力于通过德性养成,将人区别于动物、排斥人的动物性来维护人的尊严。如孟子的德性论、基督教中关于人通过抑制本能欲望以获救的道德叙事。德性成为划分个体品级的依据,儒家借此将人区分为"小人""君子""圣人",基督教则将天国与地狱之门建构为检测信徒德性的表征。在古代社会,做人意味着超越人的动物性而成就人的高贵。

然而,古代所建构的道德方式是存在问题的,因其维护的实际是社会等级秩序,进而导致人的尊严丧失。鲁迅先生在《狂人日记》中写道:"我翻开历史一查,这历史没有年代。歪歪斜斜的每页上都写着'仁义道德'几个字,我横竖睡不着,仔细看了半夜,才从字缝里看出来,满本上都写着两个字'吃人'!"尼采曾以暴风雨般的激进话语反对基督教:"我非难基督教,我以所有非难者所能采取的所有非难中最厉害的非难来反对基督教教会。在我看来,基督教教会是一切可以想像的堕落当中最大的堕落。它具有最彻底的堕落意志。基督教教会绝不会放过任何东西,它要使所有东西都染上堕落的色彩;它把每一种价值变成价值的反面,把每一个真理变成谎言,把每一种诚实变成灵魂的卑贱。""它用它自己贫乏而'神圣'的观念,吸干了所有的血和爱,吸干了所有生命的希望;来世是否定一切实在的意志;十字架是迄今为止所有最低贱的密谋的识别标志,这场密谋所反对的是健全、美好、一切证明为良好的东西、勇气、精神、灵魂的仁慈,也就是说,这场密谋所反对的乃是生命本身。"[1]"只要有墙的地方,我就要在所有的墙上,写上我对基督教的永恒的控诉。"[2]鲁迅与尼采皆洞察到旧道德所存在的问题,认为其是不道德的。尼采发出时代的呐喊声,

---

[1] [德]尼采:《反基督:尼采论宗教文选》,陈君华译,河北教育出版社 2003 年版,第 170 页。

[2] [德]尼采:《反基督:尼采论宗教文选》,陈君华译,河北教育出版社 2003 年版,第 171 页。

呼吁"重估一切价值!"①

宗教祛魅的现代人用物质安全、幸福及解放等理想代替了宗教信奉,聚焦个人权利,强调个人自由意志,借此维护人的尊严。然而,这种追求不但未能提高人们的幸福指数、实现理想愿景,甚至因物质的无限追求而导致两次世界大战、生态环境的破坏与恶劣的军备竞赛。"我们今天生活于其中的世界是一个可怕而危险的世界"②,"在物质上的每一次'进步'总是带来另一次更惊人的浩劫的威胁"③。而且,随着科学技术的进步,吊诡的现象出现了:人所创造的技术体系、理想化的社会组织、无所不在的信息网络等迅速"去主体化",进而反转为主体和实体,如海德格尔所说的技术"座架"或"集置",阿甘本所说的"装置",皆成为强大的实体性力量,控制了人们的全部社会生活,催逼着那些具有自由幻觉的人为其增砖添瓦,激烈的竞争使人们处于焦虑、恐惧之中。

人的异化折射出资本主义与市场社会的核心道德困境:货币是资本主义经济、市场社会的一般等价物,人类所知的最宝贵的东西与最低贱的东西皆需要转化为金钱以衡量其价值并进行比较,进而抹平了高贵与卑贱的差别。如大卫·哈维所说:"货币排挤了其他一切形式的圣像崇拜(宗教、传统宗教权威等),但货币本身又不具有任何圣像性质,因为货币透明无味,对社会劳动关系也漠然处之,如果一定要说货币代表着什么形象,那么货币必然是跟庸俗、肮脏、粪土以及出卖灵魂联系在一起。这就造成了资本主义社会的道德真空,即货币价值的形象与社会认同无关。货币无法提供团体的想象或如字面意思所示的'共同体',此外货币作为核心价值体系也无法衡量最通常的人类

---

① [德]尼采:《反基督:尼采论宗教文选》,陈君华译,河北教育出版社 2003 年版,第 171 页。

② [英]安东尼·吉登斯:《现代性的后果》,田禾译,译林出版社 2002 年版,第 9 页。

③ [瑞士]卡尔·古斯塔夫·荣格:《寻求灵魂的现代人》,黄奇铭译,上海译文出版社 2016 年版,第 260 页。

希望与梦想。我们追求货币是为了维系日常的再生产,从这个意义上说,货币确实成了人类的共同体;但这一共同体完全没有道德情怀和人文意义。"①金钱成为衡量个体"成功""卓越"与否的尺度,幸福指数化约为财富值、购买力,"人性简化为赚钱和花钱"②。

换言之,古代与现代都从超越动物性的维度定位人,亦将维护人的尊严作为建构道德的核心,却由于古代社会的等级制度与现代资本主义的道德困境而未能实现。古代道德虽倡导人的超动物性,但其中却蕴含着统治者对被统治者的奴役;现代道德虽强调自由意志,但社会运作却是出于维护"保种求生"而设计的,亦未能实现人的真正超越。在此意义上,超越动物性以体现人的尊严、人性的高贵仍是人的未竟状态。也是在此意义上,荣格认为"最现代的人"是寥寥无几的。他指出,一个人活在现在并不足以被称为现代人,而且现代"大部分最低阶层民众所过的生活几乎和原始民族一样无意识",稍高一级的民族虽然能随着人类文化的萌芽开始表现出相当程度的意识,但唯有"觉醒程度最高的人""对当下最具有感知力的人"才是真正的现代人。③

> 他是唯一具有今日知觉的人,而且是唯一发觉随波逐流的生活方式太无聊的人。历史的价值与奋斗故事已经再也引不起他的兴趣。因此,他已经是个地地道道最"不历史的"人,而且是一个和完全生活在传统里的群众疏远的人。事实上,唯有当他已经漫步到世界边缘,才算是一个完完全全的现代人,他须把一切前人遗留下来的腐朽之物完全遗弃,意识到他现在伫立在一片万事万物都有可能会发生的空旷原野前。④

---

① [美]大卫·哈维:《世界的逻辑》,中信出版社2017年版,第198页。
② [英]R.W.费夫尔:《西方文化的终结》,丁万江、曾艳译,江苏人民出版社2004年版,第307页。
③ [瑞士]卡尔·古斯塔夫·荣格:《寻求灵魂的现代人》,黄奇铭译,上海译文出版社2016年版,第252页。
④ [瑞士]卡尔·古斯塔夫·荣格:《寻求灵魂的现代人》,黄奇铭译,上海译文出版社2016年版,第252页。

真正的现代人不模仿他人,能够安于贫困并发现其中的意义,而且——更痛苦的是——是一个拒绝一切历史所加给他的圣贤荣耀的人……唯有一个不但超越了属于过去的意识阶段,而且完全履行了世界所指派给他的义务的人,才可能达到充分的现代意识。为此,他必须是一个见解正确、多才多艺的人——一个不但和其他人有相同成就,而且要超出一点点的人。唯有凭借这些才能,他才有办法进入高一级的意识境界。①

荣格所阐释的真正的现代人是独立自主的、具有成熟理性的、卓越的人,与尼采所倡导的"贵族""超人"有质的相似。尼采将现代人称为"末人",将现代道德称为"奴隶道德"。这是因为在他看来,现代道德抹平了人的差异,提倡渺小、懦弱、享受"畜群"式的幸福,使个体生命和整体文化变得极其颓废。为了维护人的尊严、彰显人性的高贵,针对西方现代性的文化虚无主义危机,他提倡"贵族道德"。

尼采指出,"奴隶道德"的实质是"实用的道德",其标准是"善"与"恶",它是"消极的虚无主义";而"贵族道德"是"超善恶""超道德"的,其标准是"好"与"坏",它强调权力意志和生命本能的强劲。贵族是这样一种高贵的典型的人,他们是"不断'自我征服的人'",是"卓越的自由的有德性的人",他们"总是渴望在灵魂内部重新扩大距离,形成更高、更罕见、更远、更广阔的状态",他们在"超道德的意义上使用道德公式"。② 他们是"超人",他们超拔于祖国、祖先、民族之上,他们能够进行道德价值自我立法、能够创造新的价值,他们的评价是对生命本能而言的,道德中的善恶判断相对于权力意志的原初价值来说是派生的,权力意志是原初的"善"。贵族是具有贵族精神而不是享

① [瑞士]卡尔·古斯塔夫·荣格:《寻求灵魂的现代人》,黄奇铭译,上海译文出版社2016年版,第253页。
② [德]尼采:《论道德的谱系·善恶之彼岸》,谢地坤、宋祖良、程志民译,漓江出版社2000年版,第277页。

有贵族特权的群体,对他们而言有比生命更加重要的东西,那就是自我的尊严,生命的权力意志,并通过强调权力意志之"善"的原初性以超越现代道德或奴隶道德。尼采出于"生命本能""权力意志""重估一切价值"所开出的"贵族激进主义"的"非道德主义"路向,实则是对那些已存在的削弱、压抑生命力的道德的批判,其核心关注是人的生命力的提升与"变得更善",并将此作为道德或善的标准。

　　我的朋友,你刚才对我说了"这是对的",你何以知道这个是对的,恰恰这个是对的呢?"因为我的良知告诉我这个对;良知首先决定何者是符合道德的,那它就绝不会说不道德!"那你为何一定听从良知呢?你怎么会把这一判断看成是真实可靠的呢?难道就没有别的良知了吗?难道你对一种理性的良知、亦即隐藏在"良知"背后的良知一无所知吗?"这是对的"——你的这一判断的来历,可追溯到你的本性、好恶、经验和非经验。你必须问:"这是怎么发生的?"接着还需问:"究竟是什么迫使我听从它?"你听从它的命令,正如士兵听从长官的命令,或者像一位妇人深爱着对她发号施令的男子,或者像惧怕发号施令者的懦夫和"马屁精",或者像追随他人、毫无主见的傻瓜。总之,你听从良知的原因可能有一百种,然而,你只把这个或那个判断当成是良知在发话,亦即感觉它是对的,其原因就是你从未对自己做过深思熟虑,盲目接受自童年起被人称之为"对"的事情;或者还有这样的原因:你的面色和荣誉、连同被你称之为"己任"的东西发生了困难,事关生存条件,所以你被迫认为那是"对"的(你有生存的权利,你认为这无可厚非!)。

　　你那一成不变的道德评价说不定就是一种证据,即证明你个人的可悲和没有人格,你的"道德力量"的源泉可能就在于你的固执,或者可能就在于你的无能,即无能审察新的崇高目标!简言之,你若是思考更周全一些,观察更仔细一些,学习更多一些,那么你在任何情况下都不会把自己的"责任"和"良知"称之为责任和良知了。洞见当初的道德评估是如何产生的,就使你感到"责任"、"良知"这些庄严字眼是何等索然无味,正如你对其他的庄严字眼诸如"罪恶"、"拯救灵魂"、"解脱"等等感到扫兴一样。

我的朋友,现在我不谈"绝对命令"了! 这个词使我耳朵发痒,忍不住发笑,尽管你在场,一脸的严肃。此刻,我想起了老康德,他受到"绝对律令"的袭击,心乱如麻,遂逃进自己内心的"上帝"、"灵魂"、"自由"和"永恒"处,犹如一只狐狸慌张地逃回牢笼。而先前,康德的力量和智慧是打破这牢笼的! 这或许是对"绝对律令"、对被他骗到手的"绝对律令"的惩罚,委实滑天下之大稽!①

尼采所强调的"权力意志"与康德作为"绝对命令"的自由意志不同,后者诉诸的是普遍性,被尼采批评为"形式主义"。他指出:"世上不存在、今后也不可能存在相同的行为;每个行动都是以独有的、不可重复的方式完成的,每个将要完成的行动也是如此;行动的所有准则只涉及粗略的外表……用这些准则只能达到表面上的同一性,因而是虚假的;每个行为,无论对它观察还是回顾,都是琢磨不透的;我们对一些诸如'好'、'高尚'、'伟大'等等的看法根本不可能用自己的行为来证明,因为每个行为是不可认知的。"②而尼采诉诸的是"混沌""权力意志"。"我告诉你们:你们必须自身混沌,才能诞生出一颗跳动着的星。"③在尼采那里,"混沌"意味着酒神的醉意,意味着蕴含其中的所有对立面是以狂野、暴怒、混乱的状态自由地舞动,情感和理智相互嬉戏,物质和精神以最具个性的方式结合成一个不断再创造的整体。

在尼采那里,人于混沌中创造自我的过程,是一个成为整体的人的过程,是一个在肉体与灵魂、物质和精神之间保持平衡的过程。如《查拉图斯特拉》

①　[德]尼采:《快乐的科学》,黄明嘉译,华东师范大学出版社 2007 年版,第 308—309 页。

②　[德]尼采:《快乐的科学》,黄明嘉译,华东师范大学出版社 2007 年版,第 310 页。

③　[德]彼珀:《动物与超人之间的绳索:查拉图斯特拉如是说(第一卷义疏)》,李洁译,华夏出版社 2006 年版,第 69 页。

中的走绳者,他想建造一座由动物通向超人的桥梁,每迈出一步就是在超越自己、更新自己。只有那些保持平衡的人,只有那些与绳索紧密相连和前行的目标交织在一起整体向前的走绳者,才能成为超人。否则,失去平衡就会跌落。

尼采的精神被福柯、德勒兹、巴塔耶等后现代思想者重新发现,揭示、诠释、勾勒出超越现代性的存在样态。福柯借鉴谱系学视角进行生命政治的权力运作勘探,揭示了现代人在监狱、医院和学校以及整个社会之中通过身体的"规训程序"而被宰制的样态,以及权力运作、个体自我建构的"具身性"。德勒兹汲取了尼采的"生成"(becoming)思想,以此凸显生命的不断生成中的多样性、差异性与流动性,批判抽象的、一成不变的真理、道德、善或美。在德勒兹那里,是力的差异构成了流变生成的世界,力无所不在,力之间的差异无所不在,力与力是不期而遇的。巴塔耶更为深入地体验自己的存在,反思自己的存在,并于内在体验中生成自己。

巴塔耶认为,"他(尼采)到目前只得出一些肤浅的结论,尽管它们看起来威严"。因为,"尼采只是一个燃烧着的孤独者,他没有从过多的强力中得到什么慰藉,只有理智和非理性之间的一种罕见的平衡。平衡几乎不利于理智能力的高级实践。他凭洞见前行,发动所有方向上的力,不和任何事物相连,反复开始,不是一块石头一块石头地建筑。在一场理智的灾难之后言说(如果人们愿意这么看的话)。第一个有所意识。不关心矛盾。只迷恋自由。第一个通达深渊,在统治了它之后臣服"①。为了凸显生命的内在深度,巴塔耶将石头一块一块地垒出自我的人形——"诞生出我自己"。②

"自我诞生"的过程可以理解为:自我向内在体验敞开,各个事物的最终深度打开了,周遭的世界混沌了、暗了,事物再也不能持留它们的状态与意义,

---

① [法]巴塔耶:《内在体验》,威光吉译,广西师范大学出版社 2016 年版,第 42 页。
② [法]巴塔耶:《内在体验》,威光吉译,广西师范大学出版社 2016 年版,第 47 页。

阿里阿德涅之线①又断了,"自我消失了",陷入"沉默"的可能性中;那些对可能性施加限制的权威和现存价值被否定了,内在体验本身成为价值和权威,意义从"内部产生"了。巴塔耶指出,"一个人必须从内部把握意义",也只能从内部把握意义,从体验的极限处剥夺自身的诱惑和恐惧,以避免自我出现被内在体验撕成碎片的状态。因此,自我要获得统一性,不得不对"沉默"状态进行回应,不得不将词语联系起来进行决断,以进行新的自我统合。

简言之,当现代社会逐渐变成了"监狱",当组织机构成为"铁笼",当"在我的内部组织了外在性的网络",当人成为谋求更大利益的手段,当自己甚至把自己作为谋求目的的手段时,当"我自身的获得消灭了我",当虚无主义成了现代人的精神症候时,也许通过激发生命内在之力,通过极限体验,才能促进人的感知、自我觉醒,反思被异化的荒谬,才能突破既有宰制,寻找到超越自我、维护尊严的路向,成为"人"。同时应注意到,尼采与巴塔耶所开出的思路意味着进一步强化了自我所赋予"意义"的重要性、正当性,意义是真正出于自我的而不是被外在某种权威或意识形态"召唤"为自我的内在需要及其价值选择;意味着尊重自我的生存感受,个体的内在体验具有了权威性;意味着人的"本真性"的进一步凸显,人的生命力与潜能的进一步实现。然而,这样的思路似乎仍无力与世俗理性相抗衡,它之于忙于生存的"大众"并未有可操作的现实性,更未提供一种重构道德的思路,也意味着仍是现代启蒙愿景的进一步深化。因为,其思路虽然为了生成独立性与创造性更强的个体,但仍未完全脱离原子式的自我,仍未解决生命之力被激活的"巨人们"如何共生共存,仍未考虑人的脆弱性,其结果也只能是少数"精英"具有维护人性尊严的能力。

---

① 阿里阿德涅之线:根据古希腊神话,英雄忒修斯在弥诺斯国王的女儿阿里阿德涅的帮助下,杀死了住在迷宫里的牛头怪弥诺陶洛斯,并且正是依靠她所给的一个线团走出了迷宫。见〔法〕巴塔耶:《内在体验》,尉光吉译,广西师范大学出版社2016年版,第47页。

2. 重组的鉴别力

与尼采、巴塔耶不同,费夫尔(R.W.Fevre)在认同理性给人带来繁荣和健康的同时,揭示了理性的负面影响是在错误的场合运用时产生的,进而提供了重构道德以祛除异化的思路。他着力于剖析科学理性普遍化所导致的道德问题,试图通过"重组的鉴别力"重构道德,赋予情感、信念为个体价值选择提供解释与定位的功能,使其通过遵从自己内心而摆脱经济道德规范的宰制,通过将重组的鉴别力产生的价值观纳入决策,以帮助人们过更有尊严而幸福的生活。

费夫尔指出,现代生活中存在的疑虑、困惑和两难困境源自"常识"。"常识"是"关于事物如何运作的一般知识,这种知识强调运用和实用而不是纯理论"①。"常识"可以用来指任何内容,它可以有很多来源,包括群众智慧、科学家以及个体化过程中的周遭信息,主要表现于其"思维方式"。在现代社会,随着科学理性在各个领域中的渗透与主导,逐渐形成了这样的"常识":完全依赖理性,对他人的行动基础只是个体所知道的东西,而不是信仰与忠诚;②物质被赋予很高价值,对人对事要小心翼翼、明察秋毫、避免受骗;情感被认为是"毫无用处"③,只能被"表达",但永远不能作为行动准则。④ 例如人们对于英国戴安娜王妃之死的表现:似乎非常悲痛和愤怒,但仅仅在王妃下葬几小时后,哀悼之情就完全烟消云散了。之所以如此,是因为"常识"不赞成人们将烦人的哀悼活动延长至下一个工作周。

---

① [英]R.W.费夫尔:《西方文化的终结》,丁万江、曾艳译,江苏人民出版社 2004 年版,第22 页。

② [英]R.W.费夫尔:《西方文化的终结》,丁万江、曾艳译,江苏人民出版社 2004 年版,第23 页。

③ [英]R.W.费夫尔:《西方文化的终结》,丁万江、曾艳译,江苏人民出版社 2004 年版,第24 页。

④ [英]R.W.费夫尔:《西方文化的终结》,丁万江、曾艳译,江苏人民出版社 2004 年版,第25 页。

费夫尔认为,人们的日常生活被"常识"主宰着①,并摆布了情感、掏空了道德。与其他学者由此展开理性批判、抵制科学不同,费夫尔更多地着力于探讨现代道德问题背后的思维方式,并基于此探讨重构道德的思路。他认为,几个世纪以来,随着市场经济的深入发展,赚钱—消费成为人们普遍的生活方式,社会运作依赖于理性和规则,效益、成本不但是经济活动决策的指标,也成为人们日常生活进行选择时的标准,经济理性代替了道德规范。关于此,早在银行家亨利·克卢斯(Henry Clews)1908 年给耶鲁大学学生提出的忠告中已凸显出来。

> 依托那种自由的政治体制,个人可以自由地谋生或追求财富,而这通常会引发竞争。显然,竞争的真正含义是产业自由。因此,任何人都可以自由地选择其想要从事的行业或职业,或者如果是不喜欢其所从事的行业或职业,他还可以选择换一份工作。他可以自己决定,自己是否要努力工作;他可以讨价还价,并依据自己付出的劳动或生产的产品去定价。他可以自由地获取财产的全部或部分。如果他付出更多努力或者拥有出色技艺或者利用其自身智慧就能获得更高的收入(这样他可以生活得更好),那么,他的邻居也可以仿效他的做法并最终超越他。如果一个人有赚钱和理财的天赋,他就可以自如地运用这种天赋,就像另一个人能够灵活地使用工具一样……如果一个人能够享受通过自身的不懈努力和成功而获得的金钱,他的邻居们就会更加努力地工作,这样他们和他们的孩子们就也有可能获得同样的享受。②

一旦"经济上需要的东西如效率和竞争力成为道德目标时,经济理性就具有了一种道德的特性……我们会发现自己受制于'蜂群精神',这种精神使

---

① 　[英]R.W.费夫尔:《西方文化的终结》,丁万江、曾艳译,江苏人民出版社 2004 年版,第 33 页。

② 　[美]威廉·怀特:《组织人》,徐彬、牟玉梅、武虹译,北京大学出版社 2020 年版,第 17 页。

我们变成昆虫,除了生产和消费外再也没有别的想法"①。当人们普遍以经济理性处理各领域的事务时,经济理性置换了道德规范,经济价值观成为超价值观,道德规范就没有了力量,情感降格,公共利益沉沦,忠诚、信仰、牺牲、高尚等之类的道德追求被消解甚至成了"笑话",无论是传统的还是"倡导"的道德规范都成了形式。如贝拉(Robert Bellah)和他的同事所指出的:"坚持……每个人的唯一性,(一个人)可以得出结论:不存在道德的共同点。因此,在最低限度的程序法和不伤害他人的义务之外,道德与公众无关。"②这是"常识"的"暴行","常识"的泛滥,"常识"的霸权。鉴于此,费夫尔认为,要摆脱"常识"的宰制,不能将问题简单归因于科学与理性,否则易于归因误置,忽视其实质是"理性的错误运用"。③ 在费夫尔看来,常识与非道德化有相互关系,但与科学毫无关联。科学是一组描述和解释观察的或推测的现象,科学以检验假说和建立理论为目的,而"常识"是经济理性在社会生活各领域的侵蚀以及由此所形成的"惯习"。而且,经济理性代替了道德规范并不意味着理性本身是有问题的,而是意味着理性化过程没有被正确地理解,导致其在生活领域的扩张与误用。

常识的非道德化问题,究其实是人们理解事物、处理事务的方式出现了单一化问题。费夫尔指出,理解事物有各种方式——科学的、常识的、情感的和宗教的,每一种方式有其相应的合理适用范围,并产生相应的行为准则。人们通常认为:"科学是为了发现事物真相的,是为了消除疾病之类的坏事情的,宗教是为了在危机时期寻求安慰的,用以标志人生重大事件的礼仪的,情感是使我们相互之间友好相处所必需的,常识则是我们在冒着一定风险将钱以高

---

① [英]R.W.费夫尔:《西方文化的终结》,丁万江、曾艳译,江苏人民出版社 2004 年版,第273 页。

② [美]肯尼斯·J.格根:《关系性存在:超越自我与共同体》,杨莉萍译,上海教育出版社2017 年版,第 42 页。

③ [英]R.W.费夫尔:《西方文化的终结》,丁万江、曾艳译,江苏人民出版社 2004 年版,第3 页。

利率借贷给他人之前所要考虑的因素。"①而且,每种方式都自成体系,不与其他任何方式分享理解事物的意义。例如,常识不能告诉我们科学世界的知识,人们对春风秋雨的感受也不需要科学理论,日常生活中的待人接物科学更是无法插手。然而,人们通常易于犯这样的错误,即习惯于只用一种理解事物的方式来理解复杂的现实,也因此易于被操纵和利用。

为了避免继续犯这种错误,人需要成为新的主体,形成平衡感、重组鉴别力,对可能存在的范畴误用保持警觉,放弃对普遍解决方法的痴迷,以及用一种理解事物的方式解决复杂问题的诱惑。人类的思想与行为通常关涉多个领域,需要用不同的方式去理解。如在人际关系中,理性取代感情会让人感到痛苦,但即便是对情人的讲话中常识仍占有一席之地。而圣诞节期间,人们尽管有常识意识,但赋予生活意义的渴望还是促使人们掏出了钱包。面对复杂的现实生活,当有人只用一种方式进行解释时,则意味着他喜欢该解释方式胜过了其他,而一旦某种方式在社会各领域具有了普遍性,并成为超价值,就出现了误用。对此,应有反思与批判意识。同时应注意到,人们偏好解决问题的简单方法和决策方式,不愿选择复杂事物,这一倾向是人操控与被操控的心理基础。在这样的惯习中,需要运用复杂思维,需要把科学、常识、情感和宗教范畴及其各个范畴的事物区别开来,需要进行道德重构。

在费夫尔那里,道德重构依赖于"重组鉴别力"。"重组"这个词是从基因科学里借来的,原意是指重新安排基因,产生与众不同的新 DNA。在费夫尔那里则意指,"把现存思想中不同的思想重组在一起,发明理解事物的新方式"。"重组的过程产生一种新的鉴别力,包括道德的、情感的和审美的思想和价值观。"②这种新的鉴别力所做的是,使事物更加清晰明了。它不但要人

①　[英]R.W.费夫尔:《西方文化的终结》,丁万江、曾艳译,江苏人民出版社 2004 年版,第188 页。

②　[英]R.W.费夫尔:《西方文化的终结》,丁万江、曾艳译,江苏人民出版社 2004 年版,第334 页。

们了解理性与常识、情感和信仰的边界，理解常识、理性控制下社会的运行及其代替道德规范所导致的种种问题，也让人们意识到常识、情感与信仰控制下道德规范的重要性以及情感弱化、信念缺失对个体心灵、生命质量的影响，进而能鉴别个体行为背后的行为准则思路，进而将重组的鉴别能力运用于自己的行为，采用混合式道德准则，以免被经济理性所宰制。如，将这种新的鉴别力用于夫妻之间、父母与子女之间，就会很容易发现：功利主义的计算法不再那么重要，家庭成员之间有比金钱更重要的东西，但这并不意味着经济理性不重要，而是在工作、事业与家庭之间做好平衡。重组的鉴别力不同于科学理性、经济理性，它是一种使认知更为深刻、更为情感化的能力，它基于不同的境遇为人们提供切实可行的选择替代经济理性，使人们认识到常识代替道德规范引领生活的虚假性、虚无性而进行新选择。

重组的鉴别力为人们摆脱经济理性的宰制提供了又一种选择，不仅如此，还应将这种思维路向运用于公共领域。费夫尔指出，在政治决策中运用鉴别力并不是将政治情感化、非理性化，而是指在政策制定的各个阶段，决策者应关注到他们的决定将会对新的鉴别力产生怎样的影响。比如，制定某些相关政策时，是否优先考虑到应使父母抚育孩子的时间最大化，是否有利于激发个人的责任感、使命感。费夫尔认为，把重组的鉴别力产生的价值观纳入决策，可以使人们为了爱、为了信念而做事，进而可能引发政治改革。这样的改革不但让人们感到他们享有公民权利，而且感到政府对他们更为深层的关怀，进而更可能获得幸福。

简言之，费夫尔通过揭示经济理性代替道德规范，展现了幸福之源的丧失及其存在的问题，道德规范变得空洞无物，抵制科学又没有勇气恢复旧时道德，寻找"他者导向"又不断遭遇困境。在此境遇中，唯有通过重组的鉴别力将科学、认知、情感和信仰重新组织起来产生新的道德规范，在承认经济理性的必要性、重要性和局限性的同时，防止它对其他领域的侵蚀。在重组的鉴别力的影响下，人们逐渐相信情感与信念的力量，衡量成功与失败有了不同的标准。

3. 共通共生思维

由上可知,针对现代性问题,无论鲍曼的为他者负责、费夫尔的重组的鉴别力还是尼采的自由意志和巴塔耶的内在体验,皆彰显出突破理性自我、个体主义与二元对立思维方式的努力,个体/自我/主体及其相应的伦理道德关系被重构。其中,最核心的是打破理性自我与人类中心主义的幻觉,从关系的、共通的维度思考"如何共存共生",以避免异化可能。

对现代性的反思让人们认识到:独立自主的个体以及相应的核心价值(自由与权利)是现代发明,理性取代了灵魂(soul)或精神(spirit)。如人类学家格尔茨(Clifford Geertz)所说:"西方观念将人视为有界的、独一无二的、在一定程度上整合了动机与认知的有机体,是集觉察、情感、判断和行动于一独特整体的动力中心,与他人不同,与社会和自然背景相对。这种有关人的观念,不论对我们而言是多么的天经地义,但置于世界文化的语境中,未尝不是一种极其怪诞的观念。"①

现代人的建构是存在局限性的,因为"它没有把人性安放得足够高"(海德格尔),对"人的本质的每个决定——已然预设了人的一种解读,却没有顾及人的真实情况",其实质是把人当作了物。② 针对现代人建构所存在的问题,人们主要从两种思路展开思考:一是从自我内部。例如,弗洛伊德认为自我由本我、自我和超我构成,本我可压抑但不可消除,作为一种生命力它一直在那里,"压抑性升华"或"压抑性反升华"皆表征了它的存在;在尼采那里,如何为生命力提供出路成为区别"奴隶道德"与"贵族道德"的根本所在;巴塔耶

① [美]肯尼斯·J.格根:《关系性存在:超越自我与共同体》,杨莉萍译,上海教育出版社2017年版,第2页。
② [荷]格特·比斯塔:《超越人本主义教育:与他者共存》,杨超、冯娜译,北京师范大学出版社2020年版,第9页。

则强调只有通过极端的内在经验,人们才得以确立自己与自然、与人的关系,由此产生历史及其各种形态。一是从自我与外界的关系。如,福柯通过解剖监狱、军队与学校中权力对人的规训,展现了"人之死";麦金太尔论述了人的依赖性、脆弱性及其人的非自足性。对自我观念的突破为重构道德提供了可能思路,直觉、情感和本能等非理性因素被关注,关系性存在、共生与共通理念逐渐被人们所认同。

格根(Kenneth J.Gergen)是关系性存在论的代表,他从亲子互动等日常生活着手,剖析了"自治、个体理性、人的道德、自由、公平竞争、自知之明"等观念,深藏于西方现代人的思维、感觉、愿望、希冀等之中,致使个体陷入不良生存状态——"竞争""孤独""疏离""自我怀疑""彼此不信任""相互贬损""公共道德遭遇劫难"。[1] 在充分认识到个人主义、经济理性对人的灵魂、精神世界产生危害的基础上,格根基于关系性思维尝试建立一种新的世界观、新的生活方式。他指出,"如果我们能够理解关系的实在(the reality of relationship),就有可能变革传统,不再将民主制度、公共教育、法院审判和个人权利视为对有界存在的赞美。一旦我们认识到关系生活的益处,便会发展出新的行为方式。与此同时,放弃独立和疏离的有界传统,依旧可以维持个体的快乐、浪漫爱情、英雄主义、领导力和创造性行为。意识到这些传统根植于关系,可以彻底改变我们的生活方式。"[2]

格根认为,与个体主义相伴随的"有界存在"路径,导致人们之间互相蔑视、互相敌视、互相怨恨、互相威胁,建构新的世界观及其生活方式需将"个体的存在转变成为关系性存在",需在"关系汇流(relational confluence)的框架

---

① [美]肯尼斯·J.格根:《关系性存在:超越自我与共同体》,杨莉萍译,上海教育出版社2017年版,第21—41页。

② [美]肯尼斯·J.格根:《关系性存在:超越自我与共同体》,杨莉萍译,上海教育出版社2017年版,第44页。

下考察人类的行动"。① 在格根看来,个体所说所做并不完全属于自己,人并不是一个绝对的"自足者""自决者",而是在联合行动中、在关系汇流中建构与生成自我。对此,格根通过一系列事例进行了诠释,如下面的例子。

> 身为作家,在读者面前我怀有深深的谦卑感。虽然我把这些句子写出来了,但它们本身并没有意义。在这些篇幅里我等于什么都没说,直到你赋予它们意义。若一味批评,你便把我的话变成了痴人说梦。如果仁慈一些,就会把我当成作家带入你的生活。如果你满腔热情,便会赐予我飞翔的翅膀。然而,如果我——或与我类似的某个人——没有思想要传递给你,从未向你表达什么,也从没有要求你回应,那你能说什么呢? 只会毫无行动。事实上,没有某种形式的邀约,你怎么会去说或去做什么呢? 只有当别人问你"如何看待这件事?"你才像被突然唤醒,充满了想法、意见、品位和价值。我们因此都需要谦卑,因为失去对方,我们彼此都没有意义,都不完整。我们凭借关系进入生活,呈现共生共荣的(inter-animation)生存状态。②

通过上例,也许我们可以理解格根的这些观点:理性是一种关系,能动性即行动,情感是关系的表演,创造性是作为关系的成就。心理是在关系中形成的,经验感受不只是"我的"而是"我们的"。不仅如此,格根还认为,所有意义乃至情感、快乐、痛苦的概念以及身体本身都来自关系,是身处境遇中各种因素耦合的结果。由于人在日常生活中的存在关系是多重的,这意味着个体可获得无数种存在的可能性。身处各种关系中的个体一方面会努力使自己的心灵保持统一、协调,也有可能存在不一致、无序、混乱,各种关系的残留会持续影响个体各种关系的处理;另一方面,身处各种关系中的个体必然与他人或他

---

① 〔美〕肯尼斯·J.格根:《关系性存在:超越自我与共同体》,杨莉萍译,上海教育出版社2017年版,第47页。
② 〔美〕肯尼斯·J.格根:《关系性存在:超越自我与共同体》,杨莉萍译,上海教育出版社2017年版,第49—50页。

者共生共在,而且关系中的节点会变大,成为家庭、民族、国家,各种社会实践活动是在关系中进行的,或者说关系与社会实践是一体两面的,关系实体间会存在或强或弱、或合作或冲突的相互关系。面对各种关系中的道德冲突,格根认为包括现代道德在内的"一阶道德"(first-order morality)是无力解决的。

"一阶道德"是协同行动的结果。当人们努力寻求彼此满意的相处之道时,地方性道德(local good)就形成了,结果出现了各种各样的道德传统。同样,不同的政府、科学、教育、艺术等领域也都有各自的道德标准。多样化的道德为善恶设置了舞台,在某种关系中备受赞扬的道德,在另一种关系中被视为邪恶,而任何一种道德选择意味着将其他道德标准降级到次要地位。为了能共存共生,人们寄希望于通用道德,格根指出其结果"仍然是一种善恶相对的等级秩序,目的在于对某些不够善的行为实施控制"①,那些打着博爱、正义、平等旗帜发动的讨伐邪恶的行动事实上却是最残忍和血腥的,而且"道德多元主义"(moral pluralism)易走向相对主义、虚无主义。鉴于此,格根提出"二阶道德(second-order morality"观念。"它基于关系的逻辑而不是相互分离的独立单元。站在这一立场,行为自身并不存在道德或邪恶的问题,一切行为的意义都来自关系。""对于二阶道德而言,个体责任被关系责任取代,后者意味着集体应该对维持协调行动的潜能负责。"对关系的维护、负责置换了"自我关爱",同时消除了"关爱他人"造成的人我分离,个体行为的意义需在联合行动中被界定。② 在关系道德或关系责任中,个体由自我利益中心或自恋转向了关系及其存在状态、合作潜能,进而成为"后个体""后主体""通个体"。

---

① [美]肯尼斯·J.格根:《关系性存在:超越自我与共同体》,杨莉萍译,上海教育出版社2017年版,第370页。

② [美]肯尼斯·J.格根:《关系性存在:超越自我与共同体》,杨莉萍译,上海教育出版社2017年版,第371—372页。

第六章　构建教育改革道德
基础的路向

　　当路径已经明晰可辨,知识扫清了前方道路上的障碍,决断已经
做出,似乎不需要再做什么了;无须负任何责任,凭着自己的良心,人
只是应用或贯彻某一计划……行动于是成为一种知识或技术诀窍的
简单应用。这使得伦理学与政治学沦为一种技术,而不再是实践理
性或决策,有限的责任开始变得没有责任了。①

——德里达

　　教育改革不但是一种改革的过程,更是一种教育过程。因此,教育改革过
程本身就应展现出对"好"的、"善"的教育价值的追求,就应该是符合道德的。
为了使教育改革符合道德、完成其道德使命,需要对教育改革可能出现的道德
问题及其成因保持一种警觉,关注教育改革的教育伦理取向及其风险,建构道
通文化以聚焦教育之魂。

---

　　①　[荷]格特·比斯塔:《超越人本主义教育:与他者共存》,杨超、冯娜译,北京师范大学出
版社 2020 年版,第 32 页。

一、建构教育改革的道德正当性

近些年来我国教育改革成效显著,教育事业得到了长足发展,但基于道德维度探讨教育改革亦尚未成为教育研究的主题,不少教育改革者还没有以道德之维观照教育改革正当与否的意识。教育改革不只是对教育理想的追求,还涉及教育改革主体的相关利益,因而也易于成为相关利益主体博弈的平台。为发挥学校教育的权威功能,增加人们对教育改革的认同感,在教育改革中避免不合道德的行为,通过以下方面促使教育改革合道德是必要的。

(一) 对教育改革是否符合道德保持一种警觉

在社会转型的时代境遇里,教育既是社会改革系统的组成部分,也是对社会改革的适应与促进,回应社会转型的必要性和重要性为教育改革提供了理由、目标与正当性,但同时应注意教育改革是否合道德性。例如,为回应计划经济转向市场经济以及全球化经济竞争对人才的需要,学校教育应改变灌输式的教学方式以培养学生的个性和创新能力,这样的改革诉求是合理的,但如果缺少道德之维的关照,则可能会产生一系列问题。如果在培养学生创新能力的过程中,学校之间存在重点与非重点之别,学校内部分出快慢班,致使某些学生在创新能力素质考评中处于弱势地位;那么,这样就可能以改革的合理性遮蔽了改革的合道德性,从而影响教育公平。

因此,人们对教育改革是否合道德应保持一种警觉,尤其注意要以道德之维观照教育改革,道德不但是教育的内容,而且还应是衡量教育改革的规范要求。以道德之维关照教育改革,需要重新梳理道德与教育之间的关系。确认道德是与教育并列的另一个变量,道德是一种反思、衡量教育改革正当性的维度和视角。

（二）确立教育改革的道德原则

当我们强调对教育改革是否合道德保持一种警觉、以道德之维考量教育改革时，继之而来的问题是：衡量教育改革是否合道德的维度是什么？即教育改革的道德原则是什么。

通常情况下，人们认为道德是一种社会意识形态，它是人们为了更好地共同生活而形成的行为准则与规范。符合行为准则与规范的是道德的，否则是非道德或不道德的。而非/不道德行为的出现常常与道德冲突相伴，道德冲突其实是不同利益要求之间相互碰撞的一种折射。也就是说，道德背后有利益寻求，道德是调节利益的行为准则与规范。例如，儒家伦理中的"三纲五常"实际上维护的是男权、长上的利益；自由、平等和人权是新兴资产阶级在走向历史舞台时为维护自身利益的道德诉求。由于统治阶级/集团常把自己的特殊利益说成是共同利益，因此道德规范常常维护的是社会强势/优势群体的利益。以此来看教育，能否接受教育以及接受怎样的教育也是关涉人们利益的主要实践活动，接受教育的机会与质量直接影响着人们获取其他利益的能力。在此意义上，是否享有教育权利以及享受怎样的教育权利、怎样享受教育权利是衡量现代学校教育的主要道德维度。

传递文明、共享文化是人类自我生存和发展的要求，是教育的本性，也是教育得以存在的基本道德前提。然而，在人类文明进程中，文化共享和文化专有（独享）是一对突出的矛盾。由于文化是人类智慧的结晶，是人类生存和发展的宝贵资源，是人类摆脱自然奴役、社会奴役和自我本能欲望奴役以获得自由的途径，控制文化就可以使个人或群体占据社会竞争的有利位置，获得特殊的社会利益，文化专有、教育特权常常与专制相伴。因此，突破文化专有、扩大文化共享的人群，进而促使未成年人接受义务教育，确保教育的公益性，既是现代社会发展的应有之义，也是自由、平等、权利等现代伦理精神在学校教育中的体现。

进而言之,当社会发展到了超越身份制、等级制等将教育视为少数人特权的历史阶段之后,教育权利平等成为现代教育符合道德的基本前提。如《联合国人权宣言》所规定的:"不论什么阶层,不论经济条件,也不论父母的居住地,一切儿童都有受教育的权利。"《中华人民共和国宪法》第四十六条明确规定,"中华人民共和国公民有受教育的权利和义务"。而且,人们对教育权利平等的追求随着社会的发展而更为深入、更立体化,如从强调教育机会平等到强调教育过程平等、教育结果平等,从注重"文化共享"到注重受教育者全面自由和谐的发展,从着力精英教育到关注教育中弱势群体的生活状态和生命质量,从对教育工具性功能的认同到对教育以育人为本的诉求,等等。这些诉求已成为我国近些年来教育改革的旨向所在。

换言之,现代教育的合道德性不但要建立在教育机会平等之上,而且要建立在其内涵发展之上;教育没有最好,只有更好,改革已成为各国教育的常态。这也就意味着教育改革合道德性应以教育权利的享有和教育正义为前提,后者是前者得以实现的保障。受教育者被赋予了平等的受教育权,教育改革以促进所有学生的发展为旗帜,但如果教育改革制度及其实践缺乏正义,就不能保证对受教育者人格平等的尊重、生命价值平等的关怀及其基本权利的平等保护,就不能保证每个受教育者平等地享有教育改革的红利,进而影响其自我实现。也就是说,在确立当下教育改革的道德原则时,一方面要着力于满足教育权利的享有,另一方面则要通过教育改革正义以保障教育权利的享有。

(三) 实施走向善治的教育治理

合道德的教育改革需要重新思考和理顺政府、学校、社会三者之间的关系。如钟国兴所指出的:"从进行什么样的总体改革方案设计,到谁来谋划和推进,到具体操作和实施方式,再到建立什么样的监督评价机制等等方面,都应力求超越部门和集团利益制约,否则改革将很难有实质性推进。"①教育改革需要建构新的治理体系、形成新的治理能力,由教育管理转向教育治理,教育治理应走向善治。

教育治理是指国家机关、社会组织、利益群体和公民个体,通过一定的制度安排进行合作互动,共同管理教育公共事务的过程。② 教育治理是多元主体参与的合作管理、共同管理、共同治理,其实质是教育管理民主化的新形态。借鉴全球治理委员会对治理的理解,可以认为:教育治理不是一套规则,也不是一种活动,而是一个过程;教育治理过程的基础不是控制,而是协调;教育治理既涉及教育行政部门,也包括私人教育组织、个人;教育治理不是一种正式的制度,而是持续的互动。③ 教育治理的提出与人们对治理理念的重新诠释相关。教育治理还需走向善治,即:通过提高教育治理的参与度、回应性、透明度、自由度、公平度,④形成充满活力的治理秩序;利用充分协商形成共识,促进教育决策和管理科学化、理性化,提高教育治理的长期效率。

总之,教育改革的道德质量影响着人才的培养质量。在此意义上,提高教育改革的道德质量是一个不容忽视的命题。

二、关注教育改革价值选择及其伦理风险

教育改革及其道德基础建构皆内含价值的选择与重构,由于教育价值选择的复杂性、可变性及其达成共识的不确定性,在产生教育风险的同时易于产生伦理风险。然而,从既有的相关教育研究来看,关于教育价值虽有一定数量的研究,但就教育价值选择所产生的伦理风险关注度还不够。

---

① 钟国兴:《新时期要有什么样的改革》,《学习时报》2012 年 3 月 12 日。
② 褚宏启、贾继娥:《教育治理与教育善治》,《中国教育学刊》2014 年第 12 期。
③ 俞可平:《治理与善治》,社会科学文献出版社 2000 年版,第 5 页。
④ 褚宏启:《关于教育治理的几个关键问题》,《人民教育》2014 年第 22 期。

（一）理解教育价值选择及其伦理风险

教育是一种有目的的社会实践活动,教育目的的确立与教育价值的选择相随相伴。而且,任何面向未来的选择,都存在风险。因为,现在所作出的选择是"确定的",而未来则是"不确定的",现在和未来的这种不对等本身就是风险产生的条件。为了弱化教育价值选择及其可能存在的伦理风险,对相关概念的理解是必要的。

1. 教育价值选择

通常情况下,人们认为,价值表示的是事物本身固有的某种属性和某类主体之间的满足与被满足、承认与被承认的关系。基于此,教育价值则表现为教育作为客体与人类、国家、社会、集体、家庭和个体需要之间的关系。根据教育所依赖的主体类别,教育价值主要表现为:教育性价值、文化性价值、社会性价值、经济性价值和政治性价值。① 也可依据不同逻辑起点,对这些教育价值进行再分类。例如,可根据教育对现实社会中人的生活所带来的益处,借鉴杜威的相关理论,将教育价值分为"内在价值"(教育性价值)和"外在价值"(文化性价值、社会性价值、经济性价值和政治性价值);也可根据人的价值体系,将教育价值分为教育的元价值(教育的内在价值)、工具性价值和消费性价值(教育的外在价值)②;等等。

对教育价值进行分类,既可昭示教育理论与教育实践中存在哪些教育价值,也可循此察勘确立各种教育价值的依据,进而可在此基础上明晰教育的价值选择背后所代表的主体利益诉求及其可能存在的权力博弈。因为,在不同

---

① 杨志成、柏维春:《教育价值分类研究》,《教育研究》2013 年第 10 期。
② 杨志成与柏维春以张尚仁有关人的价值分类为依据,建构了相应的教育价值分类。张尚仁把人的价值分为"元价值""工具性价值""消费性价值"三个层次。详见张尚仁:《论人的价值系统》,《华南师范大学学报(社会科学版)》1989 年第 1 期;杨志成、柏维春:《教育价值分类研究》,《教育研究》2013 年第 10 期。

的时代境遇、社会背景下,甚至在相同的教育现场中,由于不同主体在教育场域中所拥有的权力以及各主体对教育效用的期待不同,对教育价值的定位、选择、排序也会不同。例如,评价一节内容为救人的语文课,有的关注教师传达的观点是否正确,有的关注课堂教学内容是否和考试相关,有的关注是否教育学生珍视人的生命,等等。不同的教育主体选择不同的教育价值似乎是正常的、合理的,但需要进一步思考的是:所选教育价值满足的是谁的教育需要,忽视、漠视、遮蔽的是谁的教育需要? 着力的是教育的内在价值还是外在价值? 关注的是教育的短期效益还是可持续发展? 所选教育价值可能将教育领向何方? 追问这些问题,意在表达:任何一次对教育实践有影响的教育价值选择,都有可能引起"蝴蝶效应",其中包括伦理风险。

2. 教育价值选择引发伦理风险

优先选择何种教育价值之于未来是存在伦理风险的,教育者当下所进行的"正确的"教育行为,在未来有可能是"错误的""不当的"。吴非先生在《这节课,与未来有关》中指出:"我在犯错误时不可能知道是在犯错误,几十年过去,后果显现,我的教学非但没价值,而且有害于人。看当今的成年人,凡遭受非议的言行,无不有早年受教育的影子。""教育改变人生,有可能把人变好,也有可能扭曲人。"①因此,从伦理风险来看,"每节课,都和未来有关"。

伦理风险是风险中的一个重要类型,与经济风险、政治风险、文化风险密切相关,是指某些道德原则和规范在现实生活中的推行、践履有可能导致不理想的效果或负面影响的危险性,亦指可能的道德行为在实际过程中的不确定性,这种道德行为的不确定性既可以指行为主体本身的道德行为的不确定性,也可以指一种社会措施可能引起的道德后果的不确定性,并且这种不确定性主要是立足于其可能产生的结果及其潜在的危机或风险而言。② 鉴于道德原

---

① 吴非:《课堂上究竟发生了什么》,中国人民大学出版社 2015 年版,第 2 页。
② 张彦:《价值排序与伦理风险》,人民出版社 2011 年版,第 58 页。

则和规范的推行、践履本身就是价值排序与选择的结果,因此伦理风险是价值选择的直接表现。一般来说,价值选择引起的伦理风险主要表现为两个方面:一是同一道德主体在不同情境、不同领域中的价值排序;二是不同道德主体价值选择相异乃至冲突的风险问题。基于此,教育价值选择引发的伦理风险主要表现为:一是受教育者在学校所接受的价值选择不断受到当下乃至未来校外价值排序的冲击,导致受教育者的价值观缺乏一致性;二是不同教育主体因教育价值选择不同甚至冲突所导致价值共识的不确定性对受教育者道德所产生的影响及其后果的不确定性。

提出教育价值选择的伦理风险问题,意在关注:为了受教育者的未来,教育应选择何种价值? 已作出的价值选择是否屈服于某种压力? 是不是在绩效的压力下作出的? 教育中的人是被当作目的还是成为实现某种程序的环节? 价值选择对学生的价值观、道德品质可能会产生什么样的影响?

(二) 规避深化教育改革价值选择的伦理风险

伦理风险本质上是人的价值观诉求遭遇到自己所建立起来的价值世界的威胁,而每次应对则是在付出代价后进行新的价值选择。当下我国教育改革已进入深水区,如何摆脱价值选择的伦理风险摆在了人们面前。

1. 选择教育改革价值可能存在的伦理风险

教育价值选择与伦理风险相伴。为了降低伦理风险的损害程度,需要对所选教育改革价值可能存在的伦理风险进行辨识,并进行相应的治理。

首先,教育改革者因缺乏价值选择伦理风险意识而可能存在风险。改革有风险,这是改革者能意识到并尝试避免的,但教育改革存在伦理风险这一点可能被"忽视"。伦理风险不同于风险:风险是一种"虚拟的现实",是一种可能的损失、亏损和伤害的起点,是一种不确定的危险可能,是影响目标实现的不确定性事件和要素的集合;而伦理风险主要表现为主体在具体情境中所作出的价值排序、选择、判断和行动所引起的可能危害和直接后果。如果模糊风险和伦理风险的差别,或缺乏"漠视"价值选择的伦理风险意识,就易于对教育改革后果问题产生归因错位,不利于深化教育改革。

其次,教育改革价值选择实施的过程中存在动机—手段—效果的不对等,这一点可能会带来伦理风险。进行教育改革,必然预先有一个除恶扬善、扬长避短的价值取向、价值判断和价值选择的过程,是一个用所选价值指导教育政策、教育实践和制度保障实施的过程,但也可能是一个动机—手段—效果不对等的过程。教育改革的目的正当,并不等于其改革措施合道德,教育改革目的正当与措施合道德也不能保证其结果完全是正向的,教育改革当前的正当和合道德,也不等同于未来也是正当和合道德的。

最后,教育改革价值选择的人性假设也可能导致伦理风险。教育实践离不开人性假设,既往教育实践启示我们,深化教育改革所选择的价值及其人性假设也可能存在伦理风险。既往教育实践中的人性假设,大多是以个体"真实"的"近距离"交往为前提的,相应的教育价值选择建基于其上。而在未来,个体的"虚拟"存在将处于常态,传统近距离伦理法则将被突破,教育改革所选择的价值及其人性假设如果不能满足远距离虚拟存在境遇下社会新秩序与个体精神世界的建构,教育改革所选择的可持续发展、尊重、自由、民主、公平(正义)等价值,如果经不起信息化、全球化、生态化、知识经济化和人工智能时代的考验,伦理风险则会随之出现,受教育者将可能遭遇道德困境。

2. 规避教育改革价值选择伦理风险的可能

首先,要形成教育价值选择伦理风险意识。贝克指出,"知识与无意识的合题"构成了风险的不确定性。换言之,国家和社会的发展越来越依靠知识,同时,由于缺乏与运用知识相应的风险决策和行动而产生大量的风险。如气候变暖、生态恶化、过度军事化、SARS 疾病蔓延、国际金融危机等,均证明了这一点。近现代以来,教育改革无不在一定的知识体系引领下进行,其伦理风险也由此而生。如美国 1958 年开始的以"学科结构运动"命名的课程改革①，经过十多年的试验，因问题过多而失败。基于此，人们在倡导某种教育改革的正当性时，需要对其可能存在的伦理风险保持警觉，以免出现"有组织的不负责任"②。

其次，建构教育改革价值选择伦理责任的新向度。一个时代的教育伦理取向虽有传承性，同时有其独特性，以满足人们对教育伦理的新要求。当下我国深化教育改革处于信息化、网络化、全球化的时代中，教育改革价值选择所存在的伦理风险较之以往更复杂，需要在一定程度上扩展与延伸新的伦理责任向度，需要思考教育改革责任主体的复合性、责任的未来指向性以及责任对象生命质量的整全性。

教育改革是一个系统工程，这使得教育改革价值选择主体具有复合性。从教育改革运作情况来看，决策、实施、管理等各个环节越来越复杂，而且彼此之间像网一样相互交织，参与改革的个人主体只是整个系统的很小的组成部分。教育改革要取得成功，需要关注主体的复合性，教育改革系统各环节的主

---

① "学科结构运动"的具体情况：20 世纪 50 年代苏联卫星上天，空间技术领先一步，美国感到恐慌。通过调查反省，得出的结论是："伊凡知道的，约翰尼不知道。"（What Ivan knows that Johnny doesn't.）美国把自身空间技术落后的本质原因归于教育，特别是基础教育。一时间美国舆论哗然，要求"这个国家必须改革它对教育的想法——从幼儿园开始彻底重来"。于是，美国试图通过教育改革迎头赶上，以"学科结构运动"命名的课程改革开始了。1958 年，美国议会通过国防教育法，强调在中小学加强数学、自然科学、外国语的教学。1959 年 9 月，美国科学院在伍兹霍尔召开关于改进中小学自然科学教育问题的研讨会，邀集了 35 位科学家（其中包括 11 位诺贝尔奖获得者）和一批学者、教授参加。大会主席由著名心理学家布鲁纳担任，并做总结发言。结构主义的教育理论引发了这次所谓的"学科结构运动"（the Structural Movement of Course）。其中一个主要内容是主张各个主要领域的专家全面参与课程设计、教科书的编写和教学大纲的拟定工作。之后，由这些专家权威组成的研究组织编写了大批的教材供中小学使用。改革经过十多年的试验，暴露出许多问题，效果不尽如人意。最后，以这一革新是"为了变化而进行变化"，对教育质量的提高"毫无作用"的结论宣告结束。

② 贝克提出"有组织的不负责任"这一论断，意指：现代社会变成了一个完全没有人承担责任的实验室。各种工业试验未经人们同意、强行地在人类身上进行着，没人对实验的原因、范围、后果和程序负责。详见[德]乌尔里希·贝克：《世界风险社会》，吴英姿等译，南京大学出版社 2004 年版。

体应承担其相应的责任。为避免教育改革复合主体出现责任指向的离散性，需要人们密切关注受教育者适应当下与未来社会所需要的素养。近些年来，人们尽管重视学习的四大支柱——学会求知、学会做事、学会生存（学会做人）和学会共处，但它们仍受到全球化深入发展、多元世界观和价值观并存、贫富差距加大、科技创新日新月异和伦理风险加剧的挑战。教育怎样更新这四大支柱？怎样通过教育价值选择及其实践应对新的挑战？怎样通过建构伦理原则来协调多元的世界观和价值观？怎样通过教育的公平、正义为社会处境不利的个体提供可持续发展的条件？怎样通过教育超越狭隘的功利性取向和经济主义以提高受教育者的生命质量、促进个体完满人格的形成？这些问题是教育改革主体在履行责任时需要回应的。

最后，给予教育改革价值选择实施过程中的不确定性以合法性。在教育改革过程中，要尊重参与主体的自主性并为其自由探索留下空间，这也是我国深化教育改革应有之义，但这并不意味着主体的个体性会离散教育改革目的的聚合性。在保持理性的前提下，在人们认同某项教育改革利大于弊时，自主选择意味着殊途同归，就像教学有法但教无定法一样。

强调教育改革主体的自主选择权，赋予改革中的"不确定性"以合法性，意在消除组织系统可能存在的僵化。以追求确定性为主旨的教育，常常以系统性的方式清除教育实践的不确定性和随机性，以确保在最细节的层面有可预测性，虽然培养了受教育者的结构性、领域性素养，但却使他们远离了真实的生态模式。提出不确定性的合法性，旨在倡导为人生而学习、为生活而学习、为可持续发展而学习。因为，面向未知的选择及其行动，会唤起人内在的潜能，以应对出现的压力，发现新的信息、机会，这样的应变机制会为应对未来的不确定性做准备。

三、超越人本主义教育及其伦理思路

教育改革回应的是时代及其社会发展对人才的需要,其价值选择与时代—社会的伦理诉求是内在一致的。在此意义上,教育改革价值排序与其相应的伦理形态是内在一致的。从我国的教育改革历程来看,新中国成立后,新民主主义革命取得了成功,新教育代替了旧教育,人民伦理既是无产阶级革命正当和进行社会主义建设的伦理原则,也是学校伦理道德教育价值取向的出发点与落脚点。随着我国改革开放的深入开展,人本主义思想成为教育改革的核心理念。然而,现代性后果的不断凸显折射出人本主义及其主体哲学出现了危机。对此,利奥塔、德里达、福柯、罗蒂与鲍曼等人进行了深刻批判,阿伦特、列维纳斯和我国学者赵汀阳等则进一步探讨了超越人本主义伦理取向的可能思路,为教育改革提供了新启示。

(一)反思人本主义教育的根本问题

人本主义在 20 世纪哲学家那里受到了两大挑战。一是关于人本主义的可能性,即人类定义自己本质和根源的可能性问题。人类是否可能认识并清晰表达出自身的本质?人是否可能完全实现对自身的了解和把握?人是否可能既是所有知识的主体,同时又是人自身知识的客体?对此,福柯和德里达都表达了人类定义自己本质和本源的不可能性,其结论为"人类的终结"或者"主体性的死亡"。二是关于人本主义的合意性(desirability of humanism)问题。在列维纳斯看来,"我们社会中的人本主义危机,始于'晚近历史中那些非人道事件'",包括第一次世界大战、法西斯主义、希特勒主义、第二次世界大战、原子弹轰炸、种族大屠杀以及连绵不断的战争,还包括"仅计算现实而总是缺少思考现实的科学",以及"对剥削与战争无动于衷的自由主义政治与政府"等，①这些事情都以人之为人意味着什么这个特定定义为基础或者受其蛊惑而发生的。列维纳斯还进一步指出，人本主义的危机并不仅仅在于前述非人道事件本身，而在于人本主义对有效应对这些非人道事件无能为力。鉴于此，列维纳斯认为，"务必要公开指责人本主义——因为它已经不够人道了"。② 海德格尔也坚持必须反对人本主义，"因为它没有把人性安放得足够高"。在海德格尔看来，人本主义所强调的是人的实质或本质，而不是把人当作人——应该强调人的存在——强调人在世界上的存在方式，因而将人理解为一种物的存在。人的实质或本质（人作为一种存在）与人的存在或存有（人的存在）是不同的，人本主义强调前者忽视后者，它着力于人之为人的标准，按照这种标准那些不能达标或不照此标准生活的人被排除在外，人的真实情况没有被顾及。

格特·比斯塔认为，人本主义预设人之为人的本质或标准所导致的根本性问题也显现于教育领域。"它指定了孩童、学生和新来者必须成为什么样的人，却没有给予他们展示自己是谁、自己将成为谁的机会。因此，人本主义看起来无法打开这样一种可能性，即新来者有可能从根本上改变我们对作为人意味着什么的理解。结果是教育（再次）成为一种社会化的形式，因为在这种特别的框架内每个'新来者'都只能被视为一个实例——他们在某种程度上说是'成功'的，其'本质'已被明文规定、已被提前知晓和已被赋予特征。"③这也就意味着："人本主义似乎会阻断新生儿成为新一代甘地，我们教室里的学生成为新一代的特蕾莎修女，或者新来者成为新的纳尔逊·曼德拉的可能性。这表明，人本主义基本上只把教育看作社会化的过程，看作将新来

---

① E. Levinas, *Difficult Freedom*: *Essays on Judaism*. Translated by Sean Hand, Baltimore: Johns Hopkins University Press, 1990, p.279.

② E. Levinas, *Otherwise Than Being or Beyond Essence*, Dordrecht, Netherlands: Martinus Nijhoff, 1981, p.128.

③ ［荷］格特·比斯塔：《测量时代的好教育——伦理、政治和民主的维度》，张立平、韩亚菲译，北京师范大学出版社2019年版，第76页。

者安置于既有的现代理性秩序之中的过程。所以,人本主义不能去把握每位个体的独特性,它只能把每位新来者看作已经预设好了的、事先已经知晓的人的本质的一个实例而已。"①以此来看,人本主义教育、主体教育都陷入这一窠臼,即便杜威的教育思想也未能祛除这种局限性。

杜威理论的独特之处在于从交流的过程切入教育,他把教育看成教育者和学生一起做的事情,是通过参与、互动与交流实现联合活动的过程。杜威的这一思想为现代哲学提供了一个新起点,即,交流是意识的一个条件,而非意识是交流的一个条件。对此,加里森(J.Garrison)认为,杜威思想中所发生的这种"格式塔转换"包含着"从'本质的形而上学'到'存在的形而上'的转移,前者是关于原初的和终极的'物'的形而上学,后者是关于过程与存在的形而上学"②。对于这种格式塔式的转移,比斯塔借鉴德里达对形而上学的质疑,认为杜威的交流哲学仍是一种形而上学;它虽不是本质主义形而上学,但仍是一种"在场形而上学",它以交流替换了意识。德里达认为,自柏拉图以来,西方哲学就不间断地努力将思想定位于一个基础、一个固定中心和一个阿基米德点,它作为一个绝对的开端,且所有源于此开端的事物都可被掌握和被控制,它作为一种"在场"统摄"不在场"——"所有与基础、原理或中心相联系的名称总是指向一个不变的在场",如柏拉图的"理念"。以此来看杜威的思想路径,他"把交流看成万事万物起源的、初始而自足的'在场'",为交流如何进行提供了一个模板,因而使其试图打开的事物反而被关闭掉了。③

(二) 超越人本主义教育的责任伦理路向

当主体的本质被抽掉之后,当人本主义教育遭遇超越之后,如何理解人

---

① [荷]格特·比斯塔:《超越人本主义教育:与他者共存》,杨超、冯娜译,北京师范大学出版社 2020 年版,第 10 页。

② [荷]格特·比斯塔:《教育的美丽风险》,赵康译,北京师范大学出版社 2018 年版,第 54 页。

③ [荷]格特·比斯塔:《教育的美丽风险》,赵康译,北京师范大学出版社 2018 年版,第 63—64 页。

性？如何理解教育？如何理解教育的伦理取向？阿伦特、列维纳斯与赵汀阳的思想为开启新的教育伦理路向提供了可资借鉴之处。之所以选择这三位思想者，主要是因为他们突破了人本主义单一的人性观，不再以二元对立的方式处理我与他者之间的关系，通过承担责任而不是寻找自我利益最大化重构主体性。

1. 复数人性与个体责任

如果说人本主义规定了人的本质并以此为基础实现社会运作，黑格尔就曾质疑这种意识哲学体系，他认为社群不是压制个体的外在因素而是对个体的一种建构。黑格尔的这一观点被杜威、米德、维特根斯坦以及哈贝马斯所汲取，他们在反对"我思"的同时，把主体间的社会实践置于首位，开启了重新理解主体性以及主体与主体之间的新方法。在意识哲学传统中，"我思"先于我与世界的相遇，他者首先作为我的意识的客体、我的经验与知识的客体而出现，而"主体间"展现的首先是我与他者相遇，展现的是人是境遇性、关系性、历史性的存在或社会建构性的存在。尽管如此，这一思维方式还"没有突破那种意识的总体化表达方式"，比如，杜威哲学仍是一种"在场的形而上学"。

福柯指出，在现代思想中，人既是知识的客体又是知识的主体这一观念是新近的发明；而在古代，人只是神圣宇宙秩序的一部分。"人的终结"只是一种特定的关于人的主体性的现代阐释的终结，而不是对主体本真性追求的否定。为了摆脱无法掌控自身个性、无法自主做事与思考的可能性，应促使人们是其所是、做其所做、想其所想。关于现代主体，让-卢克·南希（Jean-Luc Nancy）指出，主体是"谁"的问题常常被当作"谁"的什么问题，人们更多关注"谁"的基础导致"谁"成为"什么"。人们如果认真对待"谁之问"，应区分"谁是谁"与"什么是谁"，前者是身份问题，后者是本质问题，关涉主体的在场性及其入场的独特性。对"谁是谁"的问题不能通过内省解答，需要与他者相遇。对此，阿伦特与列维纳斯提供了思路。

阿伦特指出："具体问题必须具体分析：如果说世纪初以来我们经历的这一系列危机还能对我们有所教益的话，我认为，那就是如下简单的事实：对于就各种特殊情况作出判断来说，没有什么恒常的通行标准，也不存在什么确定无疑的规则。"①她认为人是一种社会的或政治的动物："物和人共同组成了人的每一种活动的环境，没有这个环境，活动就是无意义的；而这个环境，这个我们出生于其中的世界，没有人的活动，就不存在——物的制造生产了它，土地的耕作照料了它，政体的组织创造了它。不在一个直接或间接地证明他人在场的世界里，就没有任何人的生活是可能的，甚至荒野隐士的生活也不可能。"②因此，所有的人类生活都依赖于人们共同生活的事实，所有的人类活动是在一定的境况中进行的。

阿伦特关注"人的境况"，与之相应的是人类的三种根本性活动："行动"与"劳动"（labor）、"工作"（work）。在阿伦特那里，劳动，相应于人作为动物的生物生活，劳动的人之境况是生命本身；工作，相应于人类在地球上建造的人为对象世界，可为有死性的人提供承续所需要的保障，工作的人之境况是世界性；作为致力于政治体（political body）创建和维护的行动，是唯一不需要以物或事为中介，可以直接在人们之间进行的活动，相应于人的复数性，即不是单个的人，而是人们，生活在地球上和栖息于世界的人们。③ 这三种活动"都承担着为作为陌生人来到这个世界上的、源源不绝的新来者，提供和维护世界，为他们作规划和考虑的责任而言，他们三者都根植于诞生性"④。阿伦特认为，行动与人的诞生性联系最为紧密，也更能充分展现人的复数性、特异性。因为，劳动无须他人在场，可在绝对孤寂中进行，劳动状态的人不是人的真正状态，只是一个"劳动动物"；工作中的人虽然可以制造和建构世界，但仍然只

① ［美］阿伦特：《责任与判断》，陈联营译，上海人民出版社2011年版，第1页。
② ［美］阿伦特：《人的境况》，王寅丽译，上海人民出版社2009年版，第14页。
③ ［美］阿伦特：《人的境况》，王寅丽译，上海人民出版社2009年版，第1—2页。
④ ［美］阿伦特：《人的境况》，王寅丽译，上海人民出版社2009年版，第2页。

是一个制造者,也已经"丧失了他特有的人的属性";只有行动是人独一无二的特权,野兽或神都不能行动,因为只有行动才完全依赖他人的持续在场。①

"行动"由人进行,其中蕴含着对"一个人是谁"和"一个人是什么"的区分。"是谁"所显现的方式使个体与众不同,而"是什么"所连接的是一个具体种类的成员,其所显示的方式使个体与其他成员基本一样。由于行动必须是公开的,它既需要行动者,也需要旁观者和见证行动的公共空间。行动开启的时刻就是自我展现的时刻,行动者是任何其他人无法代替的,复数的人在彼此间展开行动而又无法相互代替。行动是特殊个体深思熟虑的行迹,行动的独特之处在于"新生性"——能够"开端启新",它让行动者个体化,每一个行动者都可能把某种新颖的、未曾预料之物带入世界,每一个个人都是"独一无二的、不可替代的和不可重复的"。他们不受约束的协商以论证、劝说和商议为目的,他们共享世界、获得"扩展的心胸",并由此避免孤独和主观性,所形成的共同感使政治成为可能。

阿伦特汲取亚里士多德关于人作为政治存在的思想,将行动与言说联系在一起,其特征主要表现为:"第一,它以最清晰的方式揭示言说者的心态和品格。第二,言说直接与观众相连,因此使行动者和旁观者直接关联在一起。第三,言说阐明同时质疑共同体共有的生活意义。第四,言说与理性和判断相连,因此使行动富有人性,提供了一个不同于霍布斯叙述的人类动机和行为图景,霍布斯的叙述依赖于动物性的好恶动机。最后,言说是可记录的,因而与作为叙事的人格生命观念相符。"②阿伦特强调行动的重要性实则强调个体直接参与公共生活的重要性,因为她认识到经济领域对政治的入侵,认识到政治领域关注的是在古希腊只有家庭才关注的事情——紧迫性的生存问题,认识到现代社会的运作实则是"顺从主义",认识到极权主义对人的宰制。在阿伦

① [美]阿伦特:《人的境况》,王寅丽译,上海人民出版社2009年版,第14—15页。
② [美]帕特里克·海登编:《阿伦特:关键概念》,陈高华译,重庆大学出版社2017年版,第52页。

特看来,"自从'家务'或经济活动开始上升至公共领域以来,家务管理和一切从前与家庭私人场所有关的事务都变成了'集体'关心的事情"①。当政治领域与经济领域保持一致且持续地彼此融入时,"一个国家由平等者组成还是由不平等者组成并不重要,因为社会总是要求它的成员像一个大家庭内的成员一样行动,只有一种意见、一种利益"②。

阿伦特通过论述人之境况的三种人类活动,挑战了西方思想中的两个传统,期待通过行动保持自由。她所挑战的两个传统为:第一,在古希腊和罗马思想中,沉思态度是人类成就的顶峰,而阿伦特强调实践胜于理论;第二,以康德为代表的哲人推崇实践理性,但阿伦特认为实践理性本质上是一项孤独的事物——在个人与普遍理性的命令之间展开,未能承认人的复数性,未能将实践权威和实践意义的来源置于人类领域。在阿伦特看来,"沉思在传统等级中获得的极大重要性,模糊了积极生活内部的各种区分和表述",虽然马克思赋予劳动以神圣地位,尼采高扬生命意志的旗帜,表面上看最终颠覆了传统的等级秩序,但传统的概念框架仍然完好无缺地保留着。因为,"现代的颠覆和传统的等级秩序所共享的假定是:同一种主要的人类关切支配着人的所有活动,因为如果没有一个囊括一切的原则的话,秩序就无法建立"③。在阿伦特看来,这样的假定当然不是事实,劳动、工作和行动作为"积极生活"的表现形式,其背后的关切是不一样的,其他关切不高于也不低于"沉思生活"的主要关切。阿伦特认为,人是被处境规定的存在者(conditioned beings),人不能离开物而单独存在,任何东西经过与人接触之后,就立刻变成了下一步存在的处境。但人的境况不等于人的本性,与人的境况相应的所有人类活动和能力的总和也不能构成任何类似人的本性的东西。人的本性是人的复数性,即数量多、有个性,同时具有自然性和社会性。

---

① [美]阿伦特:《人的境况》,王寅丽译,上海人民出版社 2009 年版,第 21 页。
② [美]阿伦特:《人的境况》,王寅丽译,上海人民出版社 2009 年版,第 5 页。
③ [美]阿伦特:《人的境况》,王寅丽译,上海人民出版社 2009 年版,第 8—9 页。

在阿伦特那里，人的复数性、独一性、新生性与行动、自由紧密地联系在一起，这是她对人类事物的信念和希望，也是源自"现代性大屠杀"的思考。通过观察对艾希曼的审判，她得出这样一个她的而不是法官的判断：艾希曼侵犯了人类的复数性。复数性就是"人的多样性……没有它，'人类'或'人性'这些词将被剥夺意义"。阿伦特在对艾希曼的审判中洞悉了复数性之于人的意义，正是基于这种意义，艾希曼的罪行才能够被公正地判决为针对人性、人的尊严和每一个人的罪行。① 也正是在这种意义上，行动者既要对其将要进行的行动负责，也要对其已经开启的行动负责。针对行动的无边性、不可预测性和不可控制性，阿伦特引入了承诺和宽恕法则。帕勒克（B.Parekh）在表述阿伦特的思想时说，"承诺稳定了未来，宽恕悬置了过去"。行动者保留着行动的责任，但是行动的冒险在某种程度上经由承诺、行动和宽恕为共同体共同承担。②

由阿伦特的行动理论可以看出，人诞生于、行动于并不断开端于由人与物构造的世界，复数性是人行动的条件，个体行动的同时他者也在行动，主体是"谁"需要通过其进入世界的方式来理解。个体入场不只是向世界展示自我的过程，也是一个向那些不同于自我的具有行动力的他者展示的过程，又是一个形成共同感为自己所开启的行动及其结果负责的过程。关于行动言说的意义，赵汀阳教授通过对"众议"与"投票默认"的比较清楚地展现了这一点。"公议制度默认的是智力和德性的差异，公议是为了能够对各种意见进行理性选择，挑选出最优方案"；"投票默认的价值观是平等，完全抹杀智力和德性的差异，拒绝理性思考，把一切意见看作是同等价值的方案，胜负只看盲目主观的'偏好加总'。由于拒绝了理性比较，投票民主比公议民主更加偏离公

① ［美］阿伦特：《责任与判断》，陈联营译，上海人民出版社2011年版，第7页。
② ［美］帕特里克·海登编：《阿伦特：关键概念》，陈高华译，重庆大学出版社2017年版，第53—54页。

正"①。

阿伦特的行动理论启示教育:(1)受教育者既诞生于也来自由人与物构成的世界,劳动、工作和行动作为积极生活的三种根本性活动既是人之境况之体现,也是受教育者进入世界的方式。(2)教育应关注受教育者入世的方式与行动能力。即,显现自我—关注他者—反思自我—再显现自我的能力。(3)将每个受教育者视为独特的存在,使他们成为"某个人"而不是可复制的"通用心灵"。(4)帮助受教育者学会接纳多元与差异,与他者共生共存,为自己的行动负责。(5)为了实现前述三种,教育思维方式需由"在场的形而上学"转向存在论和生存论,反思统一性、一般性和普遍性对特殊性的遮蔽所存在的问题,让独特的个体得以显现。

2."伦理优先"与"为他者主体"

如果说阿伦特强调通过行动维护人的复数性,通过理性思考与判断个体担负起自己的责任,以展现人性、避免"平庸之恶"。那么,列维纳斯则通过将他者置于神圣地位,强调伦理优先以及个体为他者无限负责,实现主体价值。

在现代哲学中,由于认识论占主导地位,"我思"或意识被认为是首位的,自我与世界、他者之间的基本关系被认为是一种认知关系,着力探寻人与事物的本质、规律,内含"同一性"原则,即把一切变化都看作"同一"。这一思想体现于对他者的认识,则意味着人具有同样的身体构造与理性能力,人生而平等,具有同样的自由与权利,基于个人概念的各种价值就被说成普遍价值。"我"与"他"是同类,我怎么样,他实际上也就怎么样。笛卡尔的"我思故我在"、康德的"理性主体"以及政治领域中的契约论和经济领域中的理性人假设,皆立足于"人同此心,心同此理"之上。"同一性"原则也体现于现代伦理道德领域中,它用理性统摄道德情感、道德直觉、道德感受,用价值判断统摄道

---

① 赵汀阳:《每个人的政治》,社会科学文献出版社2010年版,第155页。

德实践,用道德的形式统摄道德实质,用普遍性的标准规范个体,用公民、独立的个体取代教众、同族者和别处居民。

由于普遍性伦理为人提供了正确的、客观的、统一的评判标准,人只需按照普遍的道德法则行事。道德上的"我"仅仅是伦理上"我们"的单数形式,道德自我融于无所不包的"我们"之中,"我"可以被"他或者她"替换,在第一个人身上规定为道德的东西到第二个人或者第三个人身上时仍然是道德的。在此意义上,只有那种诸如能够经受得住"丧失个性"的规则,才被看成适合设定的伦理规范之条件,而且"无论如何只能是集体的或者是权威立法的结果。① 因为,"世界在本质上是由无限种类的秩序模式构成,每种模式均产生于一套相对自主的实践,……每一种秩序模式唯有从使其生效的实践角度看才是有意义的"②。一旦要求用一种普遍性的伦理秩序来统一具有无限种类秩序模式的世界,意味着遵循普遍道德法则置换了个体道德判断,处境不同的个体道德自治就会遭受压抑,地方的、传统的道德权威会被解构,"相对""多元"会被视为一种恼人的事和挑战。关于这一点,奥斯维辛集中营,第一与第二次世界大战,以及美国在推行民主制度的旗帜下对阿富汗、伊拉克、叙利亚和利比亚发动的战争,皆展现了对他者的评判、排斥与伤害。

列维纳斯作为犹太人与阿伦特、鲍曼一样,皆遭遇了纳粹带来的不幸,他深刻地体会到国家与"总体理性"结合对他者的排斥,见证了西方世界在20世纪所经历过的几乎所有暴力。所有这些促使他追问理性是如何与野蛮结合在一起的,并挑战西方哲学将人与人之间的关系定位于一种认知关系的传统,以及进行的一种"中性立场"的伦理道德建构。他通过肯定他者的绝对性、优先性和神圣性引爆意识/理性这一哲学之根,使其脱离总体性的"绝对"。在

---

① 〔英〕齐格蒙特·鲍曼:《后现代伦理学》,张成岗译,江苏人民出版社 2003 年版,第55 页。

② 〔英〕齐格蒙特·鲍曼:《立法者与阐释者——论现代性、后现代性与知识分子》,洪涛译,上海人民出版社 2000 年版,第 5 页。

列维纳斯看来,从亚里士多德到海德格尔,人们一再发现的是观看的图式——在眼睛与事物之外还设定了光——眼睛看到的不是光,而是处于光中的事物。即,与个体之物的关系,建立在并不实存的普遍性之光中,个体之物被"一""逻各斯""理性"所统摄,被置于"总体化"之中,导致多元性消失,进而"也就意味着他者的消失,而他者的消失便意味着伦理的消失"①。然而,他者是不可被主体完全吸收、同化的。例如,死亡,那个把自己暴露于利刃或手枪子弹面前而仍毫不妥协的、居高临下地对"我"说不的他人,"自我"的物质性需要得到满足使自我被他者拯救,对爱欲的沉迷与生育也使不同于自我的他者显现。

列维纳斯认为,面对真实的死亡,人们"不再能有所能",因为死亡是活着的人无法通达的、无能为力的。"死亡却无法被主体所消化,它刺破了主体的实存,使其再无法保持其实存的同一性和单一性。"②同样地,那个对"我"说不的人也拒绝了"我"的通达,其抵制使我的权能瘫痪。关于他者的不可把捉性、外在性,列维纳斯在《总体与无限》中有阐述。

> 可以居高临下地对我说不的他人,把他自己暴露于利刃或手枪子弹的面前,而其"自为"所具有的一切坚定不移,连同其提出的这种毫不妥协的不,一道由于以下事实而被抹消:即利刃或子弹已经击中他的心脏。在世界的织体中,他几乎是无。但是他可以用一种斗争来对抗我,就是说,不是用一种抵制之力来对抗那击打在他身上的力量,而是用他的反应的不可预料性本身来对抗这种力量。因此他不是用一种更强大的力量——一种可估计的并且因此似乎是作为构成大全之一部分而呈现出来的能量——来对抗我,而是用他的存在相对于这个大全的超越本身来

---

① [法]伊曼努尔·列维纳斯:《时间与他者》,王嘉军译,长江文艺出版社 2020 年版,"译者导读"第 xviii 页。

② [法]伊曼努尔·列维纳斯:《时间与他者》,王嘉军译,长江文艺出版社 2020 年版,"译者导读"第 xxvi 页。

对抗我;不是用强力的任意一个顶点,而恰恰是用他的超越的无限来对抗我。这种比谋杀更强大的无限,已经在它的面容中抵抗我们,它是它的面容,是原初的表达,是第一句话:"汝勿杀"。无限通过它对谋杀的无限的抵抗而使权能瘫痪;这种抵抗,坚定而不可逾越的抵抗,闪现在他人的面容中,闪现在他人的毫无防御的双眼的完全裸露中,闪现在超越者绝对敞开的赤裸中。这里有一种关系,不是与一种极其强大的抵抗的关系,而是与某种绝对别样的事物——那不抵抗者的抵抗:伦理的抵抗——的关系。

无限将自身呈现为面容,后者处于伦理的抵制中,这种抵制使我的权能瘫痪,并从毫无防御且处于赤裸和不幸中的双眼之深处升起,坚定而绝对。对这种不幸和这种饥饿的理解建立起他者的临近本身。但这就是说,无限的临显乃是表达和话语。

在表达之中,一个存在者呈现它本身。显示自身的存在者出席到它自己的显示之中,并因此求助于我。这种到场,并不是一个图像的中性状态,而是一种恳求,以其不幸和高度关涉着我的恳求。①

列维纳斯认为,客观事物并不只是被我认识、加工的对象,而且还是使主体遭遇外部和他者并从这种遭遇中获得拯救的可能。人的肉身的自然物质性需要使得自我不得不对自身操持,饮食为饥饿带来了满足,享受食物成为一种主体与外部交往的方式,同时给主体带来了一种日常生活中的超越和拯救。享受既使我们与外物有所距离,却又因享受过程中的"忘我"而使这种距离消失,享受是一种对客体的吸收也是一种与它的距离。在列维纳斯看来,甚至认识和思想也可以首先被视为一种享受。为了揭示他者的不可同一性、特异性,列维纳斯还阐述了爱欲中女性之于主体的神秘性,以及儿子作为父亲他者的不可同一性。爱欲让人因饥渴而充盈,因缺乏而富足;通过生育,自我既可以

---

① [法]伊曼纽尔·列维纳斯:《总体与无限:论外在性》,朱刚译,北京大学出版社 2016 年版,第 183—184 页。

在与他者的关系中存活，又可以通过孩子更切实地通达将来。爱欲中的男与女、生育中的亲与子之间的关系，是"多元融合"而不是"同质性一体"，是"面对面"的相互显现而不是"肩并肩"的共在，是一种互不占有、紧密相连的非同一关系，而不是要在爱中获得"绩效"和"成果"。

基于他者存在的不可消除、同化，列维纳斯主张主体是关系中的人。我与他者的关系"早于自我意识，先于规范原则"①。在这种关系中，他者的存在不需要通过"我思"来验证与确认，他者就在那里，他以"面容"的形式显现自身，显现他的绝对性、他异性和独特性。关系既不是认知也不是行为，而是一种伦理关系，是一种自我对他者无限负责的关系，一种对他人负责而不期待相互回报的关系，一种不需要任何原则考量的关系，一种无须事先承诺以证明其合理性的关系。这种关系是"一种义务，早于任何承诺"，"要比先验还早的先在性"，②"早于进入记忆的意识时间"③。在这种关系中，是存在的原初发生，伦理关系是首要关系，他者优先，他者至上，主体是对他者的人质。因为，以赤裸的、脆弱的、最易受伤害的面容显现的他者在召唤我们，正是这种召唤使我们成为我们自己，成为独一无二的不可代替的自我。我们响应他者的呼唤，服从他者的命令，对他者承诺和担当。在此意义上，主体性意味着受制于客体的客体性，意味着道德主动性，意味着对面容的欢迎、好客，意味着尊重绝对他者和维护绝对他性，意味着主体卸下了自我主义的重负，意味着为他者负责。如列维纳斯所指出的："恰恰是在他人与自我的关系不是相互关系的范围内，我服

---

① E. Levinas, "*Substitution*", in *The Levinas Reader*, S. Hand（eds.）, Oxford：Basil Blackwell, 1989, p.90. 又见［荷］格特·比斯塔：《超越人本主义教育：与他者共存》，杨超、冯娜译，北京师范大学出版社 2020 年版，第 52 页。

② E. Levinas, "*Substitution*", in *The Levinas Reader*, S. Hand（eds.）, Oxford：Basil Blackwell, 1989, p.96. 又见［荷］格特·比斯塔：《超越人本主义教育：与他者共存》，杨超、冯娜译，北京师范大学出版社 2020 年版，第 52 页。

③ E. Levinas, "*Substitution*", in *The Levinas Reader*, S. Hand（eds.）, Oxford：Basil Blackwell, 1989, p.107. 又见［荷］格特·比斯塔：《超越人本主义教育：与他者共存》，杨超、冯娜译，北京师范大学出版社 2020 年版，第 52 页。

从于他人。而事实上正是在这一意义上,我是一个'主体'。正是我在支撑一切。"①换言之,使我具有独特性的不是我的身份、我独有的素质,而是我担当责任以及我不能从这一指定中脱离这一事实。

如果说列维纳斯着力于关注我与他者的关系,《相异之人的社群》(*The Community of Those Have Nothing in Common*)一书的作者阿方索·林吉斯(Alphonso Lingis),则通过区分理性社群与他者社群将关注点指向"他者社群"。林吉斯认为,理性社群是由一种共同的话语催生出来的由共同的见识、共同的行为指南和共同的信仰所构成的社群,理性社群的成员无论是谁、说什么,都是无关紧要的,因为成员之间可以相互代替,由谁发言并不重要,只要所讲内容"有意义",人们的见解和洞见被非个人化,人们之间被同质化了,陌生人被排除在外。② 然而,进入后现代社会之后,流动已成为人们生活中的常态,"陌生人"就在此地,人们是彼此间的陌生人,差异是不可避免的。差异不再被排斥,甚至成为需要保护、需要培养的。由于陌生人之间缺乏共同之处,人们之间不可替代而不得不寻找自己的声音,说什么不再重要,重要的是对他者回应、担当起自己的责任。林吉斯认为,一旦人对他者、对他者的差异性、对异于理性社群的话语与逻辑的内容有所回应,他者社群就出现了。他者社群不同于理性社群的根本之处在于,人们用自己独特的、前所未有的、以前从未听说过的声音说话。在理性社群中,关键之处在于说的内容,在他者社群中关键是谁在说话。

列维纳斯与林吉斯有关他者和他者社群的理论启示教育:定义个体主体性的不是理性,不是其身份、相貌和素质的独特性,而是对他者的倾听与回应能力。主体性的根源不是来自理性,而是个体为他者所承担的、不可替代的责任。以此来看教育,则意味着其第一关切的应是受教育者如何学会用自己的

① 杨大春:《列维纳斯或主体性的失落、延续与转换》,《江西社会科学》2009 年第 9 期。
② Alphonso Lingis, *The Community of Those Have Nothing in Common*, Bloomington: Indiana University Press, pp.109-116.

声音言说与回应他者,在承担为他者的责任中显示个体的独特性以及某种意义上的人性;意味着需要反思教育中存在的"理性社群取向"——教育旨在建构尽可能去差异性的、去多元化的社群,甚至将受教者的独异性看作缺陷而须治疗的问题;进而意味着,教育不仅要关注受教育者的知识、技能、能力、态度等方面的形成,而且要关注通过参与教育教学过程而成为某个人。

3. 共在与义务在先

针对占有性个人主义存在的问题以及如何与他人共在,赵汀阳教授基于中国传统哲学提出了不同于列维纳斯和德里达的思路。他通过区别"事"与"物",提出"我做故我在",重新叙述人类生活的"初始状态"与"合作条件",剖析了"天赋人权"以及民主政治所存在的问题,论述"最优共在"的理念与策略,凸显义务在先的必要性。

赵汀阳认为,哲学的首要问题是事(fact)而不是物(thing),哲学不能"问物而思"(to the things)而只能"因事而思"(from the facts)。事是人在生活中的有意行为,物以自然方式存在着,物不能选择自身的存在方式,物只有进入事中才有意义和价值。相对于物,事都是人的创造,事的问题关涉人能创造什么、做什么以及由此产生的麻烦与困惑。因此,关于物的世界人们只能询问何物存在,而不能询问何物应在;而事的世界是人的创造,事是人的存在方式,人存在于创造之中。因此,人的存在是做出来的,"我做故我在"。"我思"只能看见世界,而"我做"却创造了人际关系和互动行为,通过做事我把他人变成了我的事中的存在,他人的存在担保和证明了我所做之事的意义。在此意义上,我做不仅创造了我在,同时创造了我与他人的共在,并在共在关系中创造和定义了事的世界。

事的内在结构是人的关系,在事中如果以个体原则为准去计算利益和价值,冲突是无解的。只有以关系原则为准去理解利益和价值,合作和幸福才成为可能。在赵汀阳看来:

人们难以合作的原因与其说是自私,不如说是愚蠢。人性要求利己,所以利己不是错误,错的是人们往往没有意识到自私最大化并不等于利己最大化,而且,自私最大化也不能达到利己最大化。关键在于,最大最重的利益和幸福是无法私自独占的,一旦试图独占,就反而失去了幸福,许多人没有真正意识到这一点。①

事实上,每个人可指望获得的大多数最大利益都属于无法独占而只能存在于相互关系之中的共享利益,一旦试图独占,那些利益就烟消云散,例如家庭、爱情、友谊、信任、交流、互相理解、互相承认、互相尊重、互相帮助等都是无法单边独占的共享利益。②

幸福的不可独占性颠覆了个体原则的绝对性和优先性,同时证明了关系原则的绝对性和优先性。以个体原则为准的存在方式必定陷入事与愿违的困境:自私最大化却达不到幸福最大化,自私求福变成了对幸福的否定。自私个体的一切痛苦、孤独、无助、失望、迷茫、受挫感以及感受不到价值与意义等这些'存在论上'的深刻不幸,都是因为个体原则拒绝了幸福。试图独得幸福就会失去幸福,舍不得给人幸福就必定得不到幸福,人们对这一真理视而不见,这个思维障碍从根本上说是因为个体原则所定义的存在论图景本身就是对幸福的否定。幸福只能存在于关系原则所定义的存在论图景中。③

赵汀阳认为,不但个体主义原则是存在问题的,建基其上的民主及其运作也是存在问题的。从观念的生产来看,个体原则及其相应的权利/人权是人为设计出来的作品,人权与人类原初状态的不同假设构成了霍布斯、洛克、卢梭以及罗尔斯的政治思想观念。在赵汀阳看来,这些原初状态的假设都非常有趣但都不很真实,真实的初始状态更可能是"群体之间的残酷冲突与群体内

---

① 赵汀阳:《每个人的政治》,社会科学文献出版社2010年版,第169页。
② 赵汀阳:《每个人的政治》,社会科学文献出版社2010年版,第171页。
③ 赵汀阳:《每个人的政治》,社会科学文献出版社2010年版,第69页。

部的高度合作两种情况并存"①。然而,霍布斯等人最终还是将初始游戏定位于"冲突"而不是"合作",罗尔斯则以"无知之幕"和"基本必需品"(个人权利、个人自由、机会和财富)为人民不证自明的偏好为前提假设,从中得出公正原则。赵汀阳认为,所有这些假设及其政治运作都没有解决冲突问题,基于契约而形成的民主作为"最不坏"的制度,虽终结了分歧,但绝非解决了分歧。因为根本没有同质的人民,"民主是一种假冒的公共选择,其真实的深层结构是利益集团之间的一种非暴力的争权夺利形式"②,真正在保证自由的是保护个人权利的法治而不是民主。③

而且,将为现代政治提供依据的人权赋予"个人"而不是"人际关系"是存在问题的。首先,天赋人权理论的一个基本错误就是把个人看成自然存在,如此,一切生命都应享有权利。权利作为一个现代发明,说明人权不是个人自己本来就有的,而是他人给予的。其次,作为人类普遍契约的人权,是每个人与一切人签下的契约,没有他人就根本不需要人权,因此,不是"个人"而是"人际关系"才是人权的存在论上的决定性条件。最后,权利是争权夺利的一种形式,是一种受益而不是付出,具有自私特性,④因此,天赋人权定义了一个糟糕的生存游戏,易导致权利泛滥。

赵汀阳认为现代世界已深陷冲突与危机,理性虽使人相互理解但不能保证相互接受,而合作的充分理由不是互相理解,而是互相接受。但是,互相接受的问题超出了知识论和理性所能够处理的范围,它迫使认识论的"主体间"问题必须深化为价值论的"人际"或"文化间"问题。如此,"对话"就变成了"对待",即"如何对待他者"。关于如何对待他者,赵汀阳认为应该从存在论而不是知识论或认识论进行思考,他人不是认识的对象,而是在生活中个体要

---

① 赵汀阳:《每个人的政治》,社会科学文献出版社 2010 年版,第 20 页。
② 赵汀阳:《每个人的政治》,社会科学文献出版社 2010 年版,第 136 页。
③ 赵汀阳:《每个人的政治》,社会科学文献出版社 2010 年版,第 139 页。
④ 赵汀阳:《每个人的政治》,社会科学文献出版社 2010 年版,第 99 页。

做任何事情都不得不(或直接或间接)与他人在一起。如此,要和谐相处就要考虑他人,就要维护关系公正,就要遵守"金规则"——"人所不欲,勿施于人"①,就要维护最重要的普遍必要的价值,至少包括"公正、自由和谐和仁义"②。"公正"意味着正确的相互对等性,即"人所不欲,勿施于人"。"自由"是对每个人的个人权利的保护,自由作为普遍价值的合法性不能在个人身上获得证明,而只能通过相互关系而被证明。"和谐"是最优化的合作,而不是假借和谐之名去掩盖矛盾和冲突,和谐原则的关键理由包括:(1)事物的多样性是每个事物能够生存的必要条件。一种事物单靠自身不可能生存,而必须与另一些事物互相配合而共存,于是,共存先于存在,共存是存在的先决条件。(2)各种事物只有互相配合才能使每个事物达到其最优状态,人与人之间的互惠条件将使每个人的利益获得改善。"仁义"是关于义务的价值。其本质在于能够把人当人,在于互相把人当人,是良好的"心—心"关系。"仁"的实现方式是"义",即"以实际行动与他人共命运"。每个人都不可避免地遭遇困境与苦难,没有人完全能够自己拯救自己,每个人都需要他人的帮助和成全,他人就是我们的命运,是我的存在条件。因此,当他人遇到无法克服的困难时,我们就有责任帮助他人,接受帮助的人也应该有回报。

在赵汀阳那里,仁义意味着人对人的义务,即人义,与人权构成了价值平衡。在他看来,只有人权而没有人义,或者,只有人义而没有人权,都是价值失衡。价值失衡可能会破坏公正,最终使权利和义务得不到保证。因为,如果没有自由权利,可能会遭遇迫害;如果没有仁义,人可能会感到无助。如同公正与仁义构成的互相配合,公正与和谐也可构成一种相互配合,公正保证每个人能够得到自己该得的利益,和谐则保证冲突最小化和合作最大化。

---

① 赵汀阳教授将"己所不欲,勿施于人"改为"人所不欲,勿施于人",虽然一字之差,但其中境界却天上地下。前者是"由己及人",可能眼界只有一个,即"我"的眼界,而"由人至人"则包含了所有的可能眼界,这样才有可能尊重每个人,尤其是尊重每个人的精神。详见赵汀阳:《每个人的政治》,社会科学文献出版社2010年版,第65页。

② 赵汀阳:《每个人的政治》,社会科学文献出版社2010年版,第84—88页。

赵汀阳的上述观点启示教育:哲学问题关乎事的世界,而不是物的世界,我与他人、物在做事中相遇,定义人的不是"我思"而是"我做"。现代个人原则的出发点虽旨在自我利益最大化,但由于重大利益的不可独占性,凸显了关系原则的优先性和绝对性,我与他人相互成就,公正、自由、和谐与仁义对于个体生存是最重要的普遍必要的价值。以此来看教育,应该从存在论而不是认识论维度关注受教育者的发展,应关注受教育者如何进入事的世界、如何"做事",应让受教育者认识到重大利益的不可独占性而践行关系原则的优先性和绝对性。

四、"道"之"回归"教育①

当我们生存的周遭世界,陌生人社会取代了熟人社会,道德圈由人际关系拓展到人类命运共同体甚至宇宙太空,他者作为一种异质性存在具有不可化约性。在此境遇中,教育需要重构思路,需要我国传统文化的核心"道"之回归。

(一)教育"道"之"隐退"所折射的问题

"道"在中国传统哲学中,不仅含儒家思想,还是儒、道、释三家汇通之处。伴随着传统文化的解构,这一思路在教育中逐渐弱化并引发了一系列问题。

1.教育中"道通"思路不彰

《易传》有云,"形而上者谓之道,形而下者谓之器"②。"道"作为形而上者,既是存在的原理(天道),也是普遍的价值原则(人道);"器"相对于"道"

---

① 本部分内容的主要观点见闫旭蕾:《教师传道者角色的"隐退"与"回归"》,《教育研究与实验》2021年第6期。

② 《易经·系辞》。

而言,主要是指一个一个特定的对象、具体的事物。关于"道"与"器"的关系,荀子作了阐述:"万物为道一偏,一物为万物一偏,愚者为一物一偏而自以为知道,无知也。"①通过"万物"与"道"的对比,荀子凸显了道的整体性、统一性品格。也是在此意义上,荀子认为,真正的大儒总是有其一以贯之的道。"千举万变,其道一也,是大儒之稽也。"②孔子曾说"吾道一以贯之"。

"天道"与"人道"相合亦体现于道家思想中。《老子》有云:"故道大,天大,地大,王亦大。域中有四大,而王居其一焉。""人法地,地法天,天法道。"③老子强调"道",庄子强调"通"。庄子讲《齐物论》时提到"道通为一",意指大千世界、林林总总从根本的存在上、本质上都是相通为一的,都是整体的大道、天道的一部分。"故为是举莛与楹、厉与西施、恢恑憰怪,道通为一。"④道通为一也体现于禅宗那里,"即心即佛""立地成佛""由迷而悟"展现了"当下即天国"的境界,世间与出世间并不截然相分。

中国哲学中的"道通"观念不限于逻辑推理,还体现于生活实践方面,"道不远人"⑤。老子强调"得一","天得一以清,地得一以宁,神得一以灵,谷得一以盈,侯王得一而以为正"⑥。孔子曾提出"朝闻道,夕死可矣"⑦,"人能弘道,非道弘人",⑧"君子谋道不谋食","君子忧道不忧贫"⑨。通过修身养性、格物致知,个体可参天化育,实现天、地、人三位一体。"惟天下至诚,为能尽其性;能尽其性,则能尽人之性;能尽人之性,则能尽物之性;能尽物之性,则可以赞天地之化育;可以赞天地之化育,则可以与天地参矣。"⑩

---

① 《荀子·天论》。
② 《荀子·儒效》。
③ 《道德经》二十五章。
④ 《庄子·齐物论》。
⑤ 《中庸》。
⑥ 《道德经》三十九章。
⑦ 《论语·里仁》。
⑧ 《论语·卫灵公》。
⑨ 《论语·卫灵公》。
⑩ 《中庸》。

换言之，"道"在中国传统文化中不只意味着某种思想观念，它还蕴含着一种汇通"形而上"与"形而下"、"理论与实践"、"天地人"三位一体的思维方式。"道通"思维意在世界的多样性中把握整体性、内在关联性，在天地人的变化中揭示一贯性（恒定的法则）、统一性。鉴于此，一旦"道"之所载思想观念因其时代局限性被摒弃，"传道"的合理性遭受质疑与批判，教师"传道者"的角色随之"隐退"，"道通"思维也被"遮蔽"，进而就易于弱化形而上学的追问与超越性的追求，弱化对各种事物进行整体性、贯通性的思考，弱化对各种伦理道德关系内在关联性、统一性的探寻，弱化教育者融通各种思想观念、达成共识以及德育"贯通"能力的形成。

2. 伦理教育与道德教育的疏离

"道"与"德"、"伦理"与"道德"的区别及其统一体现了中国古典伦理教化的特点。从德的来源来看，分为性德与道德。前者指先天固有之德即性德，后者为后天修炼之德为习德或道德。王夫之对此曾总结曰："德有性之德，有行道有得之德，皆涵于心者也。"[①]"德即得道"这一观念被我国许多古代思想者所接受[②]，如贾谊认为"物所道始谓之道，所得以生谓之德。德之有也，以道为本，故曰'道者德之本也'"[③]。在儒家思想传统中，道为德之本，德则是通过人伦日用而得道，德成为伦理在个体身上的造诣，道、伦理与道德相统一是中国传统伦理教化的主要特征。

道德离不开伦理，离开了伦理的"道"是抽象而空泛的，离开了伦理的

① （清）王夫之：《读四书大全》，载《船山全书（六）》，岳麓书社2011年版，第718页；沈顺福：《论德的来源》，《社会科学家》2019年第1期。

② 在中国古代哲学中，关于德的来源有两种解释：性本论和人本论。前者认为德来自天，属于天性，如孟子等；后者认为德来自后天对道的学习与践行，德是修养，如荀子等。详见沈顺福：《论德的来源》，《社会科学家》2019年第1期。

③ 贾谊、阎振益、钟夏：《新书校注》，中华书局2000年版，第324、327页；沈顺福：《论德的来源》，《社会科学家》2019年第1期。

"德"是无依据的,只讲"德"不讲"道"及其伦理易于本末倒置,而混淆道德(得道)与伦理的区别一方面可能出现"无伦理的道德",另一方面也可能出现"无道德的伦理"。"无伦理的道德"是指伴随现代社会的诞生与发展,旧的传统伦理的规则、关系和秩序已经发生崩解,而新的具有整全意义的伦理规则和秩序尚未得以完全确立。"无道德的伦理"是指现代社会在失却了应然性和合理性、历史发展以及人性完善趋势的伦理以及在伦理的形式化、功利化和空心化或者脱离应有主体德性情况下的伦理境况。① "无伦理的道德"与"无道德的伦理"现象体现于教育中则是"道通"思路被摒弃,出现道德教育与伦理教育的疏离;在德育中伦理与道德疏离,德育化约为德目,学校德育则会因为缺少伦理精神而失去其"魂灵"。

3. 道德人格培养缺乏整体性

如果教育摒弃"道通"思路,则会导致道德人格培育缺乏完整性、系统性。

黑格尔在《法哲学原理》中断言:"在考察伦理时永远只有两种观点可能:或者从实体出发,或者原子式地进行探讨,即以单个的人为基础而逐渐提高。后一种观点是没有精神的,因为它只能做到集合并列,但是精神不是单一的东西,而是单一物和普遍物的统一。"②以黑格尔的论断来解释道德教育,可相应地分为两种形态:"理性"形态和"精神"形态。③ 理性主义的道德教育以原子式的个体作为道德和道德教育的原点,通过知识论的建构,借助利益相关或制度安排,使个体了悟道德对于自我实现的意义,达到诸原子式个体"集合并列",从而使共同行动和社会生活成为可能。精神形态的道德教育以家庭、民族、社会等伦理实体为家园和出发点,帮助个体学会伦理的思考,通过知与行、

---

① 张志丹:《无伦理的道德与无道德的伦理——解码现代社会的伦理—道德悖论》,《哲学研究》2014年第10期。

② [德]黑格尔:《法哲学原理》,范扬、张企泰译,商务印书馆1979年版,第173页。

③ 樊浩:《道德教育的"'精神'形态"与"中国形态"》,《教育研究》2013年第2期。

思维与意志的统一以及对人的自然存在的超越，实现个体至善与社会至善的统一。

以黑格尔考察伦理的思路来看，我国当下学校德育当属于"理性"形态。伴随着改革开放我国社会发生了转型，市场经济逐渐主导了人们的社会生活，"单位制"走向了"后单位制"，个体以独立自主的身份进入社会，追求个人权益获得了合法性与正当性。学校德育回应社会转型需要，"在现今中国教育实践界富有影响力的德育理论几乎都主要是从满足个人诉求，促进个人成长的角度论述德育的意义和价值"[①]。例如，回归生活的德育所指向的是更有利于人之生成和发展的好生活，情感德育的主要价值在于促进学生个性的和谐发展，生命化德育的最终目的在于完善人的生命。即便在论述公民德育价值时，学者也主要是从个体获得自由和解放的角度以成为道德主体来论述。

德育把个体从社会伦理实体中解放出来成为独立的道德主体无疑具有重要意义，但如果过于重视个性、特殊性而忽略普遍性、整体性，所培养的道德主体易于缺乏伦理引领而过于强调个体道德自由权，而不利于遵循伦理共同体普遍的、统一性的要求，既难以实现个体至善与共同体至善的统一，亦可能出现共同体因缺乏伦理精神而缺乏凝聚力和战斗力。

（二）"道"之"回归"教育的必要性

换个角度看"道"之"隐退"所折射的教育问题，实则是对其"回归"的召唤，加之新时代对育人的新要求，进一步凸显了"道"之"回归"的必要性。

1. 新时代需要教育从"道"再出发

新时代是实现中华民族伟大复兴的时代，是工业与全球化进入 5.0 的时代，是信息技术与人工智能快速发展的时代，是全人类共同面对重大传染性疾

---

① 严从根：《道德凸显和伦理隐退的中国德育危机与出路》，《华东师范大学学报（教育科学版）》2020 年第 11 期。

病、气候变化等非传统安全威胁的时代,也是世界秩序及其伦理需要重构的时代。新时代凸显了人类中心主义对自然环境所造成的破坏及其对人类生存产生的威胁,占有性个人主义导致虚无主义、相对主义与犬儒主义,霸权主义、单边主义正在破坏世界和平发展,生物科学、人工智能以及其他科学新技术发展正带来新的伦理问题。解决这些伦理新问题,人类中心主义、个体主义与"普世主义"皆因其内含二元对立思维而存在局限性。

新的时代境遇显示了各种伦理要素之间的相互依赖性,无论个体、团体、民族或国家的现实生存都处于整体的历史时代和社会状况的坐标体系中,都只是其中的一个变量、一个结果或链条中的一个环节。正如习近平所指出的:"人类生活在同一个地球村里,生活在历史和现实交汇的同一个时空里,越来越成为你中有我、我中有你的命运共同体。"[1]"地球的整体命运制约着各个国家的特殊命运,而各国的特殊命运也扰动或改变着全球命运。"[2]对此,"第一次,人真正明白了他是地球上的居民,或许他应该以一种新的角度思考和行动,即不光以个人、家庭或类属、国家或多国集团的角度,同时应有寰球取向"[3]。人类也是第一次需要对人与人、人与社会、人与民族国家、人与自然以及民族与民族、国家与国家之间的关系进行全方位的、系统的、整体的思考与重构,需要打破封闭的国家共同体伦理,在尊重各民族国家文化传统的基础上,将特殊性伦理与普遍性伦理结合起来创立人类命运共同体伦理,需要超越二元对立的思维方式与现代契约伦理,以新的"道"之伦理贯通"家—国—天下"体系。

构建人类命运共同体是一项长期的、复杂的、艰难的、伟大的事业,它涉及世界各国的政治、经济、文化、科学、技术等多方面,更需要教育参与其中以帮

---

[1]　习近平:《论坚持推动构建人类命运共同体》,中央文献出版社 2018 年版,第 5 页。

[2]　[法]埃德加·莫兰:《伦理:非如此不可? 非如此不可!》,于硕译,学林出版社 2017 年版,第 235—236 页。

[3]　[法]埃德加·莫兰:《伦理:非如此不可? 非如此不可!》,于硕译,学林出版社 2017 年版,第 235 页。

助个体形成新的生存境遇所需要的意识、价值观和行为方式。学会求知、学会做事与学会生存依然重要,而学会共处的重要性在新的时代境遇中却进一步凸显。面对受全球化和认同政治卷土重来的威胁,教育怎样才能巩固和更新这四大支柱? 怎样应对实现经济、社会和环境可持续性的挑战? 怎样通过人文主义教育观来协调多元化的世界观? 怎样通过教育政策和实践来实现这种人文主义教育观?① 面对这些问题,教育需要从"道"再出发,建构一个有关人类命运共同体与教育相结合的总体性的理念与思路,以统合教育资源、统领教育旨向。一个新型的世界社会只有在其形成过程中有新人产生时,或更确切地说,只有当今占优势的人类各结构彻底变革时,才能够出现。

2."三全育人"需要"道通"思路

从"道"再出发意味着教育要超越个体主义、人类中心主义以及科学主义、理性至上,重构伦理教化以创造更美好的未来。

当今,教师的传道育人较诸以往更为复杂,如联合国教科文组织所指出的:"世界在变,教育也必须作出改变。社会无处不在经历着深刻变革,而这种变革呼唤着新的教育形式,培养今日和明日社会、经济所需要的能力。这意味着超越识字和算术,聚焦学习环境和新的学习方法,以促进正义、社会平等和全球团结。教育必须教导人们学会如何在承受压力的地球上共处。它必须重视文化素养,立足于尊重和尊严平等,有助于将可持续发展的社会、经济和环境方面结为一体。"②这意味着教育要超越现代运作方式,着力于促进"学会共存"、"全球团结"与社会诸领域"结为一体"的人文素养。

如此,新时代人文素养之"道"的要求虽然逐渐清晰,但如何于此境遇中

---

① 联合国教科文组织编:《反思教育:向"全球共同利益"的理念转变?》,联合国教科文组织总部中文科译,教育科学出版社 2017 年版,第 3 页。

② 联合国教科文组织编:《反思教育:向"全球共同利益"的理念转变?》,联合国教科文组织总部中文科译,教育科学出版社 2017 年版,"序言"第 1 页。

贯彻社会主义核心价值观？如何将其与我国文化传统理念结合起来？如何在世界思想市场中保持文化自信？如何将社会道德秩序与个体心灵建构统合起来？如何处理个体理性与情感、权利与义务、正当与善、自我与他者在道德形成中的关系？如何将新时代的道德要求在学校各种德育活动中体现出来？如何整合学校、家庭与社会的德育目标？如何统领"三全育人"的伦理与道德旨向？这些问题是相互关联的，需要教育运用"道通"思路进行通盘考虑。只有各级各类教育者用"道通"思路理解教育，明了教育目的以及自己的责任与义务，才可以更合理地行使教育权利，形成教育合力实现教育的本真价值。

3. 培养受教者道德人格需要发挥教师传道者作用

教师对学生进行道德引领，是教育从"道"再出发与实现"道通"教育的具体化，是教师扮演其职业角色的"灵魂"。"道之所存，师之所存也。"①"传道"是教师作为社会代言人的基本职责，这一点在当今尤为重要。这一方面源于时代境遇对教师的要求，另一方面源于教师角色定位存在的问题。

当今社会较之以往不同，科学技术飞速发展，工具理性盛行，文化多元，价值相对甚至冲突，这些都不利于受教育者道德人格的形成，更无助于新世界秩序的形成。面对新的境遇，教育需要重构价值导向，促使个体素质与其新责任相匹配；需要教育者关注自身以及受教育者的精神追求，以跳脱工具理性的宰制。

与之相较，教师角色定位及其职能需要重新审视。近些年来，新课程改革要求教师转换角色，由知识的传授者转变为学生自主学习的引导者、学生创造能力的培养者、学生学习方法的给予者、学生的心理咨询者、学生的朋友与平等"首席"，由课程的执行者转变为课程建构者与开发者、研究者与反思者，这无疑有助于学生主体性及其个性与创造性的形成，有助于祛除传统教育教学

---

① 韩愈:《师说》。

存在的弊端,然而对学生道德人格的关注仍然不足,这制约了教育改革的深化与受教育者道德人格的形成。

（三）"道"之"回归"教育所需条件

"道"之"隐退"由一定的原因导致,其回归亦需要相应的条件:将伦理教育与道德教育结合起来;基于全球伦理建构教育思路;教师形成"道通"意识与汇通能力。

1. 将伦理教育与道德教育结合起来

理性化是现代社会的特征,也是道德教育的特征。现代社会的理性化表现为科学主义、工业化、社会分工、人力资本化、科层制管理与契约精神:科学主义属于人类在认知行为上的理性化。工业化属于经济生产上的理性化,社会分工是功能发挥上的理性化,人力资本化是自我价值实现的理性化,科层制是社会组织制度上的理性化,契约精神是利益分配的理性化。这些方面汇集在一起使包括教育在内的社会生活呈现出"麦当劳化"的特征,即"追求效率、可计算性、可预成性和可控制性"①。现代道德教育旨在适应现代社会,亦具有理性化的特征,表现为"原子主义、唯智主义和集合并列"。具体地说,将原子式的个体作为道德和道德教育的原点,通过知识论的建构,借助利益相关或制度安排,使个体了悟道德对于自我实现的意义,达到诸原子式个体"集合并列",从而使共同体行动和社会生活成为可能。② 这一类型道德教育的内在依据是人具有共同的理性,借此可达成普遍的规则以规范行为,其着力点在于帮助受教育者学会成熟地运用理性,维护契约精神下正当的道德生活,强调个人权利、制度公正和社会正义,而非传统社会倡导的共同的、内在的、整体的

---

① ［美］乔治·里茨尔:《社会的麦当劳化——对变化中的当代社会生活特征的研究》,顾建光译,上海译文出版社 1999 年版,"译者的话"。

② 樊浩:《道德教育的"'精神'形态"与"中国形态"》,《教育研究》2013 年第 2 期。

"好"或"善"。虽然理性道德教育可增强个体自治与过公共生活的能力,但同时使其成为"无根之物",埋下了德育实效不佳的伏笔。无疑,以普遍规则维护个体权利在道德上是正确的,但其中却暗藏着引发无德与道德风险的极大概率。因为,对理性、权利以及外在利益的强调,势必挤压有关责任、义务和利他主义精神的成长空间,无力消解价值相对主义、虚无主义、犬儒主义等现代性精神后果。

鉴于理性道德教育形态存在的局限性及其所蕴含的风险,道德教育需从伦理实体、从"道"再出发。人是社会性动物,个体主义只是西方的近代发明,共同体才是人类命中注定的。"没有任何例外,没有任何超越的主体能够处在社会或经验之外。"[1]人乃至整个世界、整个人类被一种无形的力量纠结在一起而形成共同体,人的存在与家庭、民族、国家、地球这些超越个体之上的普遍存在或普遍物相连,并由此形成伦理关系。个体的价值与存在意义需要在社会关系中实现与确认,纯粹的个人权益追求很难给人以精神的安顿和享受;只有从社会出发,在伦理共同体中,在为社会而努力的过程中,在个人和社会融为一体的过程中,个体才能获得精神的意义感。[2] 也"只有在共同体中,个体才能找到全方位发展自己的方法;只有在共同体中,才可能谈及个人的自由"[3]。在此意义上,道德教育需从伦理实体,而非从独立个体出发,其精髓在于将主体的"德"与共同体的"道"结合起来。

2.基于全球伦理建构教育思路

当德育将伦理实体作为出发点时,这一实体又是什么呢? 又该如何处理人与人、民族与民族、国家与国家、人与自然之间的道德关系呢? 教育又该以

---

① [美]桑德尔:《自由主义与正义的局限》,万俊人等译,译林出版社2011年版,第24页。
② 周枫:《自由主义的道德处境》,(新北)联经出版事业股份有限公司2019年版,第230页。
③ 韩炳哲:《精神政治学》,关玉红译,中信出版社2019年版,第3—4页。

什么样的"道通"思路处理各种道德关系?

从当下世界秩序及其相应的伦理诉求来看,道德圈已扩展至全人类、全世界,地球成为人类的祖国,人类如何把握自身命运、中国如何在世界秩序建构中贡献自身力量成为时代命题。习近平指出:"中国将积极承担更多国际责任,同世界各国共同维护人类良知和国际公理,在世界和地区事务中主持公道、伸张正义,更加积极有为地参与热点问题的解决,既通过维护世界和平来发展自己,又以自身发展促进世界和平。"①这也对教育提出了更高的要求,而目前的应试教育体制与人力资本培养模式显然是不能满足的,教育需要有更宽广的视野与更高层次的文化精神以担负起构建人类命运共同体之使命。而如何汲取我国传统文化优势与相关领域的思想成果,重构"个体""家庭""民族""国家""世界"各伦理因素之间的关系,为伦理教育与道德教育提供路向,无疑是一个重大命题。限于篇幅这里不能详细展开,现简要勾勒如下:

首先,基于和谐共生关系思考伦理。在文化多元异质的全球伦理场域中,任何一种从"我"出发的思维都必然遭遇到与"他者"的对立,任何宣称"自己"的价值观是"普世"的在逻辑上都暗含着一种话语霸权、一种将"我"和"他者"对立起来的伦理思维,这样的思维方式是无力从根本上处理各道德主体之间的权益对立与冲突的。为了和谐共生,需转变既有建构道德的路向。道德作为一种调整各种利益关系的方式,它是一种关联行为,与他人关联,与社区关联,与社会关联,与民族国家关联,与人类种属和自然生态环境关联,"我"之为"我"的定义是通过与"他者"之间的伦理关系来确证的,"我"的价值与整个伦理有机体的价值内在关联,各伦理要素共生的可能方式在于以关系理性代替自我权利优先的个体理性。

其次,以人的脆弱性、易受伤害性与依赖性为道德奠基。自然环境恶化与新冠病毒疫情危机凸显出人类的脆弱性、易受伤害性和相互依赖性,同时暴露

———————

① 习近平:《论坚持推动构建人类命运共同体》,中央文献出版社 2018 年版,第 108 页。

出现代人类中心主义和自我权利至上所存在的伦理道德问题。从道德建构来看,无论是见孺子入井的恻隐之心、对超人力量的宗教虔敬还是对英雄侠客的敬仰,以及合作利他的诉求,皆蕴含着人有脆弱性的一面。换言之,是痛感使人能够共情;是脆弱性促生了人对超人类力量的信仰,对团结、合作与和平的诉求,以及对慷慨、勇于牺牲等利他性道德品质的敬重。在卡尔·波普尔看来,"人类痛苦,尤其是可避免的痛苦,是所有能对此有所帮助的人的中心的道德问题"①。基于人的脆弱性思考寰球伦理道德,可让"我"对自然保持敬畏而不是一味地索取,让"我"对"他者"同情、关怀而不是理性算计,让"我"为"他者"负责而不是"我"的利益优先更利于可持续发展,关注整体的善、各种关系中的善与"我"的善是内在统一的。换言之,基于人的脆弱性、易受伤害性与相互依赖性建构全球伦理,可有助于真正实现世界和平、全球正义与共同发展。

最后,将伦理理性与伦理智慧结合起来培育。伦理理性意指,从长远及总体利益来看,用具有普遍性的道德规范约束人们的行为是合乎理性的,它是社会常态运行以及个体成功不可或缺的前提条件;伦理智慧是指行为主体在面临道德困境和伦理悖论时,为了寻获道德的或者比较道德的解答,所采取的选择、权衡、谋略、处置、协调等实践活动。② 这两种理性在今天都非常重要,基于轴心文明所形成的不同价值观因全球化走向了文明冲突,"我"如何成为"我们"以及"我们,如何在一起"成为当今思想领域的主要课题。要实现"真正的在一起"而不是停留于"应该在一起""必须在一起"之类的话语诉求,则需要一种具有约束力的普遍伦理,以实现"和而不同""共生共赢"。而对那些随时出现的、暂时性的道德冲突、伦理悖论,则需要伦理智慧寻找一条皆能认可的出路。多元文化存在的复杂性要求教育帮助个体学会从容面对、避免偏

---

① [英]卡尔·波普尔:《通过知识获得解放》,范景中、李本正译,中国美术学院出版社2006年版,第365—366页。
② 甘绍平:《论两种道德思维方式》,《伦理学研究》2016年第4期。

执与审慎;在观念分歧甚至冲突面前,学会包容、理解与妥协,把握中道,寻找基于情境合宜的甚至权益性的解答方案,将相互伤害最小化与整体利益最大化。

3. 教师形成"道通"思路与育德融通能力

要实现伦理教育与道德教育的结合,将全球伦理理念体现于德育之中,教师需要认识到当下世界存在冲突与分裂的症结,以关系性、整体性的思维方式超越个体主义与民族国家主义,以最大兼容性的价值观处理"个体—家—国—天下"各伦理要素之间的关系,帮助学生形成全球伦理意识,学会运用伦理理性与伦理智慧在新时代共生共存。这种凸显整体性、贯通性与智慧性的德育要求对于教师而言具有极大的挑战性,因为现代大学教育回应的是社会分工的需要,它建立在学科分离的观念上,"培育出来的大脑不能将知识联结起来,不懂得认识整体和根本的问题,不能迎接复杂性的挑战"①。这就意味着,新教育需要教师首先要形成以全球为伦理实体的"道通"思路以及整体性德育所需要的融通能力。

形成"道通"思路要求教师首先反思既有德育观念所存在的局限性。从现代德育建构以及我国当下教师的德育理念来看,培育"道德主体"仍居主导地位。然而,"现代的主体原则(subjectivity)以及主体间原则(inter-subjectivity)已经处理不了全球化背景下产生的新问题"②。因为,现代主体性往往培育着一种别具一格的个体主义,它不仅把自我作为理论认识的中心,而且把它作为社会政治行动和相互作用的中心,③以及经济理性人假设的中心。

---

① [法]埃德加·莫兰:《伦理:非如此不可? 非如此不可!》,于硕译,学林出版社 2017 年版,第 10 页。

② 赵汀阳:《坏世界研究:作为第一哲学的政治哲学》,中国人民大学出版社 2009 年版,第 354 页。

③ [美]弗莱德·R.多尔迈:《主体性的黄昏》,万俊人、朱国钧、吴海针译,上海人民出版社 1992 年版,"前言"。

而且,个体主义与国家主义、人类中心主义在思维方式上是二元对立的,其所存在的问题已愈加凸显。如此,教师需要反思主体德育以及其他既有德育理念存在的问题及其未来的风险,以消解走向全球伦理可能存在的思路阻碍。

其次,形成"道通"思路需要教师"从世界去思考"。在全球化境遇中构建人类命运共同体所需要的"道通"思路,应是兼容性最大的思路,一种能走向世界并经得起世界检验的思路。要形成这样的思路,不但需要教师"去思考世界",更需要"从世界去思考",以高于并且大于国家的视野去理解世界、分析世界伦理道德问题。但这并不意味着否弃"个人"与"国家"层次,如果缺少"个人"层次,每个人的自主性不能充分发挥,个体权利就无法得到保证;如果缺少"国家"层次,世界秩序及其制度会因缺乏国家治理这一平台而不易形成。教师如何处理世界范围内各种伦理关系的多样性、复杂性? 从思想者们的相关研究来看,多元文化、地方性、普世性、对话、协商、博弈与合作等皆因内涵主体性而无力解决全球伦理问题。与之相应,和谐合作原则与"人所不欲,勿施于人"这一"他者观点的普遍行为原则"可贯通其中。① 因为它蕴含关系性、整体性思维,强调从他者出发而不是从自我出发,尊重他者的权利而不是由己化他,更易于创造一个和谐共生、对人人都有利的世界。对此,教师可通过相关研究予以借鉴。

最后,形成"道通"思路需要教师具备相应的重要觉悟。能否建构全球伦理,法国哲学家埃德加·莫兰(Edgar Morin)认为遵循这九种根本觉悟至关重要:(1)对跨越个体、文化、语言多样性的人类共同身份的觉悟;(2)对个人命运与地球命运息息相关的命运共同体的觉悟;(3)对人际关系因不理解而惨遭破坏以及我们必须接受理解教育的觉悟;(4)对人类在宇宙中的知识和能力有限性的觉悟;(5)对我们的地球状况岌岌可危的生态觉悟;(6)对关乎地球存亡的双重转向——人类有意识和反思性的导航与大自然无意识的生态自

① 赵汀阳:《坏世界研究:作为第一哲学的政治哲学》,中国人民大学出版社 2009 年版,第364 页。

组织导航结合必要性的觉悟;(7)对地球公民身份的觉悟;(8)将责任与互助的伦理向子孙后代传承的觉悟,即在时空的高远处进行预设的必要性的觉悟;(9)对地球祖国作为命运—根源—沉沦共同体的觉悟。① 这九种觉悟对于教师形成"道通"思路亦至关重要,它们可以促进教师从世界出发反思既有伦理道德教育观念与尊重他者。

教师仅有"道通"思路还不足以培育学生学会共生共存,还需要他们具有融通能力,在学科教育教学以及其他教育实践活动中,汇聚自身人文素养,引领学生理解人类社会道德秩序的演变,探索伦理道德与社会运作、时代精神、生活方式、科学发展之间的深层关联,关注促进个体与社会发展所需要的条件,帮助学生意识到不同民族伦理道德形成的历史境遇性、特殊性以及所有伟大文化精神追求的相似性,从中领悟到人类文明史是一部道德圈(moral circle)不断扩大的历史,是一部文化的特殊性与普遍性、道德的主观性与客观性逐渐统一的历史,更是一部人类追求自身解放与"促进人得到最大限度的人的发展"的历史。在此基础上,促进学生形成更开放的心胸、更宽阔的视野、更高的觉悟、更高阶的道德能力,进而求同存异、和谐共生。

由上看出,"道"的"隐退"与"回归"皆是教育回应时代要求的表现,也是教育体制转型的折射。"道"之"隐退"的深层原因是现代教育的"工具化",教育服务于政治以维护权利,教育服务于经济以促进资本的增长,教育服务于个体以使其能谋求职业与适应现代政治与经济生活,而伦理道德教化却被边缘化,这也是近些年来我国学校"德育说起来重要做起来次要忙起来不要"的真正原因。当今世界进入了后现代,全球利益成为共同关切,现代性所暴露出来的生态环境恶化、贫富差距加大、难民危机等问题究其实是伦理问题。伦理学成为第一哲学,人文教育重获新生,召唤教育"道通"思路的"回归"。

---

① [法]埃德加·莫兰:《伦理:非如此不可? 非如此不可!》,于硕译,学林出版社 2017 年版,第 23—24 页。

结　　语

　　现代学校教育作为有目的的、系统的、体制化的社会实践活动是社会转型、现代社会形成的产物,发挥着促进个体发展与社会发展的功能,后者需通过前者显现出来,主要表现为帮助受教育者实现"资格化"、"社会化"和"主体化"。"资格化"涉及获取知识、技能、价值观和性情等,"社会化"涉及通过教育成为已有传统和已有行动及存在方式中的一员,"主体化"涉及对受教育者的主体性或"主体"的关注,同时涉及解放和自由以及和这一自由连带而来的责任。① 在现代社会发展过程中,教育与政治、经济、文化等领域以及教育系统内部诸要素、诸学段和相关诸学科之间形成了复杂的互应关系。鉴于此,伴随着社会发展需要所进行的教育改革常常是一项复杂的、系统性工程,又鉴于教育功能发挥需要以教育促进受教育者的发展为中介,以及教育不同于政治、经济等其他社会系统的独特性,教育改革的成效最终落脚于受教育者的发展,促进人更好地发展是教育改革的最终目的。

　　"人是目的而不是手段",这既是启蒙运动的指导思想,也是现代教育的主旨追求。在此意义上,教育改革应使受教育者成为"人",成为"大写的人",以完善人性、提高生命质量。从现代教育的发展及其改革历程来看,由着力扩

---

　　① ［荷］格特·比斯塔:《超越人本主义教育:与他者共存》,杨超、冯娜译,北京师范大学出版社 2020 年版,第 11—12 页。

大规模、提高入学率到强调受教育者的知识与能力以及相应的机会公平、教育
正义,进而重视个体的文化素养、教育的伦理道德维度与和平稳定的世界秩
序、可持续发展的社会/经济/环境以及有尊严的生活结为一体。如此,教育改
革不仅要累进叠加现代教育发展及其改革中所积累的成功经验,使其制度化、
体制化,而且要关注它们的道德维度及其道德基础的正当性。这就意味着,教
育改革应更关注教育的内涵式发展,更关注受教育者的心灵与精神世界,更关
注教育制度改革、教育政策变革、课程内容选择与实施所内含的道德影响力,
更关注受教育者以什么样的姿态进入世界、参与世界,更关注帮助个体学会为
他者负责、过有尊严的生活,进而更关注教育者的道德领导力。然而,从教育
改革的相关理论与实践来看,"教育改革的道德及其伦理维度"常常被忽视、
被漠视、被遮蔽。鉴于此,需要"道通"思路"回归"教育,将伦理教育与道德教
育结合起来。

后　记

　　本书是国家社会科学基金教育学一般课题"学校教育改革的道德基础研究"（BEA150071）的最终成果。自 2020 年 12 月完成初稿至今已近 3 年,在临近出版之际想与大家分享一下再次修改书稿过程中的三点感受,作为后记。

　　第一,关于问题意识及其相关研究。自 2015 年申报课题至今,有关教育改革的道德基础研究仍是一个"新命题""新问题",在教育领域其仍未被"问题化",希望本书能起到抛砖引玉之效。

　　第二,关于行文思路框架及其需要进一步推进的地方。鉴于相关研究较为薄弱,本书主要进行了一点基础性研究,围绕"道德变革"与"教育改革"、"道德与教育"、"教育的道德立场"、"教育的道德维度"、"道德的人"与"道德上受过教育的人"以及"教育改革道德基础的路向"进行了一定程度的思考,尚未对中西方教育改革的道德基础进行比较,也未对我国学校教育改革的道德基础进行深入探讨。在此意义上,本书仍处在进行时。

　　第三,关于本书编辑与写作支持。在这样一个信息爆炸的时代里,在这样一个短视频、新闻热点更吸引眼球的阅读消费境遇中,在这样的以项目研究与论文发表为核心的学术氛围中,专心、完整地阅读一本著作对于作者来说是一种心灵的慰藉。也正是在这样的氛围中,陈晓燕编辑对本书的肯定让我感受到幸福感,非常感谢她对本书不辞辛苦地核校与行文疏通,让我体会到"中道"所蕴含的智慧。另外,要感谢国家社会科学基金搭建的平台与资助,使我对教育改革的道德基础不断地进行深入思考。最后,要感谢我的家人、学生与朋友。在本书写作过程中,我的先生翟好先病了,但他却用他的达观、体谅、包容抚慰着我,让我焦虑、焦急、焦躁的心逐渐沉静下来,更让我欣慰的是儿子翟子阳用他年轻的肩膀扛起了照顾他爸爸的责任。在这一过程中,我的学生与朋友的关切让我体会到,行路虽难,人间仍值得,谢谢你们!

写于名仕嘉园

2023 年 11 月 12 日

责任编辑：陈晓燕

封面设计：石笑梦

版式设计：胡欣欣

图书在版编目（CIP）数据

教育改革的道德基础/闫旭蕾 著.—北京：人民出版社，2024.6

ISBN 978－7－01－026072－3

Ⅰ.①教⋯　Ⅱ.①闫⋯　Ⅲ.①教育改革-研究　Ⅳ.①G511

中国国家版本馆 CIP 数据核字（2023）第 209234 号

教育改革的道德基础

JIAOYU GAIGE DE DAODE JICHU

闫旭蕾　著

人民出版社 出版发行

（100706　北京市东城区隆福寺街 99 号）

北京汇林印务有限公司印刷　新华书店经销

2024 年 6 月第 1 版　2024 年 6 月北京第 1 次印刷

开本：710 毫米×1000 毫米 1/16　印张：16

字数：235 千字

ISBN 978－7－01－026072－3　定价：56.00 元

邮购地址 100706　北京市东城区隆福寺街 99 号

人民东方图书销售中心　电话（010）65250042　65289539